내 안의 어린아이가 울고 있다

상처 입은 내면아이와 화해하는 치유의 심리학

How
to
Do

내 안의 어린아이가 울고 있다

니콜 르페라 지음 | 이미정 옮김 | 유은정 감수

the

Work

웅진 지식하우스

직면하는 모든 것을 바꿀 수는 없다.

하지만 직면하지 않고는 그 어떤 것도 바꿀 수 없다.

- 제임스 볼드윈 James Baldwin

마음속 어두운 작은 방에
불을 켜는 일

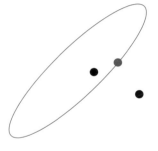

예술가들 혹은 종교 지도자들은 산꼭대기나 호숫가, 아니면 탁 트인 바다 같은 어딘가 신성해 보이는 장소에서 초월적인 각성을 하곤 한다. 나는 숲속 오두막에서 아침 식사를 하다가 각성의 순간을 맞이했다. 오트밀 그릇을 앞에 둔 채로 갑자기 걷잡을 수 없는 울음이 터져나왔다.

그 당시 나는 나의 연인 롤리와 함께 뉴욕주 북부에 있었다. 스트레스 가득한 필라델피아의 도시 생활에서 벗어나 휴가차 떠난 여행지였다. 아침을 먹으면서 휴가용 읽을거리로 가져간 심리학 책을 뒤적거리고 있을 때였다. 정서적 장애가 있는 엄마를 다룬 책이었다. 순전히 학문적 관심사에서 집어 든 책이었지만(아니 그랬다고 믿었지만), 책 속의 단어들이 예기치 않게 혼란스러운 감정을 불러일으켰다.

"너무 지쳐 보여. 그만 읽고 좀 쉬어."

롤리가 말했다. 나는 그 말을 무시하고 계속 책을 읽어 내려갔다. 많은 내담자와 친구들한테서 들었던 것과 비슷한 불평들이 머릿속에 울려 퍼졌다.

'아침에 그날 하루를 걱정하면서 일어나지 않는 사람이 얼마나 되겠어. 직장에서 산만해지지 않는 사람이 누가 있겠냐고. 사랑하는 사람들한테서 거리감을 느껴보지 않은 사람이 과연 있을까? 다들 휴가만 바라보며 하루하루 버티고 살고 있는 거 아냐? 나이가 들면 다 이렇게 되는 거라고.'

최근에 서른 살 생일을 맞이하며 나는 문득 이런 생각이 들었다. '이게 다야?' 물론 어렸을 때 꿈꾸었던 많은 것들을 이루기는 했다. 내가 선택한 도시에서 나만의 개인 진료소를 운영하고 있고, 사랑하는 동반자도 찾았다. 그럼에도 여전히 내 존재에 핵심적인 뭔가가 빠졌거나 애초에 존재하지 않았던 것만 같았다. 아니 뭔가를 잃어버린 것 같기도 했다.

수년 동안 인간관계를 맺으면서도 외로움을 느꼈다. 그러다 마침내 나와는 너무나 달라서 바로 이 사람이다 싶은 사람을 만났다. 머뭇거리고 종종 멍해지는 나와는 달리, 롤리는 열정적이고 주관이 뚜렷했다. 나는 행복해야 마땅했다. 아니 적어도 만족은 해야 했다. 그런데 나 자신을 벗어나 아무런 감정 없이 분리된 것 같았다. 나는 아무것도 느끼지 못했다.

무엇보다 더는 무시할 수 없을 만큼 심각한 신체적 문제를 겪고 있었다. 무언가를 생각해야 하는 상황에서 갑자기 머릿속이 뿌옇게 흐려지며 단어가 떠오르지 않을 때도 많았고, 어쩔 때는 아예 백지 상태가 되어버리기도 했다. 특히 내담자와 상담하는 도중에 그런 일이 벌어지면 정말 당혹스럽기 짝이 없었다. 오랫동안 나를 괴롭혔던 장 건강도 여전히 좋지 않아서 늘 몸이 묵직하고 짓눌리는 느낌이었다. 그렇게 자잘한 문제들이 계속되던 어느 날, 나는 평범한 일상 속에서 갑자기 기절하기 시작했다.

숲속 오두막에서 오트밀 그릇을 앞에 두고 울음을 터뜨렸던 그날, 나는 절망이라는 괴물의 손아귀에 사로잡혀 에너지가 모두 바닥난 기분이었다. 지금까지의 내 인생이 너무나도 공허하게 느껴졌다. 아무리 상담을 거듭해도 조금도 나아지지 않는 내담자들을 생각하자 좌절감이 밀려들었다. 그런가 하면 내담자들을 돕기는커녕, 자신도 제대로 돌보지 못하는 나의 한계에 분노가 치밀었다. 어떤 것에도 만족을 느끼지 못하고, 나태한 하루하루를 보내는 나 자신이 한심했다. 도시에서의 바쁜 업무를 마치고 집으로 돌아오면 그런 골치 아픈 감정을 숨기기 위해 쉼 없이 몸을 움직였다. 주방을 청소하고, 강아지 산책을 시키고, 끊임없이 계획을 세웠다. 움직이고, 움직이고, 또 움직였다.

언뜻 봐서는 아주 열심히 사는 사람처럼 보일지도 모르겠다. 하지만 조금만 더 자세히 들여다보면 마음 깊숙한 곳에 뿌리박힌 해소되지 않은 감정을 떨쳐내려고 안간힘을 쓰고 있다는 사실을 알아챌 수 있다. 나는 더 이상 달아날 곳이 없었다. 그래서 숲속 오두막으로 휴가를 떠나던 날, 나의 무의식이 나도 모르게 내게 가장 필요한 책을 집어 든 것인지도 모르겠다. 그 책은 어린 시절의 트라우마가 성인이 된 이후에 얼마나 지속적으로 영향을 끼치는지에 대해 설명하고 있었다. 책을 읽는 내내 내가 오랫동안 억눌러왔던 엄마와 우리 가족에 관한 여러 가지 감정이 떠올랐다. 벌거벗은 나 자신을 들여다보는 것처럼 몹시 불편했다.

　책을 읽으며 나라는 사람을 좀 더 객관적으로 살펴보니, 어린 시절 엄마에게서 보았던 것과 비슷한 문제들을 나도 가지고 있다는 사실을 어렵지 않게 발견할 수 있었다. 특히 엄마의 신체적 문제와 감정의 관계가 두드러져 보였다. 엄마는 늘 무릎과 허리 통증, 잦은 불안감과 걱정에 시달렸다. 물론 나는 커가면서 많은 점에서 엄마와 달라졌다. 엄마보다 훨씬 활동적이었던 나는 운동과 건강한 식습관을 통해 내 몸을 먼저 돌보았다. 20대에 동물 보호소에 가보았다가 소와 친구가 되고 난 후로는 다시는 동물을 먹을 수가 없어서 채식주의자가 되었다. 이따금씩 채식주의자용 가짜 고기를 먹거나 술을 즐기기도 하지만, 되도록 내 몸에 집어넣는 음식에 신경을 쓰려고 노력했다.

　나는 언제나 내가 엄마와는 전혀 다른 어른이 되었다고 생각했다. 하지만 정서적 문제에서 신체적 문제까지 내 인생을 뒤덮자 이제는 의문을 가져야 할 때임을 깨달았다. 바로 그 순간에 오트밀 그릇에 울음을 토해낸 것이다. 그러한 감정 분출은 너무 생경하고 평소 내 성격과 달랐다. 그 슬프고 다소 애처로운 그림 속에는 메시지가 들어 있었다. 그 영혼의 신호를 무시할 수가 없었다. 뭔가가 내게 제발 좀 봐달라고 소리를 질렀다. 숲 한가운데서는 숨을 곳도 없었다. 나의 괴로움과 고통, 트라우마, 궁극적으로는 참 나와 마주할 시간이었다.

오늘날 우리는 그날의 사건을 바닥까지 떨어진 '영혼의 어두운 밤'이라고 부른다. 바닥을 치는 것은 죽음과도 같다. 몇몇 사람은 실제로 죽음에 근접하기도 한다. 물론 죽음은 재탄생을 부른다. 나는 무엇이 잘못됐는지 알아내기로 했다. 그 고통스러운 순간이 빛을 끌어들여 내가 파묻어놓았던 나의 많은 부분을 비추었다. 갑자기 머릿속이 맑아지면서 깨달음이 일었다. '난 변해야 해.' 이러한 통찰력이 신체적·심리적 각성을 일으키고, 결국에는 내적 움직임이 된다는 사실을 나는 전혀 몰랐다.

나는 먼저 가장 절실하게 느껴지는 내 몸의 감각에 집중했다. 몸이 어떻게 아프고, 어디서 그 증상이 나타났는지 등 나 자신을 몸으로 평가해보았다. 나는 영양섭취와 운동부터 시작해야 한다는 사실을 직감했다. 곧장 자기계발의 대명사인 나의 에너자이저 롤리에게 도움을 청했다. 내가 얼마나 잘못하고 있는지 솔직하게 직면할 수 있게 도와달라고 했다. 그러자 롤리는 아침에 침대에서 나를 쫓아내더니 내 양손에 아령을 쥐여주고는 하루에도 몇 번씩 의식적으로 몸을 움직이라고 했다.

우리는 영양 조사에 돌입했고, '건강한' 음식에 관한 우리의 상식에 논란의 여지가 있음을 깨달았다. 매일 아침 호흡 요법과 명상을 통합한 나만의 의식을 시작하기로 했다. 처음에 나는 그 모든 활동을 다소 못마땅하게 생각했다. 며칠 의식을 빼먹기도 했고, 근육통에도 시달렸고, 울기도 했고, 그만두겠다고 선언하기도 했다.

그렇게 몇 개월을 보내고 나서야 그러한 의식이 일상으로 자리 잡았다. 마침내 나는 그 새로운 일상이 된 의식을 좋아하게 되었다. 내 인생에서 그 어느 때보다 육체적으로나 정신적으로 훨씬 더 강해진 것 같았다.

점차 몸이 치유되자 내가 한때 당연시했던 다른 많은 진실에 의문이 들었다. 정신적 웰니스wellness(well-being과 fitness의 합성어—옮긴이)에 관한 새로운 사고방식을 배웠다. 정신과 신체, 정서의 단절이 질병과 조절 장애로 나타날 수 있음을 깨달았다. 우리의 유전자가 운명적으로 결정된 것이 아니며 바꾸기 위해서는 가장 아끼고 보살펴온 사람들에 의해 형성된 우리의 사고 패턴과 습관을 의식적으로 알아차려야 한다는 것을 알았다.

또한 트라우마에 관해 새로운 광범위한 정의를 발견했다. 이 정의에 따르면 아동기의 스트레스와 부정적 경험이 우리 몸의 신경계에 엄청난 영향력을 미쳤다. 나는 어린 시절 해소되지 않은 트라우마가 매일 내게 영향을 미치고 있다는 사실을 깨달았다.

나는 새롭게 배운 사실을 일상에서 만나는 크고 작은 선택에 적용했다. 시간이 흐르면서 그러한 변화에 적응했고, 나는 달라졌다. 나는 더 깊이 파고들었다. 다양한 임상경험에서 얻은 몇몇 통찰력을 신체적 자기와 심리적 자기의 통합에 관한 지식에 적용했다. 나의 내면아이를 만났고, 그 아이를 재양육하는 법을 배웠고, 나를 인질로 잡고 있던 외상성 애착을 점검했고, 경계boundary 를 세우는 법을 배웠고, 전혀 몰랐던 분야라 예전에는 가능하리라고 생각지도 못했던 정서적 성숙을 통해 세상과 교류하기 시작했다.

이러한 내면 작업은 내 안에서 멈추지 않고 나와 연결된 모든 인간관계로, 나아가 내가 속한 더 큰 공동체로 확장되었다. 정신-신체-마음의 웰니스에 관한 이 놀라운 이해, 즉 전체론적 심리학holistic psychology 의 기본 개념을 제시하는 이 내용은 본문에서 자세하게 소개하겠다.

오늘 나는 치유의 장소에서 이 글을 쓰고 있다. 불안증과 공황 상태는 대체로 사라졌다. 더는 반응적 장소에서 세상과 연결되지 않으며 더 많은 인식과 연민에 접근할 수 있다. 사랑하는 이들과 함께 연결된 것 같다. 나의 치유 여정에 적극적으로 참여하지 않는 사람들에게 경계를 세울 수 있다. 성인기에 들어선 이후, 내 생애 처음으로 의식이 깨어났다. 바닥을 쳤을 때는 깨닫지 못했다. 그로부터 1년이 지난 후에도 마찬가지였다. 깊은 절망의 나락에 떨어지지 않았더라면 이 책을 쓰지 못했을 것이다.

내가 발견한 도구들을 여러 사람과 나누고 싶어서 2018년에 전체론적 심리학을 소개하는 웹사이트를 열었다. 얼마 후 내 이야기를 인스타그램에 올렸다. 트라우마와 치유, 정서적 회복력에 관한 편지가 쏟아져 들어왔다. 전체론적 치유에 관한 내 메시지는 나이와 문화적 경계를 넘어서 수많은 사람들의 마음에 공감을 불러일으켰다. 오늘날 300명이 넘는 사람들이 내 계정을 팔로우하고, 정신적·신체적 웰니스 증진에 적극적으로 참여하는 자기치유자 self healers 가 되었다. 이 자기치유자 공동체를 지원하는 것이 내 평생의 작업이 되었다.

나는 웹사이트와 인스타그램을 통해 자기치유자 공동체가 만들어진 지 1주년이 되었을 때, 이를 기념하기 위해 웨스트코스트 '내면아이 명상'을 개최했다. 그 자리에서 그동안 지지를 보내준 공동체에 감사를 표현했고, 직접 만나서 우리의 공동 여정을 축하할 기회를 가졌다. 그 행사 며칠 전에 미리 구글에서 '베네치아 해변 장소'를 검색하다가 우연히도 만남의 장소를 결정해두었다. 인스타그램에서 공짜 티켓을 제공했고, 사람들이 관심을 보여주기를 바랐다. 그런데 몇 시간도 채 지나지 않아 무려 3,000명이 신청한 것을 보고 내 눈을 믿을 수가 없었다.

드넓은 베네치아 해변 한중간에서 뜨거운 햇살을 받으며 앉아 있었을 때 캘리포니아 남부에서 온 다양한 사람들과 조깅하는 사람들이 스쳐 지나갔다. 나는 해변가에서 철썩거리는 파도로 시선을 돌렸다. 발가락 아래의 따뜻한 모래와 바닷물에 젖은 머리카락의 시원함이 시간과 공간 속에서 내 몸을 날카롭게 의식하게 했다. 나는 그 순간에 완전히 몰입했고, 너무나 생생하게 살아 있는 것 같아서 기도하듯이 양손을 들어 올렸다. 내 옆에 있는 놀라운 사람들을 그날 아침에 그 해변으로 이끌어준 다양한 인생길을 상상하면서. 나는 주변 사람들을 훑어보다가 내게 쏟아지는 수많은 시선에 순간적으로 압도당하는 것 같았다. 언제나 나는 관심의 중심에 서는 것을 부담스러워했기 때문이다.

그랬던 내가 입을 열었다.

"뭔가가 여러분을 이곳으로 불렀어요. 내면의 뭔가가 깊은 치유를 원해서 여러분을 이곳에 데려왔어요. 가장 높은 차원의 자기 자신이 되고 싶어서요. 이것이 우리가 축하할 일입니다. 우리는 모두 오늘의 현실을 만들어낸 아동기를 겪었어요. 오늘 우리는 새로운 미래를 창조하기 위해 과거에서 벗어나 치유의 길을 선택했어요. 이것이 진실이라는 것을 직관은 알고 있어요. 우리의 직관은 언제나 그곳에 있어요. 직관이 들려주는 이야기에 귀 기울이거나 그 이야기를 믿는 습관만 들이면 됩니다. 오늘 이 자리에 선 것이 우리 내면의 깨어진 신뢰를 치유하는 첫걸음입니다."

내가 이렇게 말하는 동안 군중 속의 낯선 한 사람과 시선이 마주쳤다. 그 여성은 '고마워요'라고 말하는 것처럼 내게 미소를 지으며 자신의 가슴에 손을 올렸다. 갑자기 내 눈동자에 눈물이 가득 차올랐다. 나는 울고 있었다. 몇 년 전에 오트밀 그릇을 앞에 두고 흘렸던 것과 똑같은 눈물은 아니었다. 사랑과 수용, 기쁨의 눈물이었다. 치유의 눈물이었다.

나는 그 진실을 몸소 보여주는 살아 있는 증거다. 각성은 특별한 어떤 사람들에게만 국한된 신비한 경험이 아니다. 변화를 원하는 사람, 간절하게 치유와 번영을 바라고, 빛나고 싶어 하는 모든 사람들을 위한 것이다.

인식이 깨어나면 모든 것이 가능해진다.

목차

Chapter 01
나를 가장 잘 아는 사람은
바로 나다

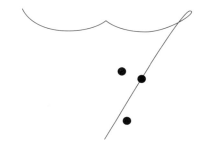

"그래, 오늘이 바로 그날이야. 난 오늘부터 달라지겠어."

어디서 많이 들어본 말이지 않은가? 이렇게 결심한 당신은 헬스장에 회원 등록을 하고, 가공식품 섭취를 줄이고, 소셜미디어를 끊고, 헤어진 연인과의 골치 아픈 관계를 정리한다. 이번에야말로 반드시 달라지겠다고 결심한다. 하지만 몇 날 며칠, 몇 주, 심지어는 몇 시간도 지나지 않아 정신적 저항이 고개를 든다.

몸은 달콤한 간식을 거부하지 못하고, 헬스장에 갈 의지는 사라지고, 헤어진 그 사람의 SNS를 확인하고 싶어서 손가락이 근질거린다. 마음은 '이쯤 했으면 쉬어도 돼'라고 감언이설을 속삭이며 예전의 생활로 돌아가라고 재촉한다. 지쳐서 무거워진 몸은 이때라고 속살거리며 홀딱 넘어가버린다. 종국에는 청천벽력 같은 마음의 소리가 들려온다.

"넌 할 수 없어!"

문제 행동에 갇혀버린 사람들

"너무 갑갑해요."

내가 연구학자이자 임상심리학자로 10여 년 동안 일하면서 내담자들한테서 가장 자주 들은 말이다. 치료를 받으러 오는 내담자들은 모두 달라지고 싶어 한다. 어떤 사람들은 새로운 습관을 들이고, 새로운 행동을 배우거나 자기혐오를 그만둘 방법을 찾아 자신의 내면을 바꾸려고 한다. 다른 사람들과의 관계, 부모나 배우자, 혹은 동료와의 골치 아픈 관계 개선처럼 외부 상황을 바꾸고 싶어 하는 사람들도 있다.

많은 사람이 내적·외적 변화를 원하고, 또 필요로 한다. 나를 찾아왔던 내담자들은 부자, 가난한 사람, 혈기왕성한 사람, 전통적 사회에 억압되고 소외된 사람까지 다양했다. 이 모든 내담자가 배경과 상관없이 입을 모아 "갑갑하다"고 말했다. 나쁜 습관에, 해로운 행동에, 예측 가능한 문제 양상에 갇혀버린 것 같다고 이구동성으로 외쳤다. 그 때문에 외로움과 소외감, 절망감까지 느낀다고 했다. 이들 대부분은 자신들의 '갇혀버린 상태'가 남들 눈에 어떻게 비칠지 걱정했고, 다른 사람의 평가에 집착하기 일쑤였다. 이들 대부분의 마음속에는 변화를 유지하지 못한 것이 좀 더 깊은 내적 손상이나 '무가치'(많은 사람이 사용한 표현)를 증명한다는 믿음이 뿌리박혀 있었다.

종종 자기 인식이 약간 있는 내담자들은 자신의 문제 행동을 파악하고 확실한 변화의 길을 그려볼 수도 있었다. 하지만 아는 것을 행동으로 옮기는 첫 단계를 밟아나갈 수 있는 사람은 거의 없었다. 출구를 볼 수 있는 사람들은 바람직하지 못한 행동으로 돌아가려는 자신들의 본능적인 반응에 수치심을 느꼈다. 더 잘할 수 있다는 걸 알면서도 그렇게 하지 못해서 결국에는 내 사무실을 찾아왔다는 사실을 부끄러워했다.

내가 아무리 도와주고 응원해줘도 거기에는 한계가 있었다. 주당 50분 치료는 대다수 내담자가 의미 있는 변화를 경험하기에 역부족이었다. 어떤 사람들은 성과 없이 반복되는 상황에 절망해서 치료를 그만두기도 했다. 물론 많은 사람이 치료의 효과를 보았지만, 그 개선 속도가 고통스러울 정도로 느렸다. 한 회기 치료에서 무척 고무적인 결과가 나왔다 싶다가도 다음 회기에 똑같은 내담자가 똑같이 예측 가능한 문제를 안고 돌아오기 일쑤였다.

많은 내담자가 치료 중에는 놀라운 통찰력을 발휘해서 자신들의 발목을 잡고 있는 모든 양상을 꿰뚫어 본다. 하지만 현실 세계(치료실 바깥)에서는 익숙한 예전의 양상으로 회귀하려는 본능에 저항하지 못한다. 자신들의 행동을 되돌아보고 문제를 직시할 수는 있지만 그러한 통찰력을 실제 생활에 실시간으로 적용하는 능력이 없기 때문이다. 집중 수련회나 명상 수련회에 참석해 근본적인 변화에 성공한 사람들도 그와 비슷한 양상을 보였다. 시간이 지나면서 애초에 그 원인을 찾아서 없애려 했던 바람직하지 못한 과거의 행동으로 회귀하는 것이다. 대대적으로 탈바꿈하고도 앞으로 나아가지 못한 많은 내담자가 이런 의문에 사로잡혔다. '나한테 무슨 문제가 있는 걸까?' '왜 나는 변하지 못하는 걸까?'

치료와 단 한 차례의 탈바꿈 경험으로는 겨우 치유의 길에 한 발을 들여놓는 수준에 그칠 뿐이다. 진정으로 달라지려면 매일 새로운 선택을 해야 한다. 정신적 웰니스를 얻고자 한다면 치유 과정에 매일 적극적으로 참여해야 한다.

주변을 둘러보면 나의 내담자들뿐만 아니라 내 친구들한테서도 똑같은 절망을 찾아볼 수 있었다. 많은 사람이 불면증과 우울증, 불안증 치료를 받고 있었다. 공식적으로 특정한 기분장애 진단을 받지 않은 사람들도 있었지만, 과다성취니 방랑벽이니 강박적 소셜미디어 몰입이라느니 하는 그럴듯한 표현만 다를 뿐, 기분장애 내담자들과 똑같은 증상을 보였다. 이들은 A 학점을 받고, 마감 시한 몇 주 전에 과제를 완수하고, 마라톤을 뛰고, 고高스트레스 직업군에 잘 적응하고, 압박감 높은 환경에서 뛰어난 실력을 발휘하는 사람들이었다. 여러모로 보아 나도 그런 부류에 속했다.

나는 전통적인 정신건강 관리 모델의 한계를 직접 체험했다. 심각한 심장질환으로 고생하는 엄마를 돌보다가 지속적인 공황발작 상태 직전까지 갔다. 20대에 치료받기 시작해 항불안제를 복용하면서 나아졌지만 지금도 여전히 무기력과 피로, 무심함을 느껴서 실제 나이보다 더 늙어 보인다. 심리학자로서 다른 사람들이 내적 세계를 이해할 수 있게 도와주고 있지만 나는 여전히 나 자신에게 낯선 사람이요, 나 자신도 진정으로 도와줄 수 없는 사람이다.

내가 걸어온 길을 되짚어보다

나는 필라델피아의 전형적인 중산층 가정에서 태어났다. 아빠는 9시에서 5시까지 근무하는 안정적인 직장에 다녔고, 엄마는 전업주부였다. 매일 아침 7시에 아침 식사를 하고, 오후 5시 30분에 저녁을 먹었다. 우리 가족의 좌우명은 '가족이 전부다'였다. 겉보기에는 그 좌우명대로 생활하는 가족이었다. 정상적이고 행복한 중산층 가정의 모습이었다. 그 이면에 실체를 숨기고 있었지만, 겉모습만큼은 전형적인 중산층 가정이었다.

하지만 그 속을 들여다보면 병든 가족이었다. 언니는 어릴 때부터 치명적인 건강 문제로 고생했고, 엄마는 자신만의 환상통증에 시달려 여러 날 침대에서 벗어나지 못했다. 엄마의 병을 대놓고 말하는 사람은 없었지만 나는 엄마에게 이상이 있음을 알아차렸다. 엄마가 괴로워한다는 걸, 아프다는 걸 알았다. 엄마는 고통에 사로잡혀 살았기 때문에 존재하지 않는 것과 마찬가지였다. 엄마는 산만했고 만성 불안에 시달렸다. 그 모든 스트레스 속에서 내 감정 따위는 잊고 살 수밖에 없었다.

나는 삼 남매의 막둥이였다. 가족들은 나를 '행복한 실수'의 결과물이라고 했다. 형제자매들은 나보다 나이가 훨씬 많았다(내가 생리를 할 무렵에 오빠는 투표할 수 있었다). 그런 탓에 나와 같은 경험을 하지는 않았다. 같은 집에 산다고 똑같은 어린 시절을 보내는 건 아니다. 부모님은 '아기 천사'라고 나를 놀렸다. 잠을 잘 자고, 거의 문제를 일으키지 않았다. 그와 동시에 활력이 넘쳐서 끊임없이 움직이는 활동적인 아이이기도 했다. 나는 내가 잘한다고 자신하는 모든 분야에서 거의 완벽에 가까워지려고 노력해서 내 존재의 짐을 덜어내는 법을 일찍부터 터득했다.

엄마는 감정을 많이 표현하는 사람이 아니었다. 우리 가족은 그렇게 '감정적인' 가족도 아니었고, 신체 접촉도 최소한에 머물렀다. 내가 기억하기로 어린 시절에 들었던 "사랑해"라는 말은 거의 일관성이 없었다. 사실 그 말을 공개적으로 처음 들은 건 20대 초반, 엄마가 심장 수술을 받던 날이었다. 그렇다고 오해하지는 말기 바란다. 부모님이 날 사랑하는 건 분명히 알고 있었으니까. 나중에야 엄마도 사랑과 애정을 잘 표현하지 않는 차갑고 무심한 부모님 밑에서 자랐다는 사실을 알았다. 엄마 자신이 상처받은 아이였기 때문에 얼마나 간절하게 사랑받고 싶어 하는지를 표현하지 못했고, 결과적으로 자신이 진심으로 사랑하는 자식들에게도 사랑을 표현할 수 없었다.

전반적으로 우리 가족은 불쾌한 일을 그냥 무시해버리는 감정 회피 상태에 빠져 살았다. 내가 아기천사 이미지를 벗어던지고 실체를 드러내기 시작했을 때였다. 아직 공식적으로 10대가 되기도 전에 파티를 즐기다가 충혈된 눈으로 혀 꼬인 소리를 하며 비틀비틀 집에 들어갔을 때도 뭐라고 하는 사람이 없었다. 그러한 회피 반응은 누군가의 억눌린 감정이 부글부글 끓어올라 그 사람을 집어삼키고 터져 나올 때까지 계속되었다. 마침내 엄마가 내가 써놓은 글에서 술을 마셨다는 증거를 찾아냈을 때 그 일이 터졌다. 엄마는 히스테릭하게 변해서 물건을 던지고 울면서 이렇게 소리쳤다. "네가 이 엄마를 죽이려는 거구나! 너 때문에 심장병이 도져서 당장 이 자리에서 죽어버릴 것 같아!"

나는 내가 만나는 대다수 사람과 다르다는 생각을 자주 했다. 적어도 내가 기억하기로는 그랬다. 그런 탓에 다른 사람들이 왜 그렇게 행동하는지 무척 궁금했다. 그러다 보니 오래지 않아 심리학자가 되고 싶어 한 것도 놀랄 일이 아니었다. 나는 사람들을 돕고 싶었을 뿐만 아니라 이해하고 싶었다. 그들을 연구해서 이렇게 말해주고 싶었다. "이거예요! 이래서 당신이 그렇게 된 거예요! 이래서 내가 이렇게 된 거라고요!" 이런 호기심에 이끌려 코넬 대학에 들어가서 심리학을 공부했고, 나중에는 더뉴스쿨The New School for Social Research에서 임상심리학 박사과정을 밟았다. 뒤이어 시작한 '과학자-실천가 모델scientist-practitioner model(상담심리학 분야에서 과학적 지식과 태도를 갖춘 상담 실무자 모델—옮긴이)' 프로그램에서는 연구하는 동시에 치료도 해야 했다. 나는 스펀지처럼 다양한 치료 방법에 관한 정보는 전부 다 쪽쪽 빨아들였다. 사람들이 자기 자신을 이해하고 치유하는 데 진정으로 도움이 되는 방법을 찾고 싶었기 때문이다.

이때 인지행동치료cognitive behavioral therapy를 배웠다. 인지행동치료는 극히 규정적이고 목표 지향적인 표준 치료법이다. 치료하는 동안 내담자들은 보통 우울증과 군중 속의 불안감, 결혼 문제 등 한 가지 문제에 집중한다. 인지행동치료의 목적은 내담자가 자신의 행동 기저에 깔린 결함 있는 사고 패턴을 찾아낼 수 있게 돕는 것이다. 이 과정에서 내담자는 문제가 있다는 지속적인 감정에서 벗어나 어느 정도 안도감을 느낄 수 있다.

인지행동치료 모델은 사고思考가 감정뿐만 아니라 궁극적으로는 행동에도 영향을 미친다고 전제한다. 사고를 바꿔 관계가 달라지면 폭포처럼 전신으로 흘러들어 오는 감정이 변하면서 행동까지도 변한다. 이것이 이 책의 초석이 되는 개념이다. 인지행동치료는 흔히 심리학의 '황금 기준'으로 일컬어진다. 복제나 반복이 상당히 쉬운 구조와 형식을 갖추고 있어서 실험 연구에 아주 적합하기 때문이다. 나는 인지행동치료를 배우는 동안 생각의 힘에 관한 귀중한 교훈을 하나 얻었다. 하지만 현실 세계에 적용했을 때는 약간 엄격하게 느껴질 수도 있다. 나를 찾아온 내담자들에게 이 치료법을 적용했을 때도 가끔씩 제약이 느껴졌고, 저마다 다른 사람에게 딱 들어맞지 않는 것 같았다.

대학원 시절에는 대인관계 치료에 유독 관심이 갔다. 대인관계 치료는 훨씬 더 개방적인 치료 모델로, 내담자와 치료사의 유대관계를 내담자의 인간관계를 개선하는 촉매로 삼는 것이다. 대부분의 사람들은 가족이나 배우자, 친구 혹은 동료들과의 관계에 문제가 있다. 그러므로 치료사와 좀 더 건전하고 새로운 역동적인 관계를 맺을 수 있다면 치료에도 크게 도움이 될 수 있다.

인간관계에서 드러나는 모습은 우리의 일반적인 웰니스를 보여주는 진정한 상징이다. '인간관계에서 드러나는 모습이 인생에서 드러나는 모습이다'는 말에 나는 전적으로 공감한다. 이것이 바로 이 책에서 다루고자 하는 주제다. 전체론적 심리학이라는 틀 안에서 부모와의 초창기 유대를 모델로 삼는 인간관계도 파헤쳐본다. '조건화'라는 행동모델링은 2장에서 좀 더 자세하게 소개하겠다.

나는 교육을 받는 동안 정신역학 접근법을 공부했다. 정신역학 접근법이란 내면의 힘이 사람을 움직인다고 주장하는 정신 이론이다. 주로 소파와 파이프 담배를 피우는 분석가와 맞물려 떠오르는 전형적인 모델이다. 내가 이 모델을 공부했던 곳은 뉴욕 정신분석학회연구소와 필라델피아 정신분석대학이었다. 그곳에서 나는 잠재의식의 영향력에 대해 배웠다.

인간의 정신 깊숙한 곳에 잠들어 있는 잠재의식은 기억을 간직하는 곳이자 동인動因이나 자동적 본능, 혹은 동기의 원천이다.

나는 치료를 시작하면서 잠재의식의 역할에 관한 심오한 통찰력을 얻었다. 나를 찾아왔던 내담자들은 달라져야 하는 자기 삶의 일부분을 실감했다. 다 잊어버리려고 약물에 취하는 모습, 연인에게 벌컥 화를 내는 모습, 가족들 앞에서 어린아이처럼 행동하는 모습 같은 것들 말이다. 하지만 매번 반복적으로 잠재의식 사이클에 빠져 다시 치료를 받으러 돌아왔다. 나도 그들과 다를 바가 없었다. 이러한 깨달음은 전체론적 심리학이라는 철학의 창조와 진화에 커다란 영향을 미쳤다.

이처럼 새로운 양상을 배우는 동안 나는 약물 사용 회복 분야에 종사하며 연구를 시작했다. 외래환자와 입원환자의 약물 사용 치료 집단을 운영했고, 약물남용을 한 사람들의 대인기술을 증진해 그들의 회복 과정을 뒷받침해주는 프로그램을 진행했다. 이러한 경험 덕분에 약물 사용을 억제하려고 애쓰는 사람들의 실제 경험을 균형 있게 들여다볼 수 있었다. 종국에는 중독이란 알코올과 마약, 도박, 섹스 같은 특정한 물질이나 경험에 국한되는 것이 아니라는 결론에 도달했다. 인간의 감정 사이클에도 중독될 수 있다는 사실을 깨달았다.

감정 중독은 특히 트라우마에 대처하기 위해 습관적으로 특정한 감정 상태를 찾거나 회피할 때 매우 강력해진다. 중독을 공부하다 보니 정신과 신체가 떼려야 뗄 수 없는 관계에 있음을 분명하게 알 수 있었다. 신경계가 정신적 웰니스에서 중심 역할을 하고 있음은 말할 것도 없다. 이 주제에 관해서는 이 책 후반부에서 자세하게 소개하겠다.

나는 박사 취득 후 외부 요인들을 내 심리치료에 통합하려고 수차례 시도했다. 그중에서 마음챙김은 자기성찰과 자기 인식을 할 엄청난 기회를 준다고 느꼈다. 이 주제에 관해서 나름대로 조사하고 연구해서 출판까지 하고 난 후에 명상 실습과 중독 행동에 미치는 명상의 효과에 관해서 논문을 쓰려고 박사학위 자문 교수님을 설득하려고 했지만 그 노력은 수포가 됐다. 교수님은 마음챙김에 치료적 가치가 있다고 생각하지 않았다. 마음챙김이란 연구할 가치가 없는 일시적 유행에 불과하다고 여겼다.

지금에 와서 돌이켜보면 그때 내 앞에 펼쳐지고 있었던 길이 보인다. 내 내면의 안내자가 전체론적 치료 모델 창조에 필요한 모든 것을 보여주고 있었다. 나는 사설 상담소를 개설해서 내가 연구했던 모든 양식의 많은 측면을 통합해 넣었다. 그렇게 수년 동안 통합적 접근법을 사용했는데 점차 좌절감이 들기 시작했다. 내담자들의 인식이 차츰 개선되기는 했지만, 변화의 속도가 너무 느렸다. 그러자 내담자들이 나를 신뢰하지 않는 게 느껴졌다. 그와 동시에 내 자신감도 점점 줄어드는 것 같았다.

나는 주변을 둘러보았다. 진짜로 주변을 둘러본 것은 그때가 내 평생 처음이었다. 나를 찾아오는 내담자 중에서 근본적으로 신체 증상이 나타나지 않은 사람은 단 한 명도 없었다. 이 말은 절대 과장이 아니다. 학교를 떠난 지 오래됐을 때 나는 새로운 질문을 던지기 시작했다. 과민성대장증후군에서 변비에 이르기까지 소화 문제로 고생하는 내담자들이 왜 그렇게 많을까? 자가면역 질환 발생 비율이 왜 그렇게 높을까? 왜 거의 모든 사람이 항상 불안감과 초조함에 시달린다고 느낄까?

내가 학교에서 주류 교육을 받지 않았더라면 내 길을 찾지 못했을 것이다. 학교에서 배운 많은 것들을 나만의 전체론적 심리학 창조 현장에 적용했다. 하지만 신체와 정신의 연결에 관해서 점점 더 많은 것을 발견할수록 내가 받았던 전통적 훈련의 한계가 더욱 분명하게 드러났다.

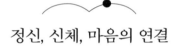

정신, 신체, 마음의 연결

눈을 감는다. 레몬을 그려본다. 반짝거리는 노란색 껍질이 보인다. 양손으로 레몬을 잡는다. 볼록 튀어나온 부위를 만져본다. 코에 대고 냄새를 맡아본다. 상큼한 향이 콧속으로 흘러들어 온다. 이제 레몬을 웨지 모양으로 자른다. 레몬을 자르자 즙이 흘러나온다. 레몬에 닿은 입술이 따끔거리는 것 같다. 시큼하고 시원하고 신선한 맛을 본다.

자, 어떤가? 상상하기만 해도 입이 오물거리고 입안에 침이 고이지 않는가? 이처럼 레몬을 생각만 해도 감각기관 전체가 반응한다. 이 책을 손에서 놓지 않고도 방금 정신과 신체의 연결을 경험한 것이다.

이러한 시각화 경험은 신체와 정신이 어떻게 통합되는지를 보여주는 간단하지만 강력한 방법이다. 안타깝지만 서구 의학에는 신체와 정신이 별개라는 믿음이 깔려 있다. 그런 탓에 치료자들은 정신(심리학이나 정신건강의학)이나 신체(의학의 다른 모든 분야) 중하나를 치료할 뿐, 그 둘을 동시에 치료하는 경우는 거의 없다. 이러한 정신과 신체의 독단적 분리 관행 때문에 의학적 치유의 잠재력이 억제되고, 그 과정에서 내담자들의 건강상태가 더욱 나빠지기도 한다.

반면 원주민 문화권과 동양 문화권에서는 신체와 정신, 영혼soul, 즉 자기 자신보다 더 고귀한 뭔가가 있다는 감각을 서로 연결해 수천 년 동안 깊이 있게 이해하고 존중해왔다. 동양 사람들은 오래전부터 가르침과 명확성을 얻기 위해서 조상들과 연결해주는 의식과 의례를 통해 자기self에 접근했고, 인간은 상호 연결된 부분들로 만들어졌다는 내적 '앎'을 바탕으로 생활해왔다.

서양 의학의 주류는 오랫동안 그러한 연결을 '비과학적'이라고 여겼다. 17세기에는 프랑스 철학자 르네 데카르트Rene Descartes가 정신과 신체의 단절을 의미하는 '정신-신체 이원론'을 제시했다. 이러한 이분법은 이후 400년 동안 이어졌다. 지금도 정신을 신체와 구분해서 치료한다. 정신적으로 아픈 사람은 한 분야의 의사를 찾아가 한 종류의 의료 기록을 갖고, 한 종류의 병원에 다닌다. '신체적' 증상이 나타나면 치료 과정은 완전히 달라진다.

19세기에는 기술 발달로 인간생물학뿐만 아니라 환경에 존재하는 것들(바이러스, 박테리아)이 인간을 해치는 방법들에 관한 지식이 크게 늘었다. 증상이 나타나면 의사가 증상을 (수술로) 제거하거나 (알려지거나 알려지지 않은 부작용을 지닌 약 처방으로) 치료한다. 이런 식으로 신체의 목소리를 귀 기울여 듣는 것이 아니라 죽이려고 한다. 신체 증상이란 결국 신체의 주인과 소통하는 방식인데도 말이다. 증상을 억제하는 과정에서는 종종 새로운 상처가 생겨나기도 한다. 전체론적 접근이라는 치료 개념은 증상 관리 접근법에 밀려났고, 결국에는 의존의 악순환이 시작되었다. 이러한 임시처방 모델에서는 눈앞에 드러나는 개별적 증상 치료에 집중할 뿐 그 근본적인 원인을 살펴보지 않는다.

정신의학은 한때 자칭 '정신이나 영의 과학(혹은 연구)'이라고 했다. 오늘날 정신의학의 초점은 생물학에 과도하게 맞추어져 있다. 그렇기에 치료사가 내담자의 어린 시절 트라우마를 묻거나 영양과 생활방식에 관해 지도해주기보다는 정신질환의 가족력을 묻고 항우울제를 처방할 가능성이 더 크다. 정신건강의학 분야는 미국정신건강의학회에서 발간한 『정신질환 진단 및 통계 편람 Diagnostic and Statistical Manual of Mental Disorders』 제5판DSM-5 을 전적으로 받아들였다. 이 편람에서는 증상을 진단 수단, 일반적으로는 환경적이거나 후천적이 아닌 유전적이거나 선천적으로 '생겨난 장애'로 분류한다. 이렇게 유전적 원인을 파헤치면 자연스럽게 질병을 우리 자신의 일부로 받아들이게 된다. 일단 진단이 내려지면 근본적인 원인을 바꾸거나 찾아내고자 하는 의욕이 줄어들 수밖에 없다.

20세기에 접어든 이후로 사람들은 진단의 유전적 원인을 믿었다. 다시 말해서 유전적 결정주의를 신봉했다. 이 모델에 따르면 인간의 유전자(그에 따른 건강)는 탄생 시에 이미 결정된다. 선천적으로 DNA의 운이 좋은지 나쁜지에 따라서 특정 질환을 물려받거나 면제받을 '운명'을 타고나는 것이다. 유전적 결정주의는 가정환경과 트라우마, 습관, 혹은 환경 내 다른 모든 것들의 역할을 고려하지 않는다. 이런 역학구조에서는 우리가 자신의 건강과 웰니스에 관여하는 능동적인 참여자가 아니다. 굳이 그렇게 할 필요가 있겠는가? 뭔가가 이미 결정된 상황에서는 DNA 이외의 것을 살펴볼 필요가 없다.

하지만 신체와 (영양에서 인간관계, 억압적인 인종차별에 이르기까지 형태가 다양한) 그 주변 환경과의 상호작용을 연구하는 학문이 발달할수록 상황이 점점 더 복잡해진다. 우리 인간은 단순한 코딩의 표현물이 아니라 우리의 통제 안팎에서 일어나는 놀라운 상호작용의 부산물이다. 운명적인 유전학에서 벗어나야 건강의 소유권을 되찾아올 수 있다. 이로써 우리가 한때 얼마나 '무無 선택적'이었는지 깨닫게 되고, 지속적이고 진정한 변화를 꾀할 수 있는 능력을 되찾는다.

나는 교육을 받으면서 그러한 '무선택'을 직접 목격했다. 정신질환이 유전적이라는 사실도 배웠다. 각자가 물려받은 DNA에 깃든 운명은 본인의 힘으로는 거의 어떻게 할 수가 없다고 배웠다. 불면증, 체중 증가, 체중 감소, 분노, 짜증, 슬픔 같은 증상을 분류하고 진단을 내린 후 내담자를 지지해주는 관계를 맺으며 치료를 시도하는 것이 내가 하는 일이다. 그것만으로 충분하지 않다면 항정신제를 처방해줄 수 있는 정신과 의사에게 내담자를 보낼 수 있다. 이러한 선택지가 있었지만 정신질환이라고 알려진 상태에서 신체가 어떤 역할을 하는지에 관한 논의는 없었다. '치유'나 '웰니스' 같은 단어 사용에 관한 상담도 전혀 이루어지지 않았다. 신체의 힘으로 정신 치료를 돕는다는 개념은 반反과학으로 외면당했다. 심지어는 뉴에이지 헛소리로 치부되기도 했다.

우리가 자신의 웰니스에 어떻게 기여할 수 있는지를 자문하지 않는다면 무기력해지고 의존적으로 된다. 전적으로 신체의 변덕에 좌우되고, 자신의 건강을 치료사의 손에 맡겨야만 안심이 된다. 치료사는 당신을 낫게 해주는 마법의 해결책과 모든 해답을 가지고 있어서 당신을 구해줄 수 있는 사람이라고 생각한다. 하지만 현실에서는 병이 점점 더 악화한다. 이러한 현 상태에 관해 의문을 품기 시작하자 나는 한 가지 깨달음을 얻었다. 사람들이 인간 존재에 관한 진실을 들어본 적이 없어서 달라질 수 없다는 것이다.

인간은 유전자의 결과물이 아니다

바로 지금 이 순간 각성이 시작되고 있다. '결함 있는 유전자'는 운명이라는 이야기를 더는 받아들일 필요가 없다. 새롭게 등장하는 과학에서는 물려받은 유전자가 고정된 것이 아니라고 본다. 그보다는 태아 시절부터 평생 환경의 영향을 받는다고 한다. 이처럼 획기적인 후성유전학epigenetics의 등장으로 변화하는 인간 능력에 관한 새로운 이야기가 펼쳐지고 있다.

물론 인간은 일련의 유전자를 갖고 태어난다. 하지만 마치 카드 한 벌에서 가지고 놀고 싶은 카드를 고르듯이 유전자도 어느 정도까지는 선택할 수 있다. 수면과 영양, 인간관계, 신체를 움직이는 방식들을 선택해서 유전자 발현을 바꿔놓을 수 있다.

생물학자 브루스 립턴Bruce Lipton은 수년 동안 후성유전학의 역할을 역설했고, 그 영향력을 '신생물학'이라고 불렀다. 그동안 줄곧 유전적 결정주의가 생물학의 진실을 크게 왜곡시켰다고 강력하게 비난했다. 실제로 인간의 유전자는 자궁에서 태아를 감싼 양수에서 아이가 듣는 부모의 말소리, 들이마시는 공기, 소화시키는 화학물질에 이르기까지 모든 것에 영향을 받아 발현되기도 하고 억제되기도 한다. 물론 인간은 유전자 암호를 갖고 태어난다. 하지만 유전자의 발현과 억제는 환경의 영향을 받는다. 다시 말하자면 인생 경험이 세포 단계부터 한 사람을 바꿔놓는다.

후성유전학은 기존 유전학의 한계를 극복하며 질병 관리 모델을 일상적인 환경이 건강에 미치는 영향력을 인정하는 패러다임으로 새롭게 바꿔놓았다. 결과적으로 극히 새로운 관점이 생겨났다. 우리 인간이 자신의 웰빙에 관여하는 능동적인 참여자가 될 수 있다는 것이다. 이러한 관점에서는 정신적·정서적 건강뿐만 아니라 '신체적' 건강과 당뇨, 암 같은 질병 발병 위험도 다룬다.

후성유전학적 요소들은 정신장애 발현에 중대한 역할을 담당한다. 이러한 사실은 일란성 쌍생아 연구에서 잘 드러난다. 예컨대 일란성 쌍생아 중 한 명이 조현병이나 양극성 장애 같은 심각한 정신질환을 갖고 태어나도 다른 한 명은 그렇지 않다. (자궁 내) 스트레스와 정신질환 발현의 연관성 연구에서도 환경이, 가장 강력한 기관인 두뇌뿐만 아니라 신체의 모든 부분에 어떤 방식으로 얼마나 심도 있게 영향을 미치는지가 드러난다. 중독과 트라우마 전문가 가보르 마테Gabor Maté 박사는 두뇌 구조에 깊이 각인된 아주 흔한 신체 및 정신질환을 초래하는 정서적 스트레스에 관해서 광범위한 글을 집필했다.

유전학이 운명이 아니라는 개념은 내게 아주 심오한 깨달음을 주었다. 나는 내 가족이 아팠기 때문에 나도 아플 운명이라고 생각했다. 이런 나에게 후성유전학적 관점은 내 신체에 대한 인식을 바꿔놓았다. 내가 가족한테서 특정한 성향을 물려받았다고 해서 나도 반드시 그런 성향을 띠는 것은 아니라는 사실을 깨달았다.

연구에 따르면 후성유전학의 영향력은 세대를 초월한다. 조상들이 겪었던 삶의 경험들이 그들의 DNA를 형성했고, 우리의 DNA도 형성한다. 그런즉슨 우리의 삶이 우리 대에서 끝나지 않고 후대에까지 전해진다는 것이다. 좋든 나쁘든, 트라우마로 가득하든 기쁨으로 가득하든 상관없이 우리의 모든 삶이 후대에 영향을 미친다. 실험실 생쥐 실험에서 극한 다이어트나 스트레스에 노출된 생쥐들은 심장과 신진대사에 변화가 생겼다. 그뿐만 아니라 그 생쥐들의 새끼, 그 새끼의 새끼들까지도 같은 변화를 보였다. 인간도 이와 마찬가지라는 증거가 있다. 체제상 지속적으로 인종차별을 받는 아이들을 포함해 트라우마 생존자의 자녀들이 질병 발병률이 높을 뿐만 아니라 부모와 유사한 건강 문제를 지니고 있다는 연구 결과가 있다.

물려받은 유전자가 이전 세대의 경험에서 부정적인 영향을 받았다면 그 악순환을 어떻게 끊어낼 수 있을까? 우리가 통제할 수 없는 환경 요인들, 이를테면 증조부의 어린 시절 환경은 말할 것도 없고 우리 자신의 어린 시절 환경도 선택할 수 없지만, 많은 요인은 통제할 수 있다. 예컨대 어렸을 때 섭취하지 못했던 영양을 지금은 제대로 섭취할 수 있다. 또한 안정적인 유대와 안전감을 키우는 방법을 배울 수 있다. 먹는 음식, 운동 횟수, 의식 상태, 생각과 믿음도 바꿀 수 있다. 립턴 박사는 이렇게 말했다. "신생물학이란 바로 이런 것이다. '넌 인생의 희생자야'라는 사고에서 벗어나 자기 자신이 인생의 창조자라는 사실을 알려주는 것이다."

인간은 유전적 회로의 결과물이 아니다. 이 사실을 알고 나면 잘못된 회로를 약물과 수술 같은 중재를 통해 '재배선'하는 전통적인 결정적 접근법이 더 부적절해 보인다. 우리는 자기 자신의 웰니스를 위해 신체와 정신의 치유를 돕고, 또 그렇게 해야 한다.

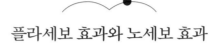

플라세보 효과와 노세보 효과

나는 후성유전학을 배우면 배울수록 치유와 탈바꿈을 더욱 깊이 있게 공부하기 시작했다. 믿음과 플라세보 효과placebo effect에 관해서도 배웠다. 플라세보 효과란 불활성 물질(위약)이 질환의 증상을 개선해주는 효력을 묘사하는 용어다. 나는 의학적 중재 없이는 회복 불가능해 보였던 사람들이 자연적으로 병의 차도를 보이고, 가장 심각한 질병을 이겨낸 이야기들에 사로잡혔다. 지금도 그런 이야기들은 언제나 급진적으로 들린다. 과학적으로 타당한 이야기라기보다는 기적에 훨씬 더 가까워 보인다.

정신은 측정할 수 있고, 실질적인 몸의 변화를 끌어낼 수 있다. 주류 과학이 이러한 사실을 인정하는 증거가 바로 플라세보 효과다. 파킨스병에서 과민성대장증후군에 이르기까지 다양한 질환에서 플라세보 효과가 입증되어 있다. 그중에서 강력한 몇 가지 반응은 우울증 연구에서 나타났다. 항우울제를 복용하고 있다고 믿는 참가자들이 실제로는 가짜약을 복용했음에도 대체로 상태가 개선되었던 것이다. 몸이 아파야만 플라세보 효과를 경험할 수 있는 것은 아니다.

글래스고 대학의 연구에서는 연구학자들이 달리기 선수 15명에게 금지약물을 투여했다고 말한 후에 경주에 나가라고 했다. 그러자 이들의 기록이 크게 향상되었다. 하지만 사실 이들이 맞은 것은 소금물이 든 주사였다.

몸이 좋아지기를 기대할 때는 치유 과정을 시작하려는 신호를 보낸다. 호르몬과 면역 세포, 신경전달물질이 모두 분비된다. 플라세보 효과는 몸 상태나 기분이 더 나아질 거라고 믿을 때 종종 실제로 그렇게 된다는 사실을 증명한다. 이것은 단순한 암시로도 몸에 영향을 줄 수 있는 정신의 힘을 증명한다.

하지만 바람직하지 못한 효과도 있다. 바로 플라세보 효과의 '사악한 쌍둥이' 노세보 효과nocebo effect 다. 노세보 효과는 약을 올바로 처방했는데도 환자가 의심하면 약효가 나타나지 않는 현상이다. 생각이 상태를 개선하는 것이 아니라 악화시키는 것이다. 연구학자들은 종종 노세보 효과를 연구하기 위해서 실제로는 가짜 약만 복용하는 참가자들에게 끔찍한 부작용이 있다고 말한다. 그러면 활성 약물을 복용하고 있다고 믿는 많은 사람한테서 실제로 부작용이 나타나기 시작한다.

노세보 효과의 위험성을 보여주는 주목할 만한 극단적인 사례가 하나 있다. 1970년대에 한 의사가 환자에게 식도암으로 수명이 3개월 남았다고 시한부 선고를 내렸다. 그로부터 몇 주 후,

환자가 실제 사망했을 때 검시 결과에서 의사의 진단이 오진이었음이 밝혀졌다. 환자의 식도에는 암이 있다는 증거가 전혀 없었다. 확신할 수는 없지만 그 환자는 자신이 죽을 거라고 믿었기 때문에 죽은 것 같았다. 이후 그 의사는 인터뷰에서 이렇게 말했다. "전 그 환자가 암에 걸렸다고 생각했습니다. 환자도 그렇게 생각했고요. 환자의 주변 사람들도 같은 생각을 했죠. 어쩌다 보니 제가 희망을 없애버렸던 걸까요?"

2007년에 기록된 또 다른 노세보 효과 사례에서는 항우울제 임상실험에 참가한 26세의 남성이 약물남용 미수로 병원에 실려왔다. 여자 친구와 싸우고 나서 연구용으로 처방받은 알약을 29알 복용한 것이었다. 남자가 병원에 도착했을 때는 혈압이 위험할 정도로 낮게 떨어져 거의 사망하기 직전이었다. 남자는 땀을 흘리고 몸을 떨면서 숨을 가쁘게 몰아쉬었다. 점차 남자가 진정되자 의사들은 검사를 진행했다. 그러나 체내에서 약물의 흔적을 찾지 못했다. 임상실험을 진행했던 의사가 병원에 도착해서는 그 남자가 위약 집단 환자였다고 말했다. 다시 말해서 남자는 불활성, 혹은 비활성 약을 먹었던 것이다. 남자가 과다 복용한 것은 부정적인 생각과 바람이었던 것 같았다.

몸과 마음을 아우르는 심리학

정신과 신체의 연결에 관한 통찰력은 내게 게임의 판도를 바꿔놓는 파격적인 소득이었다. 우리 인간이 모든 선택권을 쥐고서 정신적 웰니스(혹은 웰니스 부족 상태)에 적극적으로 관여한다는 사실을 깨닫자 전체론적 치유의 잠재력에 관해서 가능한 한 많은 것을 배우고 연구하고 싶어졌다.

새롭게 떠오르는 정신신경면역학 덕분에 만성 염증이 두뇌에 미치는 확산 효과diffuse effect에 대해서도 배웠다. 수많은 훌륭한 사상가들은 영양의 역할뿐만 아니라 두뇌와 직접 소통하는 소화관 생태계에 미치는 영양의 효과를 역설해 내 시야를 넓혀주었다. 나는 다중미주신경 이론polyvagal theory과 정신이나 신체적 웰빙에 미치는 신경계의 역할에 관한 신과학을 미친 듯이 파헤쳤다(이 분야에 관한 모든 것을 이 책에서 다루겠다). 지금 우리가 무엇을 배우고 있는지 보고도 믿기 어렵다. 무엇이 질병을 가져오고, 무엇이 건강을 되찾아주는지에 관한 이해가 완전히 달라졌다.

그 모든 서적과 연구논문에 코를 박고 있다가 고개를 들었을 때 나는 내 건강에 관여하는 나의 역할에 대해 생각했다. 나는 주류 심리학에서 배웠던 모든 것을 정신-신체 치유에 관한 모든 새로운 연구와 통합하고 싶었다. 이러한 취지에서 전체론적 심리학의 기본 원리를 체계적으로 정리해보았다. 근본적으로 인간의 모

든 측면(정신, 신체, 마음)을 다루는 전체론적 심리학의 기본 원리는
다음과 같다.

∞

1. 치유는 일상이다. 치유하려고 '다른 어딘가로 갈' 필요가 없다. 자기
    내면으로 들어가야 한다. 다시 말해서 치유란 자신을 바꾸는 작업
    을 하겠다는 일일 약속이다. 우리 자신의 치유를 책임지는 사람은
    바로 자기 자신이다. 우리는 그 과정에서 적극적인 참여자가 된다.
    우리의 활동이 치유 수준과 직결되어 있다. 꾸준히 작은 선택을 해
    나가는 것이 진정한 탈바꿈의 길이다.

2. 우리가 통제하지 못하는 것이 많지만 통제할 수 있는 것들도 있다.
    전체론적 심리학은 선택의 힘을 이용한다. 선택으로 치유가 가능해
    지기 때문이다.

3. 전체론적 도구는 매우 실용적이고 쉽게 손에 넣을 수 있다. 변화는
    버거울 수 있고, 종종 그렇게 느껴진다. 잠재의식의 주요한 기능은
    안전을 확보하는 것이기 때문이다. 우리의 잠재의식은 변화에 위협
    을 느낀다. 그래서 변화가 진행되는 가운데 종종 갖가지 불편함을
    느끼면서 '익숙한 것에 끌리는' 경험을 하기 마련이다. 매일 끊임없
    이 작은 선택을 하는 연습은 밀고 당기면서 변화를 유지하는 힘을
    키워준다.

4. 자신의 정신적 웰니스를 책임지는 사람은 바로 자기 자신이다. 이
    사실을 생각하면 덜컥 겁이 날 수도 있겠지만, 반면에 놀랍도록 막

강한 힘이 생겨날 수도 있다. 신생과학은 구모델이 더는 효력을 발휘하지 못하는 많은 이유를 설명해주고, 정신적 웰니스라는 새로운 모델을 이용하는 로드맵을 제공해준다. 앞으로 이러한 신생과학에 대해서 자세히 설명하겠다.

다양한 사람들에게 전체론적 심리학의 철학과 도구를 전하자 터져 나오는 감사와 회복력, 치유의 이야기에 감탄을 금할 길이 없다. 전 세계 사람들의 믿을 수 없는 강인함과 내면의 힘을 보고 들으며 얼마나 많은 눈물을 흘렸는지 모른다.

그중에서도 유독 기억에 남는 진짜 놀라운 탈바꿈 사례가 있다. 일전에 앨리 베이즐리라는 여성을 만난 적이 있었다. 앨리는 자기파괴 행위에 관해서 나와 수차례 이야기를 나누며 그런 자신을 인정했다. 외부 검증의 필요성과 새로 형성된 생산적인 습관을 유지하지 못한다는 것도 받아들였다. 무엇보다 자신에게 가장 깊은 상처를 준 것은 타인이 아니라, 직관적 자기나 진정한 자기를 배반하는 자기 자신이었음을 깨달았다. 직관적 자기나 진정한 자기는 그녀와 깊이 공감해서 그녀의 삶을 좀 더 선명하게 보여주었다. '처음으로 누군가가 제게 엄청난 고통을 안긴 어둠에 한 줄기 빛을 비춰주는 것 같았어요.' 훗날 앨리는 이런 글을 남겼다.

앨리는 유난히 힘들었던 그 시기가 '영혼의 어두운 밤'과 같았다고 했다. 최근에는 다발성경화증 치료 약물 때문에 끔찍한 부작용을 겪었다. 목구멍이 부풀어 올랐고, 소파에 앉아 텔레비전을 보다가 의식이 오락가락하는 지경에 이르렀다. 의사들은 앨리가 직장에 복귀할 정도로 회복하지는 못할 것 같다고 했다.

"무슨 일이 일어나고 있는지 아무도 말해주지 않았어요. 의사도, 신경학자도, 제약회사도 마찬가지였어요. 제가 어느 정도 회복될지 아무도 몰랐죠. 아니 회복될 수 있는지조차 몰랐어요." 앨리가 말했다. 깊은 우울감에 빠진 앨리는 소파에 갇혀 사는 삶에 지쳐갔다. 필사적으로 달라지려고 애썼지만, 만성질환 환자가 누릴 수 있는 건강한 삶을 제시해주는 사람이 없었다. 건강한 삶을 꿈꿀 수 있는지조차도 말해주는 사람이 없었다.

합병증 없이 살아가는 다발성경화증 환자들도 있고, 걷지 못하고 신경 장애로 고생하는 환자들도 있다. 앨리는 자신이 어떤 유형에 속하게 될지 전혀 몰랐다. 앨리의 부모님은 휠체어를 사용할 수 있는 콘도를 알아보기 시작했다. 앨리의 치료가 제한적이었고 예후가 '나빠서' 앨리가 다시는 걷지 못하리라 생각했다.

어떤 결과가 나올지 아주 광범위했음에도 앨리에게 그녀의 증상을 어떻게 관리할 수 있는지, 혹은 어떻게 완화할 수 있는지 조언해주는 사람이 아무도 없었다. 우울증에 시달렸던 과거나 어린 시절에 겪었던 트라우마에 관해 물어보는 사람도 없었다. 앨리가 그녀 자신의 치유 과정에 어떻게 관여할 수 있는지도 물어보는 사람이 없었다. 주류 의학에서는 그런 치료 어휘를 사용하지 않기 때문이었다. 앨리는 그 모든 것을 직접 알아봐야 했다.

앨리는 최악의 상태에서 휴대전화 화면을 스크롤하며 소셜미디어를 검색하다가 자기배반에 관한 내 글을 찾아냈다. 그녀는 자신과의 신뢰를 재구축해서 자기배반을 치유하는 방법에 관한 글을 읽었고, 의미 있는 한 발을 내디디고 싶어졌다. 그래서 자신의 건강을 북돋는 작은 약속을 매일 지켜가기로 했다. 약속은 작으면 작을수록, 꾸준히 지켜갈 수 있는 것일수록 좋았다.

앨리는 매일 아침 커피를 마시기 전에 물 한 잔을 마시겠다고 약속했다. 처음에는 그런 자신이 어리석게 느껴졌다. 물 한 잔으로 어떻게 인생을 바꿀 수 있을까? 이런 생각이 들었음에도 앨리는 오전 6시 45분에 물 한 잔을 마시기 위한 알람을 맞춰놓고 그 약속을 충실하게 지켜나갔다.

일주일이 지나자 다른 변화를 시도하고 싶은 충동이 일었지만 하루 한 잔 물 마시기에 집중했다. 물 한 잔을 마시고 나서는 잠시 멈춰서 자축했고, 약속을 지켜나가는 자신이 얼마나 자랑스러운지 모르겠다고 생각했다. "맙소사, 너 잘하고 있잖아." 앨리는 혼잣말을 했다.

30일 후, 앨리는 아침 의식에 일기 쓰기를 추가했다. 내가 나 스스로를 치료하기 위해 시작했던 '미래의 나를 위한 일기'를 쓰기 시작한 것이었다. 미래의 나를 위한 일기 쓰기는 의식적으로 새로운 중립적 경로를 두뇌에 만들어서 바람직한 새로운 생각과 감정, 행동을 불러온다. 앨리는 그 전에도 꾸준히 일기 쓰는 습관을 들이려고 했지만 유지할 수가 없었다. 그러다가 이미 아침 의식으로 굳어졌던 물 한 잔 마시기를 일기 쓰기와 결합하자 일기를 꾸준히 쓸 수 있게 되었다.

머지않아 앨리는 현재의 자기보다 미래의 자기를 더욱 친절하게 대하는 게 훨씬 안전하다는 사실을 깨달았다. 앨리의 글에서도 부드러운 접근법이 드러났다. 자신에게 좀 더 친절한 글을 쓰면 쓸수록 하루 종일 자신의 머릿속을 헤집고 돌아다니는 부정적인 자기와의 대화가 더욱 선명하게 의식되었다. 앨리가 자신을 믿기 시작할수록 머릿속 자기와의 대화 소리는 점점 더 조용해졌고, 매일 반복하는 자기관리와 자기사랑 행동이 삶의 전반으로 확대되어갔다.

앨리는 그 이후의 과정을 '재탄생'이라고 부른다. 이 재탄생 과정에서 앨리는 다발성경화증 증상 치료를 위한 영양섭취와 생활방식을 제시해주는 테리 월스Terry Wahls 박사의 '월스 지침서 Wahls protocol'를 발견했다. 그 즉시 앨리는 경계를 세우기 시작했다. 매일 명상과 요가, 일기 쓰기를 했고, 완전히 다른 차원에서 주변 환경과 상호작용하기 시작했다. 이 와중에도 하루에 물 한 잔 마시기는 계속했다. 하루도 빠짐없이. '14년 만에 처음으로 편안하게 제 안의 집에 자리 잡은 것 같아요. 평생 저와 함께했던 꿈들이 되살아났어요.' 앨리는 블로그에 이런 글을 올렸다.

앨리의 다발성경화증은 1년간 차도를 보였다. 한때 소파에서 벗어나지 못했던 앨리가 이제는 위층으로 걸어 올라갈 수 있을 뿐만 아니라 자전거 타기에다 달리기까지 시작했다. 자전거 타기와 달리기는 앨리가 다발성경화증으로 영원히 잃어버렸다고 생각했던 활동이었다.

앨리의 이야기는 선택의 힘을 증명해 보여준다. 앨리는 암울한 진단을 받고도 이로운 변화를 끌어낼 수 있는 내면의 힘이 자신에게 깃들어 있음을 배웠다. 우리의 건강에 영향을 미치는 선택의 힘을 수용하는 것, 이것이 바로 당신이 앞으로의 여정에서 반드시 챙겨갔으면 하고 바라는 것이다.

당신의 마음은 지금 갇혀 있나요?

갇혀 있는 상태인지 알아보는 다음 질문들을 곰곰이 생각해본다. 그와 동시에 갇혀 있는 것 같다면 왜 그런 기분이 드는지 그 이유도 설명해본다. 예컨대 바람직하지 못한 패턴의 반복을 초래하는 생각과 감정, 행동 패턴을 찾아볼 수 있다. 일기 쓰기 실습이 도움이 될 수 있다.

- 새로운 선택을 하거나 새로운 습관을 들이려고 시도하지만 항상 예전으로 돌아가서 자신이 한 약속을 자주 지키지 못하는가?
- 통제력을 잃은 것 같고 심지어는 자신의 행동이 수치스러워서 감정적으로 반응하는 일이 자주 있는가?
- 과거나 미래, 혹은 완전히 '다른 어딘가에' 빠져든 것 같아서 자신과 타인, 혹은 현재 순간에서 자주 분리되거나 이탈하는가?
- 내면의 비판적 사고 때문에 신체적·정서적·심리적 욕구에 귀 기울기 힘들어서 갈피를 잡지 못하고, 산산 조각나는 것 같은 기분이 자주 드는가?
- 인간관계에서 나의 바람과 욕구, 믿음, 감정을 표현하기 힘들다고 자주

느끼는가?

- 스트레스나 감정(한 가지나 모든 감정)에 짓눌리거나 대처할 수 없다는 느 낌을 자주 받는가?

- 일상생활에서 과거의 경험과 패턴을 자주 반복하는가?

이 중 하나 이상의 질문에 '예'라고 답했다면 과거의 경험과 조건화 때문에 갇혀 있다고 느낄 가능성이 크다. 변하는 게 불가능해 보일지도 모르지만 장담컨대 당신은 절대 그렇지 않다. 변화의 첫걸음은 자신의 과거와 현재 와는 완전히 다른 미래를 상상하는 실습을 하는 데서 시작된다.

변화를 위한 첫걸음

미래의 나를 위한 일기 쓰기는 잠재의식의 자동조종 혹은 과거를 반복하는 조건반사적 습관에서 벗어나게 도와주는 매일의 작은 습관 연습이다. 다음과 같은 활동을 꾸준히 실천하면 앞으로 나아갈 수 있다.

- 자신이 어떤 방식으로 과거의 조건화에 '갇혀 있는지' 살펴본다.
- 변화하려는 의지를 매일 의식적으로 다진다.
- 지금과 다른 미래의 결과를 도출해주는 실천 가능한 작은 단계들을 설정한다.
- 보편적 경험과 정신적 저항에도 불구하고 일일 선택에 힘을 실어준다.

새로운 일일 실습을 하겠다고 마음먹으면 공책 하나를 준비하고 싶어진다. 일기를 개성 있게 다듬거나 꾸미고 싶은 사람도 있다. 혹은 이런 선택을 한 자신에게 공경을 표하는 작은 의식을 만들고 싶을 수도 있다. 이 새로운 실습을 어떻게 활용할지 정하고, 일일 약속을 지켜나가면서 얻는 것에 집중하는 시간을 갖기로 마음먹을 수도 있다.

이제 변화를 위해서 작은 일일 약속을 실천하는 실습을 시작할 준비가 되었다. 나나 앨리, 혹은 과거의 경험 때문에 자기배반으로 고통받는 수많은 다른 사람들과 똑같다는 생각이 든다면 그런 사람이 당신 혼자는 아니다. 전 세계 수많은 사람이 작은 일일 약속 실천하기에 참여하고 있고, 당신도 이제 그 물결에 동참하고 있다.

Chapter 02
의식적 자아를 깨닫는 순간

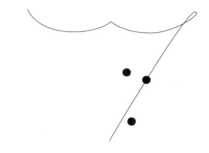

　제시카와의 첫 면담에서 나는 이런 생각을 했다. '이 사람과 진짜 친구가 되겠어.' 멋진 히피 옷차림의 내 또래인 제시카는 내가 물건을 사러 가는 가게에서 일했다. 따뜻한 호감형에 파티의 분위기 메이커였다.

　제시카는 예전에도 치료를 받았지만 진전이 없었다. 갇혀 있는 듯한 느낌에 또다시 치료를 받기로 하고, 심리학 관련 웹사이트에서 미친 듯이 검색해 나를 찾아냈다. 처음에 제시카는 한 주 동안 있었던 일들을 상담 중에 다 토해냈고, 그동안 나는 가만히 고개를 끄덕이며 듣기만 했다. 제시카는 요구사항이 거의 없었다. 그냥 안전하게 이야기할 수 있는 장소를 원했다. 회사일, 일상적인 스트레스, 짜증 나는 룸메이트, 항상 뭔가를 놓치고 있는 것 같은 느낌을 털어놓고 싶어 했다.

　나와 함께 치료를 진행하면서 제시카의 태평스러운 히피 가면이 떨어져 나갔다. 그러자 만성 불안과 남의 기분을 맞춰주고 싶은 욕구가 고성취 완벽주의로 드러났다. 제시카는 그 모든 불안과 만약의 상황을 걱정하는 마음을 무디게 만들려고 파티를 즐겼다. 와인을 마시고, 마리화나를 피우고, 약물을 복용하는 등 내면의 비판자를 달래고 조용히 시키기 위해 할 수 있는 모든 일을 했다. 하지만 무슨 짓을 하든, 무엇을 성취하든 결코 만족하지 못했다.

　그러다가 한 남자를 만났다. 제시카가 일상에서 느꼈던 모든 불안과 불만족이 이제는 새로 만난 연인에게 투사되었다. 내가 정말로 그 사람을 좋아하나? 아니면 그냥 편리한 관계에 불과한가? 그 사람과 함께 살아야 하나? 아니면 헤어져야 하나? 극과 극을 오가는 극단적인 생각들이 제시카의 머릿속에서 뱅글뱅글 돌았다. 시간이 지남에 따라서 두 사람의 관계는 중요한 단계에 이르렀고, 결혼이 거의 피할 수 없는 종착지가 된 것 같았다.

　제시카는 감정적으로 점점 더 격하게 반응했다. 몇 주 동안 내내 연인과의 불화에 관한 이야기를 되풀이했다. 변덕스러운 말싸움이 어땠는지, 욕하거나 문을 꽝 닫는 등 자신이 어떻게 행동했는지, 그 후에 얼마나 수치스럽고 허탈했는지 이야기했다. 제시카는 감정적으로 무뎌지려고 폭음하기 시작했다. 하지만 음주로 감정적 반응이 더욱 거세지면서 다시 욕하고 문을 꽝 닫는 악순환이 되풀이되었다. 제시카는 자신과 연인 모두에게 엄청난 고통을 안겨주는 행동 패턴에 갇혀서 벗어나지 못했다. 이 수치스러운 악순환과 반응이 일상이 되고 너무 익숙해지는 바람에 두 사람의 관계가 그렇게 굳어갔다.

제시카는 매주 자신의 행동을 이야기했다. 나는 제시카와 함께 지금 시작해서 다음 주에 더 나은 결과를 얻을 수 있는 몇 가지 방법들을 찾아냈다. 제시카는 술을 마시면 자신이 어떻게 반응하는지 지켜보고 나서 음주량을 줄이기로 결심했다. 하지만 아무것도 달라진 것 없이 다시 치료를 받으러 왔을 때는 실천력이 부족하다며 자신을 하찮게 여겼다. "이번에도 제가 하겠다고 약속한 일을 못 했어요." 제시카가 말했다.

주간 치료를 시작한 지 2년이 되자 제시카는 좌절감에 빠져서 분노를 터뜨렸다. "치료를 쉬어야 할까 봐요. 계속 같은 일을 반복하고 있잖아요." 이처럼 좌절감에 빠진 표현은 한두 번 들어본 게 아니다. 혼자서 실망감에 빠지는 것도 충분히 힘든 일이다. 그런데 자신이 인식한 실패를 지켜보는 사람이 있다면 얼마나 더 힘들겠는가? 그러다 보니 내담자들은 나(혹은 다른 치료사)를 못마땅한 부모처럼 여긴다.

문제는 제시카가 앞으로 나아갈 수 없다는 것이었다. 제시카는 자신의 반응 패턴에 갇혀 있었다. 그녀의 머릿속에 스쳐 지나가는 모든 생각이 핵심 자기core self가 표현하는 믿음이자 전언이 되었다. 제시카는 극단에서 극단을 오가는 생각, 가령 '저 남자를 사랑해'와 '저 남자를 증오해'라는 생각을 아무런 이의나 제제도 없이 그대로 받아들였기 때문에 결정을 내릴 수 없었다.

현실은 이렇다. 진정한 자신과 실제로 연결된 사람은 많지 않다. 그런데도 우리는 다른 누군가가 층층이 쌓인 자기배반의 껍질을 꿰뚫고 들어와 핵심 자기를 봐주기를 바란다. 제시카처럼 모두가 더 나은 차원의 자신을 보고 싶어 한다. 하지만 자신의 정신과 신체를 이해하지 못해 그러한 시도는 결국 실패한다. 변화를 일구어내는 실질적인 도구를 알지 못하기 때문이다. 자신도 못 하는 일을 다른 사람이 해줄 거라고 기대할 수는 없다.

당신은 당신의 생각이 아니다

전체론적 접근법이라고 하면 다들 내면아이를 만나서 재양육 과정을 시작하고, 자아를 다루고, 트라우마를 제거하고 싶어 한다. 문제를 빠르게 해결하고 싶어 하는 소망은 여러 면에서 서구 문화의 상징이다. 상처를 안고 살아가는 지독한 불편함을 당장 끝내고 싶은 마음에서 비롯한다. 이런 깊숙한 내면을 건드리기 전에 일단 외부 세계를 주시하는 능력을 키워야 한다. 뭐 그렇게 신나는 일은 아니겠지만, 그것이 기본이다. 그다음 단계의 기본은 의식적 인식 conscious awareness 의 각성이다.

나는 뜻하지 않게 '의식'이라는 개념을 접했다. 절망에 빠져

허우적거릴 때였다. 뉴욕시에서 처음으로 혼자 살기 시작한 20대 시절이었다. 그 시절에 나를 항상 따라다니는 것 같은 신체적·감정적 동요를 어떻게든 달래보려고 불안증 치료 약물에 의존해서 온갖 보충제와 마법의 물약을 주문했다. 박사과정 프로그램에서 들어오는 부족한 수입을 보충하려고 맨해튼 중부에서 조사원으로 일했다. 점심 시간에는 산책을 하면서 급습해오는 불안을 막아내려고 했다. 나는 엠파이어스테이트 빌딩 근처에 있는 아름다운 로마네스크 양식의 대천사 미가엘 교회를 좋아했다. 그래서 그 건물 바깥에 앉아 숨을 고르면서 "하나님, 제발 저를 도와주세요"라고 기도했다.

어느 날, 학교로 가는 길에 공황발작을 경험한 후였다. 어느 순간 보니 전혀 모르는 건물 앞에 서 있었다. 그곳은 동양 종교 미술과 섬유 작품을 전시하는 루빈박물관이었다. 건물에는 '우리는 하루하루를 기억하지 않는다. 순간을 기억할 뿐이다'라는 간판이 걸려 있었다. 그 짧은 인용문이 왠지 모르게 내 관심을 끌었다.

집에 도착해서는 그 인용문(20세기 이탈리아 시인 체사레 파베세 Cesare Pavese의 말―옮긴이)을 검색해서 찾아보았다. 그렇게 그 인용문은 현재 순간의 힘에 관한 풍성한 학문의 세계로 나를 이끌어주었다. 그 길로 호기심에 사로잡혀서 개인적인 조사를 시작했다. 하나를 조사하면 또 다른 하나가 튀어나왔고, 그렇게 꼬리에 꼬리를 물고 이어지는 조사를 하다가 의식이라는 개념을 만났다. 의식은 모두가 다 아는 단어다. 의학용어로, 의식의 기본적인 의미는 깨어 있는 것이다. 하지만 우리의 목적에 부합하는 의식의 의미는 그보다 훨씬 더 광범위하다. 열린 인식의 상태는 우리 자신뿐만 아니라 주변의 삶을 직시하게 하고, 선택에 힘을 실어준다.

이마를 한번 만져보자. 손가락 안쪽에 닿는 두개골 앞부분이 의식이 깃들어 있는 전전두엽 피질이다. 그곳에서 미래를 계획하고, 정교한 추론과 복잡한 멀티태스킹을 수행한다. 의식은 과거의 짐에 제약을 받지 않는다. 미래를 생각하고 건설적이다. 인간은 의식이 있기에 인간이 된다. 동물의 왕국 나머지 동물도 분명 살아 있지만, 우리의 사고능력, 즉 생각에 대해 생각하는 메타인지 metacognition는 없는 것 같다.

의식이 우리를 인간으로 만들지만, 우리 대부분은 내면세계에 빠진 나머지, 너무 무의식적이고 심지어 잠들어 있어서 우리 마음속에 계속 이야기가 흐르고 있다는 것을 인식하지 못한다. 그 이야기가 바로 진정한 '우리', 즉 자기다. 하지만 그 재잘거림은 생각에 불과하다. 우리는 하루 종일 생각을 연습한다.

이쯤에서 잠시 멈춰서 '생각은 연습하는 게 아니다'라고 생각할지도 모르겠다. 아니, 그렇지 않다. 우리는 아침에 눈 떠서 밤에 눈 감을 때까지 생각을 연습한다. 너무나 지속해서 오랫동안 생각을 연습하기 때문에 그 행위 자체를 인식하지 못한다. 꿈속에서도, 무의식 상태에서도 생각을 연습한다. 그러한 생각들이 '당신 자신'이라고 생각할지도 모르지만, 그렇지 않다. 당신은 생각하는 사람이지, 생각 그 자체가 아니다.

생각은 두뇌의 신경세포 발화 덕분에 일어나는 전기화학적인 반응이다. 생각은 목적에 기여한다. 생각은 문제를 해결하고 연결을 창조하고 형성해준다. 하지만 생각에 지나치게 의존할 때가 있다. 불교에서 처음 설명한 '몽키 마인드monkey mind' 상태에서는 생각을 멈추지 못한다. 몽키 마인드는 원숭이처럼 날뛰는 불안한 상태를 말한다. 생각은 뒤죽박죽 뒤섞여 있다. 숨을 고르고 생각을 점검해볼 공간이 없다.

제시카는 어떠했을까? 하루는 부정적인 감정에, 다음 날은 긍정적인 감정에 사로잡혔는데, 이는 몽키 마인드의 부산물이다. 며칠 동안 제시카는 자신이 얼마나 운 좋은 사람인지 생각했다. 그러자 실제로도 그렇다고 믿게 되었다. 이러한 믿음이 굳건해지자 행동으로 나타났다(남자친구와 결혼을 결심하고 함께 살기 시작했다). 하지만 남자친구가 떠나버렸으면 좋겠다 싶은 날에는 그 생각도 그대로 믿어버렸다. 결국은 남자친구와 말다툼을 하고, 문을 꽝꽝 닫고, 물건을 던졌다. 이렇게 마음이 오락가락하다 보니 자신을 불신하게 되었고, 결과적으로 약물과 술로 마음을 달래면서 의식적 자기와 점점 멀어졌다.

제시카는 생각하는 마음thinking mind이 반응성reactivity 상태에 갇혀 있어서 앞으로 나아갈 수 없었다. 직관을 이용하지 않아서 자신이 바라는 바를 분명하게 볼 수 없었다. 인간은 모두 직관이 있다. 직관이란 타고난 무의식적 지혜를 일컫는 심리적이고 정신적인 개념이다.

직관은 인간이 지금까지 살아 숨 쉬게 도와주었고, 여전히 말을 걸어오며 진화적으로 움직이는 직감이다. 어두컴컴한 골목을 혼자 걸어가다가 목덜미 뒤쪽의 솜털이 곤두서는 느낌, 의심할 만한 타당한 이유가 전혀 없는 사람을 만났는데 불신감에 속이 뒤틀리는 느낌, 특별한 누군가를 만났을 때 전율이 척추를 타고 흐르는 느낌이 바로 직관이다.

이렇게 생리적 현상을 통해서 마음으로 말을 거는 주체가 바로 당신의 직관적 자기intuitive self다. 보통 인간은 어렸을 때 이러한 정신적인 자기 인식self-knowledge과 접촉하고 강한 본능을 지닌다. 하지만 나이가 들고 다른 사람들의 영향을 받을수록 자신의 직관과 단절되는 경향이 있다. 육감이 흐려지는 것이다. 하지만 잃어버리는 것은 아니다. 다만 묻혀버릴 뿐이다.

의식적 자기와 잠재의식적 자기

자신을 볼 수 있다고 의식할 때 비로소 자기 인식이 일어난다. 이 과정에서는 직장에서 끊임없이 당신을 주조하고 조종하고 방해했던, 예전에는 숨겨져 있던 많은 요인이 갑자기 드러날 수 있다. 자기 자신에게 투명하게 다 들여다보이는 사람이 될 때까지는 더 잘 먹을 수도, 술을 끊을 수도, 연인을 사랑할 수도, 혹은 자신을 개선할 수도 없다. 변해야 나아질 수 있다는 사실을 직관적으로 알고 있으면서도 왜 변하지 못할까? 도덕적 실패가 아니다. 거의 자동으로 반복하는 행동 패턴의 틀에 갇혀 있기 때문이다.

　매일 같은 시간에 출근하고, 출근 전에 하는 일련의 일들을 거의 다 외우다시피 한다. 우리는 아침마다 샤워하고, 양치하고, 커피 마시고, 아침을 먹고, 옷을 갈아입고, 운전해서 직장으로 간다. 어딘지 모르게 익숙하게 들리는 상황이지 않은가? 이런 일들은 거의 다 의식적으로 생각해서 하는 게 아니다. 너무 자주 해서 자동으로 처리하는 일이다. 출근하면서 '여기까지 어떻게 왔지?' 하고 생각해본 적이 있을 것이다.

　자동조종 중에는 원시적이거나 잠재의식적인 정신의 일부가 신체 반응을 조종한다. 놀랍게도 잠재의식은 한 번 했던 경험을 모두 저장해둔다. 하지만 사실과 수치를 저장해두는 중립적인 창고는 아니다. 감정적이고 반응적이고 비이성적이다. 잠재의식은 매 순간 우리가 세상을 바라보는 방식을 만들어낸다. 잠재의식은 또한 우리 인간 (종종 자동적인) 행동 대부분을 조종하는 주운전자다. 우리가 완전히 의식하지 못할 때도 잠재의식은 우리를 '우리'로 만드는 일에 매진한다. 생각하고 말하고 반응하는 법, 이 모든 것이 조건화라는 과정을 통해 어린 시절부터 각인된 생각과 패턴, 믿음으로 주조된 잠재의식에서 나온다.

　자동조종은 조건화의 기능이다. 사람들 대부분은 잠재의식이 만든 프로그램 상태에 갇혀 있다. 실제로 몇몇 두뇌 스캔 결과에 따르면 인간이 의식적 상태에서 활동하는 시간은 하루 중 5퍼센트에 불과하다. 나머지 시간에는 잠재의식의 자동조종 상태에서 움직인다. 그래서 하루 중 아주 짧은 시간 동안만 자신의 적극적인 선택에 의해 활동할 뿐이고, 나머지 시간에는 잠재의식에 의해 조종된다.

변화를 거부하는 항상성 충동

잠재의식의 흡인력이 막강하므로 그에 반하는 변화를 꾀하기는 상당히 어렵다. 우리 인간은 진화론적으로 변화에 최적화되어 있지 않다. 자동조종 상태에서 벗어나려고 하면 정신과 신체에 저항이 일어난다. 이런 반응을 일컬어 '항상성 충동homeostatic impulse'이라고 한다. 항상성 충동은 호흡에서 체온, 심장박동에 이르는 생리적 기능을 조절한다. 이 모든 것은 잠재의식에서 일어나기 때문에 주체적으로 할 수 있는 일이 아니다. 자동으로 이루어지는 일이다. 항상성 충동의 목적은 신체와 정신의 균형을 잡는 것이다. 조절 장애가 발생할 때 신체와 정신의 불균형은 문제가 될 수 있고, 심지어는 자신에게 해로운 결과를 초래할 수 있다.

잠재의식은 안전지대에 머물기를 좋아한다. 가장 안전한 장소는 예전에 있었던 곳이다. 그곳에서는 익숙한 결과를 예측할 수 있기 때문이다. 반복적으로 행하는 습관이나 행동은 잠재의식의 디폴트 모드다. 인간의 두뇌는 실제로 많은 시간을 자동조종에 투자하기 좋아한다. 앞일을 예측할 수 있어서 에너지를 최대한 절약할 수 있기 때문이다. 이처럼 에너지가 절약되기 때문에 습관과 일상적인 행동은 편안하게 느껴진다. 반면 일상이 깨지면 불안해지고 심지어는 피곤해진다. 문제는 조건반사적인 일상을 따르다 보면 그 일상에 갇혀버린다는 것이다.

선조들은 익숙한 것에 끌렸기 때문에 야생동물과 식량 부족, 적대적인 적과 같은 다양한 위험에서 자신을 안전하게 보호할 수 있었다. 우리를 살아 있게 하는 어떤 행동(식사와 주거 모두)이든 적극적인 선택 행위 없이 항상성 충동에 따라 반복된다. (선진국 관점에서) 비교적 안전한 오늘날에 우리의 정신과 신체는 낯설거나 살짝 불편한 것을 모두 위협으로 보는 반응 상태에서 진화하지 않았다. 흑인과 원주민, 유색 인종은 선진국에서 살고 있음에도 매일 억압적인 제도에 위협받고 있다. 많은 사람이 습관을 바꾸려고 하다가 본능적인 반응 때문에 무력감의 악순환에 갇혀버린다. 이것이 진화적으로 갈고닦은 신체 반응에서 나온다는 것을 이해하지 못한 채 수치심에 사로잡히는 경향이 있다. 이러한 수치심은 인간의 생리를 잘못 이해한 결과다.

디폴트 프로그램에서 벗어나는 선택을 할 때마다 잠재의식은 정신적 저항을 일으켜 익숙한 상태로 되돌아가려고 한다. 정신적 저항은 정신적·신체적 불편함으로 나타날 수 있다. 예컨대 '이

건 나중에 할 수 있어', '이건 할 필요 없어' 같은 주기적인 생각으로 나타날 수도 있다. 또는 동요나 불안, 단순하게는 '당신 자신'이 아닌 것 같은 느낌처럼 신체 증상으로 표현될 수도 있다. 이것은 변화가 필요한 새로운 영역이 불편하다고 항의하는 잠재의식의 목소리다.

악순환에서 벗어나기

제시카는 결혼식이 다가오자 점점 불안감이 커져 결혼식에 관해서 세세한 것까지 다 계획하기 시작했다. 고질라처럼 변해버리는 브라이드질라(까칠한 신부)까지 가지는 않았지만 통제력을 잃어버려서 결혼식이 짐처럼 느껴지는 것 같다고 했다. 그동안에도 제시카는 계속 치료를 받으면서 자신의 의식을 주시하고 일깨우려고 노력했다. 치료를 시작한 지 몇 년이 됐을 무렵, 나는 제시카가 심각한 상실감으로 고통받고 있음을 알았다. 아버지와 함께 춤을 춰본 적이 없었다는 생각에 속이 상했다는 이야기를 들었을 때였다.

제시카가 20대 초반이었을 때 바위처럼 든든한 존재이자 대규모 공동체의 사랑받는 일원이었던 아버지가 갑자기 돌아가셨다. 누구라도 피폐해질 만한 비극이었지만 제시카는 5년 동안 치료를 받으면서도 아버지 이야기를 꺼내지 않았다. 제시카가 상실감을 얼마나 깊이 억눌렀는지 보여주는 증거였다. 제시카가 해소되지 않은 감정들 때문에 연인에게 화를 내고 전반적으로 일상적인 스트레스를 계속 받는 것은 아닌지 살펴볼 필요가 있었다.

　제시카는 슬픔을 정면으로 직시하지 않아서 악순환의 고리에 갇혔다. 너무나 크고 무서워서 감당하기 어려운 감정을 꾹꾹 묻어둔 채 평생 안고 다녔기 때문이다. 결국 신체는 그 악순환에 익숙해져서 좀 더 깊은 감정을 직시하기보다는 외면하는 게 훨씬 더 편해졌다. 나는 아버지 이야기가 더 일찍 나오지 않은 게 이례적이라면서 왜 그처럼 중요하고 충격적인 사건을 말하지 않았는지 제시카에게 물어보았다. 제시카는 자신이 그 이야기를 하지 않았다는 사실을 깨닫고 깜짝 놀랐다. 게다가 그 상실감 때문에 뭐가 달라졌는지도 잘 모르겠다고 했다. 자신의 슬픔을 너무 오랫동안 묻어둔 탓이었다.

　제시카가 결혼식 준비를 시작하면서 아버지 이야기가 자주 나왔다. 결혼식 준비 과정에서 아버지의 부재가 명확하게 드러나자 더 이상은 자신의 인생에서 차지하는 아버지의 존재를 부인할 수 없었다. 아직도 제시카는 아버지를 잃은 슬픔을 거의 내비치지 않는다. 아버지 이야기를 할 때도 평온하기 그지없어서 거의 무감해 보일 정도였다. 결혼식이 다가왔을 때 우리 두 사람은 아버지 이야기를 더 자주 나누기 시작했다. 그와 동시에 나는 제시카가 과거의 슬픔이 현재의 관점을 어떻게 걸러내고 있는지 인식할 수 있게 도와주었다. 제시카는 자신이 인정하지 않았던 아버지를 잃은 고통에서 벗어나려고 스트레스 요인을 강화해왔음을 깨달았다.

그러한 자동적 반응을 깨뜨리기 위해서는 의식적 인식의 힘을 키워야 했다. 제시카는 결혼식 케이크나 하객 좌석 배치 문제에 대해서 반사적으로 과잉반응을 하기 전에 현재의 순간으로 주의를 돌리려고 애썼다. 호흡 요법과 명상 기법을 얼마나 잘 이용할 수 있는지도 알아보았다.

제시카에게 가장 효과적인 방법은 신체활동, 특히 요가였다. 신체활동은 많은 사람에게 의식의 핵심인 주의집중 근육을 단련하는 유용한 방법이다. '상의하달식' 기법(두뇌가 의도를 정하고 신체가 지시를 따르는 방식)인 요가는 호흡을 조절하고 신체를 움직이면서 주의를 집중해 정신을 현재 순간에 안착시키는 효과적인 방법이 될 수 있다. 제시카는 요가를 통해서 주의통제력을 키웠고, 덕분에 반응하기 전에 잠시 시간을 갖기 시작했다. 그러자 자신에게 무슨 일이 벌어지고 있는지를 좀 더 완전하게 의식할 수 있었다. 이러한 의식을 기반으로 제시카는 미래의 변화를 꾀할 수 있었다.

요가는 제시카를 완전히 탈바꿈시켰다. 급기야 제시카는 요가 강사가 되기로 마음먹었다. 그 결심을 지키려고 그동안 안고 살았던 많은 디폴트 반응 상태에 맞서는 엄격한 프로그램도 마다하지 않았다. 자기 주시self-witnessing를 할 수 있는 공간이 생기고, 가끔씩 힘든 자세가 더없이 불편하게 여겨지는 순간도 견뎌낼 수 있게 되자 치료 효과가 나타나기 시작했다. 제시카가 요가에 심취할수록 점점 더 현재의 순간에 충실할 수 있었다. 제시카는 자동조종 상태에서 벗어나 깜박이는 자기 자신의 빛을 볼 수 있었다. 더는 이랬다저랬다 널뛰는 감정에 휘말리지 않았다.

제시카가 점점 더 현재에 집중하자 잠시 멈춰서 자기 생각과 행동을 지켜볼 수 있었다. 순간적인 상태를 관리할 수 있게 된 것이다. 제시카는 또한 주의집중 근육 덕분에 자신의 생각을 더욱 잘 인식할 수 있었다. 더 나아가서 회복력 증진과 역량 강화에 매진하면서 자신의 생각을 주시하는 불편함을 견뎌내는 법도 배웠다. 이 모든 것이 제시카의 내적 탈바꿈을 일으키는 촉매제가 되었다.

요가에 몰두하면 할수록 제시카의 의식이 점점 더 높아졌다. 실제로 제시카는 신체적인 차원에서 말 그대로 두뇌를 바꾸고 있었다. 주의집중 근육을 단련할 때 '신경가소성neuroplasticity'이라는 과정이 일어난다. 연구학자들이 (변화의 가능성이 20대에 사라진다는 이전의 믿음에도 불구하고) 두뇌가 평생 구조적으로나 생리학적으로 변한다는 사실을 밝혀낸 이후로 신경가소성은 50년 동안 도입된 개념이다.

두뇌는 놀랍게도 자체 재조직이 가능하고, 신경세포 사이에 새로운 연결을 만들 수 있다. 연구 결과에 따르면 현재의 순간에 주의집중하게 도와주는 요가와 명상 같은 기법들이 두뇌 재조직에 특히 효과적이다. 새로운 중립적 방법들이 생겨나면서 디폴드 패턴을 깨고 나와 의식적인 상태에서 좀 더 주체적으로 살아갈 수 있다. 실제로 기능성 자기공명영상fMRI에서 지속적인 의식 기법들이 의식적 인식이 일어나는 대뇌 전전두엽을 두껍게 만든다는 뚜

렷한 증거가 나타났다. 자비심 기반 명상과 같은 다른 형태들(혹은 그냥 눈을 감고 사랑하는 사람 생각하기)은 두뇌의 감정 중추인 변연계 강화에 도움이 되었다. 이 모든 기법은 두뇌를 재조직하고, 디폴트 사고 패턴을 깨뜨리고, 잠재의식적 자동조종 상태에서 벗어나는 데 도움이 된다. 이러한 의식을 기반으로 사고와 믿음, 인간관계의 조건반사적인 패턴을 지켜볼 수 있다. 정직한 자기 인식은 변화의 길뿐만 아니라 궁극적으로는 치유의 길을 보여준다.

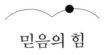

믿음의 힘

1979년, 하버드 대학 심리학자 엘런 랭어Ellen Langer는 보스턴 지역의 요양원에서 70~80대 노인을 모집해 두 그룹으로 나눠 한 주 동안 뉴햄프셔의 수도원에서 지내게 했다. 믿음의 힘과 그 힘이 노화에 미치는 영향을 연구하기 위해서였다. 이 중 첫 번째 노인 그룹에는 하룻밤 사이에 시간이 20년 전으로 돌아간 것처럼 살아보라고 했다. 진짜로 젊어진 것처럼 살아보라고 요구한 것이었다. 두 번째 노인 그룹에는 현재의 시간대로 살아가되 과거를 회상하라고 했다.

첫 번째 노인 그룹이 머무는 곳은 젊어진 것처럼 살아가는 노인들의 생활방식에 어울리게 꾸며졌다. 가구는 중세 모던 스타일이었다. 거실 곳곳에는 1950년대 날짜가 박힌 《라이프Life》와 《새터데이 이브닝 포스트Saturday Evening Post》 지난 호가 흩어져 있었다. 노인들은 흑백텔레비전으로 〈에드 설리번 쇼Ed Sullivan Show〉(1948년부터 1971년까지 미국 CBS에서 방영한 버라이어티 쇼—옮긴이)를 시청했고, 당시 유행했던 팝송이나 영화를 감상했다. 또한 최초의 미국 위성 발사와 쿠바의 피델 카스트로의 등장, 심화하는 냉전 갈등 같은 과거의 사건에 관해 이야기했다. 거울은 모두 없애고 참가자들의 20년 전 사진들을 걸어놓았다.

이 실험은 일주일 동안 진행되었고, 노인들은 놀라운 정도로 달라진 변화를 보였다. 양쪽 그룹 모두 신체와 인지, 감정 측면에서 모두 크게 개선되었다. 다들 훨씬 더 유연해졌다. 신체적으로는 구부정한 자세가 개선되었고, 관절염에 걸렸던 손가락도 훨씬 재빠르게 움직였으며, 심지어는 훨씬 더 건강해진 것 같았다. 이 실험 사실을 모르는 관찰자들에게 노인들의 일주일 '전'과 '후' 사진을 비교해봐 달라고 하자 '후' 사진이 '전' 사진보다 적어도 2년 전에 촬영한 것 같다고 했다.

이러한 변화는 신체적 측면에서 그치지 않았다. 20년 전 훨씬 젊어진 모습대로 살아간 노인들에게 가장 큰 변화가 나타났다. 이들 중 63퍼센트가 일주일 후에 훨씬 더 높은 지능지수를 보였다. 다른 그룹의 경우에는 그 비율이 44퍼센트에 불과했다. 전반적으로 첫 번째 그룹의 노인들은 훨씬 더 다양한 맛을 볼 수 있는 미각 향상과 청각 및 시각 개선에 이르기까지 오감 능력이 향상됐다.

이 연구 결과는 여러 방면에서 영향력을 발휘하는 생각의 놀라운 힘을 증명해 보여준다. 일반적으로 변화에 대한 저항이 더욱 거센 노인들에게서 이처럼 놀라운 변화가 나타났다는 것은 당신도 그와 비슷한 변화에 성공할 수 있다는 증거다.

부정적인 생각에 사로잡히지 말고(연구 결과에 따르면 보통 인간은 주어진 시간의 70퍼센트를 부정적인 생각에 사로잡혀 지낸다) 위협받는 느낌이 들 때는 신체 감각을 지켜보기 바란다. 다시 말해서 의식적으로 되기 바란다. 엄마와 대면할 때 어깨와 턱 근육이 굳어지면서 방어적으로 구는가? 낯선 환경으로 걸어 들어갈 때 신체 감각과 분리되거나 신체 감각을 지나치게 의식하면서 움츠러드는가? 판단하지 말고 그냥 지켜보자. 그냥 관찰하자. 앞으로 나아가는 길은 자신에 대해 배우는 것이다. 자신이 혼자서 어떻게 시간을 보내는지, 어떻게 가만히 앉아 있는지, 어떻게 자신의 직관에 귀를 기울이는지, 자신의 온전한 자기를 어떻게 지켜보는지 알아보자. 심지어는 가장 깊숙이 숨기고 싶어 하는 어두운 부분까지도 파헤쳐본다.

머릿속에 떠오르는 모든 생각을 믿지 않고, 자신이 그 생각 자체가 아니라, 생각하는 주체임을 깨닫는다면 무한한 자유가 눈앞에 펼쳐질 것이다. 정신은 강력한 도구다. 진정한 자기와 생각이 분리되어 있음을 의식하지 못하면 일상생활에서 너무 많은 통제권을 생각에 넘겨주게 된다.

이러한 훈련을 시작하기 전에 먼저 이 훈련을 뒷받침해주는 안전한 환경을 확보해야 한다. 처음이 아니더라도 적대적인 환경에서는 의식적으로 될 수 없다. 모든 방어기제를 내려놓고, 안전하게 도전하고, 자신을 내려놓을 수 있는 곳이 필요하다. 물리적으로 안전하지 못한 환경에서 살아가는 사람들, 특히 현재 억압적인 체제 속에서 살아가는 사람들에게는 짧게나마 내면이 조용해지는 순간이 가장 안전한 장소가 될 수 있다.

이제는 이러한 의식에 접근하는 데 도움이 되는 몇 가지 실습 활동을 소개하고자 한다. 이러한 실습 활동을 매일 몇 분 동안 하면 크게 도움이 된다. 왜 그럴까? 변화를 이끌어내기 위해서는 고정적으로 하는 일상적인 활동, 즉 치료 중에 계속 지켜나갈 수 있는 작은 일일 약속이 필요하기 때문이다. 일단 이런 활동을 시작하면 상당히 불편해질지도 모른다. '잠깐, 기다려! 이건 불편해! 원래 하던 대로 하고 싶어!'라고 외치는 마음의 소리가 들리기 때문이다. 어쩌면 일종의 동요하는 증상이 나타날 수도 있다. 이럴 때는 호흡을 가다듬고 경험을 판단하려고 하지 않는 것이 좋다. 불편한 느낌이 너무 심할 때는 그만두겠다고 스스로 결정을 내린다. 이때 자신의 한계를 인정하는 것이 가장 중요하다. 물론 잠시 쉬었다가 다음 날 다시 시작할 수도 있다.

처음에는 어색하기 짝이 없고 바보 같을지도 모른다. 포기하지 말고 계속해보자. 이러한 의식을 형성하는 실습 활동은 다음 작업의 기반이 된다.

의식을 명확하게 깨닫는 매일 습관

1. 하루 중 1~2분 동안 무엇을 하든 그 순간에 진지하게 임해서 집중하는 연습을 한다. 설거지나 빨래 개기, 혹은 목욕 중에도 할 수 있다. 길을 걷다가 멈춰 서서 구름을 올려다보거나 하루 중에 잠시 시간을 내서 업무공간의 향을 맡아볼 수도 있다. 의식적으로 그 순간의 경험 전체를 지켜보겠다고 선택한다. 그러고는 이렇게 말한다. "나는 지금 이 순간에 있다." 이때는 조건화에서 벗어나 관전자 모드를 취하려고 하기 때문에 꾸준하게 흘러나오는 정신적 저항에 부딪힐 수도 있다. 온갖 생각들이 머릿속에 떠오를 수도 있다. 그래도 괜찮다. 그냥 그 모든 것을 지켜보는 연습을 하자.

2. 현재의 순간에 발을 디디고 선다. 감각을 주시하면 몽키 마인드 상태에서 벗어나 현재의 순간과 더욱 깊이 연결될 수 있다. 설거지를 하면서 이 활동을 하기로 했다고 가정해보자. 손에 닿는 세제를 느껴본다. 두 손에서 세제 거품이 피어오르는 모습을 지켜본다. 싱크대 속의 매끈매끈한 그릇을 느껴본다. 공기 중에 떠도는 향을 맡아본다.

이렇게 하면 그 순간에 머물 수 있다. 그 순간에서 벗어나라고 명령하는 마음의 소리가 들리지 않는다. 이렇게 하다 보면 이 활동이 점점 더 편안해질 것이다.

3. 이 활동을 1~2분 동안 하고 나서 자신에게 투자했다는 사실을 인정한다. 그러면 자신의 정신과 신체가 그 느낌이 어떠했는지 이해할 수 있고, 치유 작업에 시간을 투자한 자신에게 감사할 수 있다.

4. 이 연습 활동을 적어도 하루에 한 번은 한다. 이 활동이 점점 편해질수록 이 활동을 반복할 수 있는 순간들을 더욱 많이 찾아낼 수 있다.

이 활동의 목적은 매일 새로운 선택을 연습하는 것이다. 자신이 의식적으로 정한 목적을 잊지 않기 위해 휴대전화 알림을 설정해놓는 방법도 좋다. 알림이 울릴 때마다 자신의 주의가 어디에 쏠려 있는지 확인하고, 현재의 순간에 몰두할 수 있도록 스스로를 다시 한번 일깨워보자.

의식을 깨우는 일기 쓰기

지금부터는 내가 일상생활에서 새로운 습관을 만들기 시작할 때 매일 쓰는 '미래의 나를 위한 일기 쓰기'를 소개하겠다. 초창기에는 새로운 의식 경험을 만들어나가는 작은 일일 약속 실천 연습을 시작했다. 나는 매일 공책에 다음과 비슷한 글을 썼다. 변하고야 말겠다는 내 의지를 매일 지속적으로 상기시켜주는 글이었다. 이렇게 하자 하루 내내 새로운 선택을 할 수 있었고, 시간이 지남에 따라서 새로운 습관이 형성되었다. 아래의 예문을 참고하여 각자 자신만의 의식 경험을 만들어나가는 일일 약속을 세워보자.

- 오늘 나는 나 자신과 일일 패턴을 의식하는 연습을 하고 있다.
- 나는 내 인생에서 변화를 이끌어낼 수 있는 기회에 감사한다.
- 이 분야의 변화로 나 자신과 내 패턴을 더욱 잘 의식할 수 있다.
- 오늘 나는 내 주의를 현재의 순간으로 되돌려놓는 연습을 하고 있다.

Chapter 03
트라우마 바로 알기

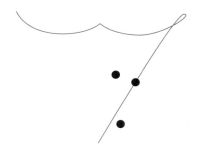

초창기에 나의 치료 여정을 소셜미디어에 공유했는데, 그때 크리스틴을 만났다. 크리스틴은 앨리처럼 파괴적 행동이나 자해 행위를 유발하는 자기배반과 진정한 자신의 욕구나 요구를 일관되게 부정하는 개념을 설명한 내 게시물을 찾아냈다.

크리스틴은 자신이 '자기계발 중독자'라고 순순히 인정했다. 유행하는 웰니스 방법이란 방법은 다 시도해봤다고 했다. 웰니스 관련 도서를 사고, 관련 세미나에 참석하고, 전 세계 곳곳에서 열리는 일주일짜리 워크숍에도 참석했다. 하지만 결과는 모두 똑같았다. 한마디로 실망이었다. 어떤 방법을 시도해도 시작점으로 돌아가버렸다. 처음에는 온몸을 던져서 열정을 다해 새로운 실습이나 경험을 시도하지만 몇 주가 지나면 그 열정이 흩어져버렸다. 지루하고 불편해져서 다 그만둬버렸다.

크리스틴은 다소 피상적으로 보이지만 자신을 가장 괴롭히는 문제가 있다고 했다. 바로 자신의 배를 혐오하는 것이었다. 크리스틴이 말하는 '올챙이배'는 사춘기 초기 시절부터 그녀의 신경을 건드렸다. 과체중에 근접한 적도 없었건만 크리스틴은 언제나 자신의 배가 자기 몸에 속하지 않은 이질적인 부위인 양 거대하다고 느꼈다. 자신의 영양 상태를 점검하기 시작했을 때는 하루 동안 자신이 뭘 먹었는지 기억하지 못하는 경우가 잦다는 사실을 깨달았다. 브라우니 한 팬을 먹다가 곯아떨어졌던 밤이 하루 이틀이 아니었다. 그러다가 정신을 차리고 보면 자신이 뭘 먹었는지도 몰랐고, 맛이나 향도 전혀 느끼지 못했음을 깨달았다.

이는 해리dissociation 상태를 경험하는 사람들의 전형적인 증상이었다. 해리는 지속적이거나 압도적인 스트레스에 대항해서 신체적으로나 정신적으로 외부 환경을 차단하는 방어기제다. 다시 말해 몸은 그 자리에 있지만, 정신은 떠나고 없는 상태다. 의식이 주의를 기울이기에는 너무 거대하거나 위협적인 사건 혹은 상황에 대한 보호 반응이기도 하다.

해리는 어린 시절에 트라우마를 겪은 사람들에게 흔히 나타나는 스트레스 반응이다. 해리라는 용어의 창시자인 정신과 의사 피에르 재닛Pierre Janet은 자기로부터 '분리'되는 것이 해리라고 했다. 나는 내담자들에게 '우주선'을 타고 떠나는 느낌이 해리라고 설명한다. 우주선 탑승은 자신이 신체에서 분리되는 형이상학적 느낌이다. 크리스틴의 식품 해리 증상은 식품 섭취와는 전혀 상관없는 뭔가에서 달아나려는 시도를 보여주는 것이었다.

시간이 지나면서 크리스틴은 자신의 과거를 이야기하기 시작했다. 자신의 가족이 신뢰할 수 있거나 든든한 버팀목이 되지 못했다고 했다. 크리스틴의 엄마는 종종 크리스틴을 괴롭혔고 자매들을 동원해서 못살게 굴기도 했다. 안전하고 안정적인 관계를 맺지 못한 크리스틴을 괴롭히는 끔찍한 비밀도 있었다. 아홉 살 때부터 가족과 가까이 지낸 40대 남성한테서 성폭행을 당하기 시작한 것이었다.

가해자는 그 사실을 비밀로 해야지 다른 사람에게 말했다가는 큰 문제에 휘말릴 거라고 크리스틴을 설득했다. 성 범죄자들의 전형적인 전략이었다. 가해자의 성폭행은 몇 년 동안 계속 이어졌다. 크리스틴의 가족은 그 남자가 크리스틴만 예뻐한다고 놀리기까지 했다. "넌 그 사람의 보물이야." 크리스틴의 엄마는 이렇게 말했다. 그 남자가 크리스틴에게 선물을 사주거나 크리스틴만 특별히 데리고 외출하면 자매들이 짜증을 부렸다. "너 진짜 재수 없어!"

크리스틴은 뭔가 잘못된 일이 일어나고 있음을 직감했지만, 자신의 직감을 부인하고 가해자를 믿기 시작했다. 신체 학대를 견뎌내는 동안 정신적으로 이탈하는 해리를 통해 그 고통에 대응했다. 반복적으로 자신의 직감을 차단하면서 결국에는 자신을 믿지 못한 채 다른 사람들의 생각과 믿음, 의견에 의지했다.

해리 행동은 크리스틴의 기본 대응 전략이 되고 말았다. 크리스틴은 성인이 되어서도 불편한 감정을 마주할 때마다 그 순간을 벗어나버렸다. 성인이 되자 그러한 자신의 행동을 인지했고, 그것이 감정적으로 대처하기 위해서 당면한 순간을 벗어났던 어린 시절에 습득한 행동임을 깨달았다.

트라우마에 관한 잘못된 통념

대다수 정신건강 전문가들은 심각한 학대나 방치 같은 극히 비극적인 사건을 겪은 결과가 트라우마라고 생각한다. 이러한 사건들은 크리스틴이 겪었던 성폭행 사건처럼 인생을 바꿔놓고, 한 사람의 세상을 그 사건 '전'과 '후'로 두 동강 낸다.

미국질병통제예방센터는 정신건강 전문가들이 내담자의 트라우마 수준 평가에 사용하는 아동기 부정적 경험ACE 테스트를 제공한다. ACE 테스트지의 문항 열 개는 신체적 학대와 언어적 학대, 성적 학대를 당한 경험뿐만 아니라 그러한 학대를 목격하거나 감금당한 가족을 지켜본 경험을 비롯해 다양한 유형의 아동기 트라우마를 다룬다. 이 테스트지의 각 문항에 '예'라고 답하면 1점을 얻는다. 연구 결과에 따르면 점수가 높을수록 부정적 인생이 펼쳐질 가능성이 크다. 예컨대 약물남용과 자살 확률이 높아지고, 만성 질병에 걸릴 위험이 올라간다.

ACE 테스트 결과는 아동기에 계속된 트라우마가 신체와 정신에 얼마나 지속적으로 각인되는지를 분명하게 보여주기 때문에 아주 중요하다. 아동기에 겪은 극도의 부정적인 경험은 평생 사라지지 않는다는 사실도 ACE 테스트를 통해 알 수 있다.

나의 ACE 테스트 점수는 1점이었다(전 세계에서 거의 70퍼센트에 달하는 사람들이 최소 1점을 얻는다). 이러한 결과는 내가 교육을 받으면서 깨우쳤던 사실과 일치했다. 트라우마라는 용어가 크리스틴처럼 극심한 학대를 받은 사람에게만 해당한다는 사실을 보여주는 것이었다. 나는 아동기에 어떤 식으로든 트라우마를 겪었다고 생각한 적이 한 번도 없었다. 나는 '정상'이라고 생각하는 가정에서 태어나 자랐다. 아빠는 열심히 일했고, 매일 저녁 같은 시간에 귀가했다. 먹을 게 떨어진 적도 없었다. 부모님이 술주정뱅이도 아니었다. 이혼도 하지 않았다. 심각한 언어 학대와 신체 학대도 없었다.

그런데도 나는 어린 시절의 기억이 거의 없다. 일반적으로 한 인간의 존재를 형성하는 이정표와 같은 사건들, 예를 들어 첫 키스, 졸업 파티, 휴가 등이 하나도 기억나지 않는다. 얼굴 인식에도 문제가 있다. 가족끼리 닮은 얼굴도 거의 알아보지 못한다(내게 아기들은 부모를 '빼닮은 판박이'가 아니다. 그냥 아기는…… 아기일 뿐이다). 다큐 드라마를 볼 때도 인터뷰 대상과 재연 장면에 나오는 배우를 구별하지 못한다.

사실 그런 내 상태가 이상하다는 사실도 깨닫지 못했다. 그런

데 당시를 기억하지 못하자 나와 함께 추억을 나누었던 상대가 짜증을 냈다. 혹은 언젠가 만난 적이 있어서 분명 알아봄 직한데 알아보지 못하자 나를 놀려댔다. 어떤 사람들은 어떻게 그럴 수 있는지 모르겠다고 했다. "지금 거짓말하는 거죠? 어떻게 그걸 잊을 수가 있어요?" 내 친구들 사이에서는 이런 농담이 나돌았다. "니콜의 기억력은 최악이야!"

하지만 내가 느꼈던 감정은 기억했다. 과거의 '감정 기억'이나 인상은 여전히 간직했다. 다만 그러한 감정을 구체적인 경험과 연관 짓지 못할 뿐이었다. 여섯 살 때 침대에 누워서 내 세상이 산산조각으로 부서지는 온갖 망상에 빠진 기분이 어땠는지는 알 수 있다. 그때 나는 부모님이 죽고, 누군가가 집 안으로 침입해 들어오고, 화재로 모두가 죽는 등 온갖 시나리오를 상상했다. 이런 불안 상태는 감정 기억이다. 또한 '언제나 무슨 일이 터진다'고 두려워하며 움츠리는 우리 가족의 마음이 표출된 것이다. 여기서 '무슨 일'은 화를 터트리는 이웃이나 부도어음, 눈보라, 혹은 가족 간 다툼이 될 수도 있다. 우리 가족 중 한 명이 그런 일에 맞닥뜨리면 가족 모두가 다 같이 끌려 들어갔다. 분노와 불안의 순환 주기에 갇혀 한 덩어리가 되었다.

극한 두려움에 떨면서도 살아내려고 발버둥 치는 다른 가족들과 달리 나는 전혀 압도당하지 않은 것처럼 보였다. 그런 나를 보면서 가족들은 초연하고, 태평하고, 흐름에 몸을 맡긴 채 쉽게 살아가는 차가운 아이라고 했다. 아무것도 날 흔들어놓지 못하는 것 같았다. 그런 초연함은 나의 대응 전략이었다. 스트레스로부터 나를 보호하는 마음속 장치였다. 나 자신을 보호하려고 나 자신과 거리를 두고 떨어져 나와 '우주선'에 올라타는 것이다. 나는 나 자신과 너무 멀어져서, 우주선을 타고 멀리 나가버려서 결국에는 아동기의 추억을 거의 저장하지 못했고, 20대 시절도 거의 기억하지 못했다. 내 정신이 주변에서 펼쳐지는 상황에 머물지 않았다고 해서 내 몸도 기억하지 못하는 것은 아니다.

　트라우마 전문가이자 『몸은 기억한다』의 작가 베셀 반 데어 콜크Bessel van der Kolk 박사는 해리란 '아는 동시에 모르는' 과정이라고 묘사했다. 또한 트라우마를 겪어 분리된 사람들은 '너무 적게 기억하는 동시에 너무 많이 기억한다'고도 했다. 트라우마는 확산 방식으로 몸에 자리를 잡는다. 이에 관해서는 다음 장에서 더욱 자세하게 소개하겠다. 트라우마가 '투쟁-도피 반응fight-or-flight response'에 어떤 식으로 영향을 미치는지가 가장 중요한 문제가 될 수 있다. 투쟁-도피 반응은 원시 인류가 맹수 같은 위협적인 상황에서 싸우거나 도망치는 등 생존을 위해 내재한 본능이다.

　수년간 크리스틴 같은 내담자들을 치료한 후에야 아동기 트라우마를 겪은 사람들의 공통점이 보이기 시작했다. 많은 사람이 대응책으로 각자의 '우주선'을 만들어 평생 해리되고 분리되는 삶을 살았고, 기억을 거의 하지 못했다. 이런 공통점을 발견하자 한 가지 의문이 들었다. 나는 '트라우마'라고 할 만한 일을 전혀 겪지 않았는데 왜 아동기의 대부분을 기억하지 못할까? 나 자신과 감정

적으로 연결되어 나 자신을 돌보는 게 왜 이렇게 힘들까? 크리스
틴과 너무나도 다른 아동기를 보냈는데 왜 그녀와 똑같은 스트레
스 반응을 보이는 걸까?

이때는 내가 일종의 정신적 트라우마를 겪었고, 크리스틴과
마찬가지로 그 트라우마로 인한 결과를 안고 살아왔다는 사실을
전혀 몰랐다.

자신에게 트라우마가 없다는 착각

나는 '완벽한' 가정에서 자라 ACE 테스트 점수가 0인 사람들부터,
견뎌내기는커녕 상상조차 하기 힘들 정도로 끔찍한 트라우마를
겪어 ACE 점수가 10에 근접한 사람들에 이르기까지 다양한 사람
들을 치료했다.

이들의 내력은 극단적으로 달랐지만 인생 대본은 서로 비슷
했다. 많은 사람이 기능적 완벽주의자에다 과잉성취자였다. 그게
아니면 각각 다른 약물이나 행동에 중독되어 있었다. 불안증과 우
울증, 자신감 부족 문제, 낮은 자부심 문제, 특정한 방식으로 평가
받으려는 집착이 심각했다. 인간관계에도 문제가 있었다. 각인된
듯한 행동 패턴에서 벗어나 앞으로 나아가지 못하는 '갇힌 상태'도
당연히 나타났다. 이러한 양상은 아동기의 트라우마가 얼마나 널

리 그 영향을 미치는지를 보여주었다.

실제로 많은 사람이 자신들의 삶을 단절시켜놓은 여러 순간을(심지어는 한순간도) 딱 꼬집어 말하지 못한다. 상처받은 아동기를 보냈다는 사실을 인정하지 못할 수도 있다. 그렇다고 트라우마가 존재하지 않았던 것은 아니다. 평생 트라우마를 전혀 경험하지 못한 사람은 아직 만나보지 못했다. 나는 트라우마의 개념이 다양한 유형의 압도적인 경험을 광범위하게 포괄하도록 확대되어야 한다고 생각한다. 아니면 신경학자 로버트 스케어Robert Scaer가 정의했듯이 '비교적 무력한 상태에서 발생하는' 모든 부정적인 인생 경험을 트라우마로 규정해야 한다.

ACE 테스트는 유용하기는 하지만 트라우마의 모든 일면을 보여주지는 않는다. 진정한 자기의 욕구를 일관되게 부인하거나 억눌러서 생겨나는 다양한 정서적·정신적 트라우마를 다루지 않는다. 아주 많은 사람이 이와 같은 트라우마를 경험한다. 놀랍게도 ACE 평가는 외부 환경, 대체로 사회가 트라우마를 유발할 수 있는 수많은 방식을 고려하지 않는다.

ACE 문항 중에는 인종 트라우마의 명백한 형태인 차별과 학대 같은 공공연한 인종차별에 관한 문항이 하나도 없다. 사회의 기저에 깔린 그보다 더 민감하고 전파력이 크고 해로운 편견과 편협성 문제가 언급되지 않은 건 두말할 것도 없다. 교육 제도와 수감 제도, 의료 서비스 체계, 대부분 직장처럼 뒷받침이 되어주기는커녕 대놓고 위협적인 세상에서 살아간다면 거의 지속적으로 트라우마에 노출된다. 특히 유색 인종 같은 소외 집단은 체제의 억압과 차별적인 법률, 스케어가 정의한 트라우마의 핵심인 '비교적 무기력한 상태'로 곧장 몰아넣을 수 있는 편파적인 체제를 끊임없이 견뎌내고 있다.

다시 말해서 트라우마 경험은 항상 명백하게 드러나지 않는다. 트라우마를 인식하는 것은 트라우마 그 자체 못지않게 유효하다. 특히 가장 무기력하고 의존적인 아동기에는 더더욱 그렇다. 지속해서 자신을 배반할 때, 자신을 무가치하거나 받아들일 수 없는 존재로 취급해 진정한 자기와 단절될 때 트라우마가 생겨난다. 트라우마는 우리가 살아남으려면 자기 본연의 모습을 배반해야 한다는 근본적인 믿음을 만들어낸다.

부모가 믿음직한 안내자가 되어주지 못할 때

부모는 안내자 역할을 해야 한다. 사랑하는 부모와 자녀의 관계는 아이가 변화무쌍한 삶에 도전할 때 안전한 기반이 된다. 안내자는 대개 판단하지 않고, 아이가 본연의 모습 그대로 존재할 수 있게 해준다. 또한 의식과 지혜의 상태에서 관찰하고 행동하는 경향이 있다. 이를 통해 아이는 중재 없이 자신의 행동에 따른 자연스러운 결과를 경험하고, 자기 신뢰를 쌓아나갈 수 있다. 안내자는 지혜로운 선생님이다. 자신이 마련해준 기반을 신뢰하고, 삶이 무엇을 가져다주든 헤쳐 나갈 힘이 학생에게 있다고 믿는 사람이다. 아이는 그런 안내자의 믿음을 내재화한다. 그렇다고 아이가 고통, 상실감, 분노, 슬픔 등 다양한 감정을 회피한다는 말은 아니다. 그보다는 아이가 힘든 시기에 의지할 수 있는 안정적인 기반과 회복력을 안내자나 부모가 제공해주는 것이다.

부모가 아이의 해소되지 않은 트라우마를 치유해주지 못하거나 인식조차 못 한다면 신뢰할 수 있는 안내자가 되기는커녕 자신의 길도 제대로 헤쳐 나가지 못한다. 부모 자신의 해소되지 않은 트라우마를 자식에게 투사시키는 경우도 아주 많다. 사람 좋은 부모조차 미처 의식하지 못한 상처 때문에 안내자 역할을 하기보다는 아이를 통제하고 일일이 간섭하거나 자기 뜻에 따르도록 강요한다.

부모는 의식적으로나 무의식적으로 이 세상에서 자신들처럼 고통받지 않도록 아이를 안전하게 보호하려고 한다. 그 과정에서 아이의 요구나 욕구를 부정할 수도 있다. 부모가 다분히 의도해서 한 행동으로 볼 수도 있지만 실은 겉으로 드러나지 않은 뿌리 깊이 각인된 고통에서 비롯된 경우가 흔하다. 많은 부모가 해소되지 않은 아동기 때의 고통으로 인해 쌓인 감정을 잘 다루지 못한 채 자신의 아이를 키운다. 그러다 보니 자신의 고통을 아이에게 직접 투사시켜서 울지 말라고 압박하거나 자신의 감정을 표출해 간접적으로 아이를 움츠러들게 할 수도 있다.

심리치료사이자 『감정이 서툰 어른들 때문에 아팠던 당신을 위한 책』의 작가 린지 깁슨Lindsay Gibson은 아동기의 정서적 유대 부족으로 '진정한 안도감이 자리 잡았어야 할 자리에 커다란 구멍이 뚫린다'고 했다. 그뿐만 아니라 '보이지 않는 유령 취급에 쌓여가는 외로움은 신체의 아픔만큼이나 근본적인 고통'이라고 했다. 이러한 정서적 외로움은 성인기에도 이어져 감정 회피와 감정 차단, 수치심을 반복적으로 유발한다.

트라우마가 한 부모로부터 다음 세대, 즉 자식에게 어떻게 전이되는지 좀 더 쉽게 알아낼 수 있다. 이 과정의 핵심에 조건화 개념이 있다. 조건화는 믿음과 행동이 무의식적으로 각인되는 것이다. 아이와 함께 지내본 사람이라면 아이가 다른 사람의 행동을 모방한다는 사실을 잘 알 것이다. 아이는 동네 친구든 혹은 만화 캐릭터든 본 대로 따라 한다. 이것이 조건화의 방식이다.

사람들은 다른 사람들, 특히 부모가 모델이 되어 보여주는 것을 학습한다. 아동기의 애착이 무의식적인 믿음의 토대를 마련해준다. 인간관계가 어떤 것인지도 자신과 가장 가까운 사람들을 지켜보면서 배운다. 또한 몸에 대한 부모의 생각을 지켜보면서 자기 몸에 관한 생각을 정립한다. 자기 돌봄self-care을 우선시할지 말지도 배운다. 소비습관과 세계관, 자신과 타인, 세상에 대한 믿음도 습득한다. 이러한 믿음은 수없이 많은 다른 메시지들과 함께 무의식에 저장된다.

아이는 언제나 부모가 안내자이자 거울이 되어주기를 바란다. 부모가 현실을 헤쳐 나가는 방식을 보고 자신의 방식으로 삼을 가능성이 크다. 어떻게 세상을 바라보고 상호작용할지를 부모에게서 물려받는다. 부모의 믿음과 습관, 심지어는 대응 전략까지도 본받는다. 자신을 의식적으로 바라보는 법을 배우는 것처럼 사랑하는 사람들과 그들과의 유대관계를 의식적으로 관찰하는 치유작업도 배워야 하는 이유다.

　나에게 해소되지 않은 아동기 트라우마가 있다고 결론짓기까지 오랜 시간이 걸렸다. 그 사실을 오랫동안 인정하지 않으려고 했기 때문이었다. 나의 아동기가 완벽하지 못했다는 소리가 귀에 들리면 그건 절대 아니라고 필사적으로 반박했다. 내 과거를 이상화해서 그런 것만은 아니었다. 가족을 보호해야 한다는 문화적으로 각인된 생각 때문이기도 했다. 모든 게 장밋빛은 아니었다고 공개적으로 인정하는 것은 매우 예의 없는 짓이었다. '우리는 굉장히 행복한 이탈리아인 가족이었어! 그런 우리 가족을 보고 어떻게 그렇지 않았다는 소리를 할 수 있지?'

　수년 동안 나는 저항했다. 내 현실을 너무나 오랫동안 부인했던 터라 엄청나게 노력한 끝에야 내 관점을 바꾸고 아동기의 상처를 렌즈 삼아 과거를 비춰볼 수 있었다. 대부분 사람들처럼 나도 아동기에 습득했던 많은 습관을 평생 반복하며 버리지 못했다. 많은 사람이 '이게 진짜 나인가?' 하는 생각을 그만두지 못한다. 아동기의 방식을 바꿀 생각조차 못 한 채 그때와 똑같은 방식으로 휴일을 보내는 사람들이 얼마나 많은가? 살면서 자기가 직접 선택한 일이 얼마나 있는가? 얼마나 많은 것을 물려받았는가?

자신의 상처를 파악하는 것이 이 치유 여정의 기초 단계다. 쉬운 일은 아니다. 적어도 표면적으로나마 제대로 기능하고 살아갈 수 있게 오랫동안 억눌러왔던 고통과 슬픔, 심지어는 분노를 찾아내야 한다. 이 단계에 더욱 깊이 발을 담글 때는 아동기의 상처를 치료하는 과정에서 가끔씩 옛 상처가 헤집어져 묵은 감정들이 터져 나올 수 있다는 사실을 명심하는 게 중요하다.

그럴 때는 이것 하나만 기억하자. 그 또한 주시하는 순간일 수 있다. 무슨 일이 닥치든 자기 자신과 사랑하는 사람들에게 친절해지는 연습을 하자. 어렸을 때 부모님이 당신을 어떻게 취급했든 그것이 당신 본연의 모습을 반영하는 것은 아니다. 그것이 부모님 본연의 모습도 아니다. 부모님의 처리되지 않은 트라우마를 반영해주는 존재가 될 필요는 없다.

지금부터는 아동기 트라우마를 이해하는 새로운 틀을 제시하겠다. 이와 더불어 자기치유자 공동체 내에서뿐만 아니라 광범위한 임상실습 중에 내가 관찰했던 공통적 역학들을 토대로 개발한 트라우마의 전형도 소개하겠다. 이러한 전형들은 절대 변하지 않는 범주가 아니다. 당신과 거의 정확하게 일치하는 유형이 단 하나일 수도 있고, 여러 개일 수도 있다. 반드시 단 하나의 틀에 딱 들어맞아야 하는 것은 아니다. 이러한 전형들이 당신의 주된 관계들과 조건화 경험을 생각해보는 데 도움이 되기를 바란다. 치유의 첫 단계는 '자각'이다.

아동기 트라우마의 6가지 형태

아이의 현실을 부정하는 부모

아이가 친척 앞에서 쭈뼛거리더니 엄마한테 불편한 심정을 털어놓는다. 그런데 엄마는 "그냥 너한테 잘해주려고 그러시는 거야. 예의 바르게 굴어야지"라고 말한다. 이것은 전형적인 현실 부정 사례 중 하나다(크리스틴의 가족이 그녀를 학대하는 남자를 좋게 보는 사례는 극단적인 경우다).

부모가 아이의 현실을 부정할 때는 무의식적으로 아이에게 직감 혹은 '육감'을 부인하라고 가르치는 셈이다. 자신을 불신하는 법을 배우면 배울수록 직관적인 목소리는 점점 움츠러들어서 잘 들리지 않는다. 결국에는 직관이 사라지고 내적 갈등이 생겨난다. 자신의 판단을 믿을 수 없으니까 다른 사람들에게 의지해서 자신의 현실을 만들어가야 한다고 배운다.

이러한 현실 부정은 미묘하게 나타날 수 있다. 예컨대 아이가 학교 점심시간에 친구들이 자신과 같이 앉기 싫어한다고 부모에게 털어놓을 수 있다. 아이에게 그런 상황은 지극히 고통스럽다. 또래 검증peer validation 이 발달에 중요한 부분을 차지하는 시기에 거부당하는 느낌을 받았기 때문이다. 이때 부모는 좋은 의도에서 아이의 기분을 살짝 무시하며 이렇게 말할 수 있다. "걱정하지 마. 새 친구들을 사귈 수 있을 거야. 신경 쓸 거 없어. 다 좋아질 거야.

겨우 등교 첫날이잖아!"

해소되지 못한 감정을 품고 살아가는 사람은 보통 아이의 감정 표현을 불편하게 여기고 무시하려고 든다. 솟구치는 감정을 억누르거나 애써 무시하라고 아이에게 강요하는 부모는 아이의 경험과 비슷하게 고통스러웠던 자신의 과거 기억(흔히 무의식적인 기억)을 떠올릴 수 있다. 문제는 아이가 정당한 감정을 품고 있고, 위로와 지지를 받고 싶어 한다는 것이다. 그런데 부모는 그 정도 고통은 별거 아니라고 말한다. 아이는 그런 일을 반복적으로 경험하면서 자신의 현실 인식과 그와 관련된 정서적 경험을 믿을 수 없게 된다.

부모와 가족이 실재하는 문제를 무시할 때 아이의 현실은 무시당할 수 있다. 사회활동을 정상적으로 하고 있지만, 실상은 알코올중독자 아버지 밑에서 자란 내담자를 만난 적이 있다. 이 내담자의 아버지는 직장을 다니면서 경제적으로 가족을 부양했다. 하지만 집 안에 들어섰다 하면 맥주를 꺼내 마시기 시작해서 적대감에 휩싸여 고함치거나 뻗을 때까지 밤새도록 술을 마셨다. 내담자가 아빠의 행동을 인지하고 판단할 정도로 나이를 먹었을 때 내담자의 엄마는 아들의 두려움을 무시했고, '아빠가 직장에서 힘든 하루를 보내서' 그런다고 둘러댔다.

이러한 현실 부정은 가족의 약물 사용 현실을 부정하는 가정에서 자란 내담자의 엄마가 어릴 때부터 학습한 행동이었다. 시간이 지나면서 내담자 자신도 엄마의 사고방식을 물려받아 아빠가 얼마나 힘들게 일하는지 모른다고 자기 자신에게 되뇌었다. 그러다가 커튼을 살짝 걷어 올려 쭉 늘어선 빈 병들과 밤새 술을 마시는 아빠를 직접 보고 나서야 아빠의 행동을 날것 그대로 바라보기 시작했다.

아이의 말을 들어주지 않는 부모

"아이는 보여야 하는 존재지, 귀 기울여야 하는 존재가 아니다." 누구나 한 번쯤은 이 말을 들어봤을 것이다. '바르게 행동하고 조용히 해라'라는 의미로 쓰인다. 이 슬로건은 구세대의 양육 사고방식을 요약해서 말해준다. 많은 구세대 부모들은 자원이 부족한 현실에서 살아남기 급급한 삶을 살았다. 정서적 욕구에 에너지나 관심을 쏟을 여유가 거의 없었다. 종종 성공적인 양육을 기본적인 생존 욕구 충족과 동일시했다. 이러한 생존에 기반한 양육 스타일은 대대로 전이되는 트라우마를 통해 후대까지 그 영향력을 과시하고 있다. 현재 우리는 그러한 양육 스타일의 장기적인 결과 속에 살고 있다.

자신을 봐주거나 자신의 말을 들어주지 않는 아동기 경험은 부모와 정서적으로 차단되는 느낌을 준다. 때로는 좀 더 미묘한 경험의 형태로 나타나기도 하지만 심각한 방치와 관련이 있다. 이런 경우에 부모는 자신의 감정에 압도당하고 장기적 스트레스에 온 정신이 팔려 있거나 그와는 반대로 철저한 정서적 차단 상태에 빠져서 아이의 감정 표현을 들어주고 지지해줄 수 없다. 혹은 부모가 자신만의 생각에 사로잡혀서 바쁘게 일을 처리하느라 그들 앞에 있는 아이를 진정으로 바라보지 못할 수도 있다. 이처럼 부모가 정신적으로 '그 자리에 머물지 못하기' 때문에 아이와 좀 더 깊은 정서적 관계를 맺지 못한다.

아무도 자기 말을 들어주는 않는 것은 고통스러운 경험이다. 무시당하면 속이 상한다. 사랑받기 위해서 진정한 자기를 숨겨야 한다는 암묵적인 가르침은 혼란스럽기만 하다. 인정받고자 하는 것은 인간의 아주 내밀한 욕구 중 하나다. 어린 당신의 생각이나 감정을 아무도 '들어'주지 않는다면 무시당하는 느낌을 받는다. 어린아이의 자기표현을 아무도 '봐'주지 않는다면 존재 자체가 무시당하는 것 같다. 이처럼 충분히 인정받지 못하면 자신의 열정과 인생 진로를 제대로 알아내기도 전에 미래가 결정되어버릴 수도 있다. 이런 경험으로 인해 자신의 성향을 믿고 직관적 욕구를 따라가는 법을 배우기가 힘들어진다.

부모는 직관 및 핵심 자기에 연결하는 아이의 능력이 자신들의 능력보다 월등히 뛰어나다는 사실을 명심해야 한다. 성인은 끊임없는 생각의 흐름 속에서 길을 잃어버리기 쉽다. 반면 아이는 매우 직관적이고, 아이들의 세상은 끝없이 변하며 아직 형성되고 있다. 아이에게 탐색할 수 있는 안전하고 개방적인 공간을 제공해주면서 당신 또한 진정한 자아를 자유롭게 표현할 때 자신이 가진 가능성과 자기 자신에 대해 제대로 알게 될 것이다.

아이를 통해 대리만족하려는 부모

보통 '무대파 부모stage parent'라고도 부르는 유형이다. 지나치게 열성적인 무대파 부모는 자신의 명예욕과 성취욕, 혹은 관심받고 싶은 욕구를 채우기 위해서 배우나 가수가 되라고 아이를 밀어붙인다. 이런 유형의 부모는 흔히 공연예술 분야와(주로 엄마들과) 연관되지만, 이런 종류의 행동은 무대에만 국한되지 않는다.

무대파 부모를 비난하기는 아주 쉽다. 무대파 부모는 종종 대중문화에서 노골적인 아동 학대 유형으로 묘사되기 때문이다. 사실 아이를 성공으로 밀어붙이는 추진력은 흔히 부모의 자연스러운 본능인 자부심에서 나온다. 그런데 불행하게도 그러한 추진력이 처리되지 않은 트라우마에서 나온 것이라면 자부심은 시들어 버린다.

아이를 통해 대리만족하려는 부모는 자신이 '실패자'거나 어떤 면에서는 부적절한 사람이라는 고통스러운 믿음이 뿌리 깊게 자리하고 있다. 게다가 그러한 핵심믿음(한 사람에게 내재한 믿음— 옮긴이)을 자식에게 투사하기도 한다.

농구선수가 되고 싶었는데 대학팀에 들어가기 전에 다리가 부러진 아버지. 의사가 되고 싶었지만 그 길이 열리지 않아서 간호사가 된 어머니. 이런 부모 밑에서 자라는 아이는 성공해야 한다는 엄청난 압박감을 느낄 수 있다. 게다가 부모를 기쁘게 해드리려고 진정한 자기의 일부분을 버릴 수도 있다. 궁극적으로는 또 다른 성공으로 자신을 검증해 보이려다가 부모에게 실망을 안기기도 한다. 또한 다른 사람의 충족되지 못한 욕구를 충족시켜주려고 자신의 욕구를 소홀히 하는 자기 자신에게 분노하기도 한다. 본질적 욕구를 부인하면 언제나 분노가 뒤따르는 법이다.

이러한 자기 상실은 성인기에 다양한 방식으로 나타날 수 있다. 가장 흔하게는 심각한 우유부단함, 미루는 버릇, 혹은 강박적인 성공 욕구로 나타난다. 무대파 부모(경제적 이득을 얻으려고 아이를 무대에 올리는 악질 할리우드 부모)라고 해도 대개는 진정으로 아이가 더 나은 삶을 살기를 바라지만, 가끔 의도적으로 행동한다. 부모가 자신의 요구와 욕구 혹은 열망을 아이에게 계속 투사해 아이를 자기 뜻대로 만들려고 할 때 그 방식은 아주 다양하다.

예컨대 아이에게 특정 친구를 피하라고 하거나 학교에서 특정 수업에 집중하라고 할 수 있다. 넌지시 이렇게 말할 수도 있다. "넌 언젠가 훌륭한 엄마가 될 거야." 이러한 과정은 종종 완전히 무의식적으로 이뤄진다. 이렇게 행동하는 부모는 자신이 문제가 될 만한 행동을 한다는 사실을 깨닫지 못한다. 사실 많은 부모가 그러한 행동이 사랑에서 비롯된다고(자주 그렇다고) 생각한다.

전통적으로 괜찮은 직업군(변호사, 의사 등)에 속하는 몇몇 사람은 가끔 파괴적인 결말에 이를 수도 있다. 예컨대 적성 불일치 문제를 해결하려고 애쓰고, 약물을 사용하고, 정신건강에 문제를 겪고, 극단적인 경우 자살을 시도하기도 한다.

경계를 보여주지 못하는 부모

경계boundary는 개인적 한계를 뜻한다. 아이들은 본능적으로 경계의 의미를 이해한다. 다른 사람들의 반응에 상관없이 경계에 반응하고, 자신의 경계를 분명하게 정할 수 있으며, 유지해나간다(아장아장 걷는 아이도 싫어하는 것은 '싫다'고 본능적으로 고개를 가로젓는다). 하지만 경계가 거의 없고, 그나마 있는 경계도 유지하기 힘들어하는 성인들이 있다. 많은 사람이 자신의 경계를 사용하거나 유지하는 법을 제대로 알지 못해서 아이에게 적절한 한계를 제시해주지 못하는 부모 밑에서 자라난 탓이다.

나는 치료 실습에서 부모가 아이의 일기를 읽는다는 보고서를 자주 접했다. 이러한 사적 영역에 대한 침입은 종종 아이에게 수치심을 안겨준다. 때로는 부모가 일기 내용을 읽고 아이에게 벌을 주기도 한다(나도 겪은 일이다). 이런 경험을 하다 보면 아이는 사랑하는 사람이 자신의 경계를 침범할 수 있고, 실제로 그런다는 사실을 알게 된다. 잦은 경계 침범에 노출된 아이는 경계 침범이 '친밀함'과 심지어는 '사랑'의 표현이라는 믿음을 내재화해서 향후 동반자 관계에서도 경계 침범을 허락할 수 있다. 아니면 그와는 정반대로 개인적인 세부 정보를 아주 비밀스럽게 유지하고 보호할 수 있다.

부모가 아이에게 다른 부모 험담을 늘어놓을 때도 경계 침범이 일어난다. 내담자들 중에서 몇몇은 어린 시절에 부모 관계에 관한 개인적 이야기(불륜이나 재정 문제)들을 자세하게 들었다고 했다.

아이는 친구가 아니라는 사실을 인지하지 못하는 부모는 아이한 테서 정서적 위로를 받으려고 한다. 이런 경우에 아이는 부모의 개인적인 이야기에 압도당할 수 있고, 누군가의 사랑하는 부모에 관한 부정적인 이야기에 갈등을 느낄 수 있다.

외모를 지나치게 중시하는 부모

알다시피 외부 인정 욕구는 '어른이 됐다'고 바로 사라지지 않는다. 호감을 얻고 싶고, 존경받고 싶은 충동은 평생을 따라다닌다. 부모는 그러한 욕구를 다양한 방식으로 아이에게 투사할지도 모른다. 때로는 그러한 행동이 분명하게 드러날 수 있다. 아이의 몸무게에 신경 쓰거나 항상 '남부끄럽지 않은' 대외용 이미지 유지에 집착하는 부모. 아이의 머리 모양에 이르기까지 세세한 부분에 지나치게 신경 쓰는 부모. 이런 부모 밑에서 자란 아이들은 자신의 신체적 외양이 일부분은 '그런대로 봐줄 만하지만', 일부분은 그렇지 않다는 사실을 빠르게 깨우친다. 이로써 사랑이란 외양을 따져보고 조건적으로 주고받는 것이라는 믿음이 자리 잡는다.

부모가 외모에 과도하게 집착해서 지나친 다이어트와 운동을 하거나 차림새에 극도로 신경 쓰는 행동을 보여줄 때도 앞서와 같은 각인이 일어난다. 이 경우에 아이는 특정 식품을 '나쁘거나', '살찌는' 음식으로 간주할 수 있다. 친구와 가족 혹은 공인들의 신체와 외모에 대해 이러쿵저러쿵할 수도 있다. 아이는 직접적인 설명을 듣지 않고도 핵심믿음이 언제 이미지를 지나치게 중시하는지를 곧장 알아차린다.

　부모가 집 안팎에서 다르게 행동하면서 아이에게 인간은 '거짓 자기pseudoselves'를 가질 수 있다고 가르칠 때도 마찬가지다. 예컨대 집 안에서 끊임없이 다투거나 소리 지르는 가족들이 공공장소에서는 사랑스럽게, 아니면 적어도 정중하게 말하고 행동한다. 사실상 가면과도 같은 페르소나를 보여주는 것이다. 이때 아이들은 살아남고 사랑받기 위해서는 자신들이 지켜본 대로 장소에 따라 자신의 모습을 바꾸어야 한다는 사실을 빠르게 습득한다.

감정을 조절하지 못하는 부모

감정 조절은 감정을 경험하고, (약물이나 알코올, 휴대전화, 음식으로 기분을 전환하려고 하기보다는) 그 감각을 온몸으로 전달해서 ("난 지금 화가 나 있어"나 "난 슬퍼"라는 식으로) 확인하고, 마침내 사라질 때까지 그 감정과 함께 호흡하는 과정이다. 이렇게 감정 조절 연습을 하면 인생의 다양한 스트레스를 마주하더라도 차분하게 집중할 수 있고, 생리학적 기저선으로 돌아갈 수 있다.

　대부분의 사람들은 감정 조절까지는 아니더라도 감정 확인이 가능한 부모도 갖지 못했다. 이런 부모는 넘쳐나는 감정에 휩쓸리거나 강렬한 감정을 한 번에 너무 많이 경험할 때 어떻게 해야 하는지 모른다.

　어떤 사람들은 감당하기 힘든 감정적 에너지를 외부로 표출해 크게 소리를 지르고, 문을 쾅 닫고, 물건을 집어 던지거나 자리를 박차고 나가버린다. 이와는 반대로 감정을 안으로 투사해 일종의 침잠 상태에 들어가는 사람도 있다. 이런 부모는 침묵 요법을 쓰거나 누군가를 '무시'한다. 무시하는 행동은 감정적으로 감당할 수 없는 상태에 처한 부모가 아이와 감정적으로 거리를 두거나 아이에게 주던 사랑을 거두어가 버릴 때 나타난다.

특정한 경험에 관한 자신의 감정을 통제하지 못하는 부모는 아이를 차단해서 내쫓아버린다. 많은 자기치유자들이 그런 경험에 공감한다. 몇몇 사람들은 '침묵 요법'으로 아이를 벌하는 부모와 자신을 동일시한다. 우리 치유 집단에서도 분리된 부모 유형에 관한 이야기가 나왔다. 자신과 이야기를 나누지 않는 부모, 다른 가족들을 종용해서 자신을 거부하게 만드는 부모에 관한 이야기였다. 사랑하는 사람들이 감정을 조절하는 게 아니라 차단해버리면 아이는 전반적인 감정 조절 부족을 모델로 삼게 되고, 감정 회복력을 키워주는 대처 기술을 배우지 못한다.

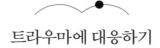

트라우마에 대응하기

"돼지 같은 것! 넌 천박한 쓰레기야! 우리 가족의 수치라고!" 한때 엄마가 나한테 이렇게 지독한 소리를 해댔다.

그 끔찍했던 순간은 엄마가 수년 동안 감정을 억누르다가 분출시킨 흔치 않은 사건 중 하나였다. 여자 형제의 결혼식 이후에 터진 일이었다. 나는 들러리였고, 친한 대학 친구 세 명을 피로연에 데려갈 수 있었다. 그중 한 명은 내 비밀 여자 친구 케이티였다.

아무도, 심지어는 친구들도 내가 케이티와 사귀는 사이라는 사실을 몰랐다. 그렇다고 우리 두 사람이 관계를 부끄럽게 여긴 것은 아니었다. 케이티는 나의 첫 번째 동성애 친구였다. 나는 그 사실을 굳이 세상에 알려야 한다고 생각하지 않았다. 무슨 문제든 깊이 있게 상의해본 적 없는 가족한테는 두말할 것도 없었다.

피로연 당일 아침, 나는 친구들과 함께 술을 거나하게 마셨다. 아빠와 딸의 춤을 지켜보면서 흐느꼈던 기억이 난다. 결혼식 전통 따위에는 전혀 신경 쓰지 않던 내가 그러고 있었으니 친구들과 가족들이 이상하게 봤을 게 분명했다. 하지만 그런 나의 겉모습 뒤에는 깊은 상실감이 깔려 있었다. 나는 아빠와 그런 전통을 함께할 수 없었기 때문이다. 내가 전통적인 결혼식을 올릴 일은 절대 없을 테니까! 밤이 깊어갈수록 나는 더욱더 슬퍼졌고, 점점 더 내 안으로 침잠했다.

케이티도 취해 있었는데, 거리를 두는 내 행동에 당황해했다. 나는 함께 춤을 추려는 케이티를 번번이 밀어냈다. 그러다가 케이티가 내게 키스하려고 했고, 나는 그런 케이티에게 인상을 확 구기며 '그만 좀 해!'라는 표정을 던졌다. 케이티는 화가 나서 떠나버렸다. 그 소란에 결혼식장에 참석한 모든 사람이 우리 사이를 알아차리고 말았다.

나는 현실 부정을 하면서 그런 일을 벌여놓고도 별일 없을 거라고 믿었다. 그날 밤도, 다음 날도 케이티를 언급하는 사람은 아무도 없었다. 그로부터 한 달쯤 지났을 무렵이었다. 뉴욕 북부의 코넬 대학으로 돌아갔을 때 엄마가 말도 없이 찾아왔다. 그날 엄마는 아빠와 함께 필라델피아에서 차를 몰고 왔다. 내가 문을 열자마자 뛰어 들어온 엄마는 고함치면서 뼈아픈 말들을 쏟아냈다. 엄마를 밖으로 데리고 나가려고 했을 때도 엄마는 계속 소리를 질렀다. 어찌나 시끄러웠던지 동네 사람이 도움이 필요한가 싶어서 나와 볼 정도였다. 나는 엄마를 데리고 나가서 차에 탔다. 차에 타고 있던 아빠는 고개를 숙인 채 한마디도 없었다. 나는 굉장히 놀랐다. 엄마가 우리 모두를 불안으로 몰아넣을 정도로 감정을 표출하는 일은 거의 없었기 때문이다.

그로부터 몇 달 후, 여름방학을 맞아 집으로 돌아갔을 때 엄마는 내가 투명인간이라도 되듯 행동했다. 엄마는 복도에서 나와 마주쳐도 고개를 꼿꼿이 든 채 시선을 저 멀리 두고 스쳐 지나갔다. 아빠는 엄마의 침묵에 동조하는 척했지만 그래도 내게 말은 걸었다. 이것이 내 아동기 트라우마였다. 나는 보잘것없고 혐오스러운 존재였다. 나는 존재하지 않았다. 내가 그렇게 두려워했던 그런 존재가 실제로 되어버리자 오히려 마음이 놓일 정도였다. 그것은 내가 평생 훈련한 것이었다. 그렇게 나의 '우주선'이 탄생했다.

엄마의 감정적 침잠 상태는 몇 주 동안 계속되었다. 그러다 어느 날 갑자기 엄마가 다시 내게 말을 걸기 시작했고, 아무 일도 없었던 것처럼 행동했다. 그 이후로 다시는 내 성적 성향에 관해 언급하지 않았고, 엄마는 새로 생긴 내 여자 친구들도 언제 싫은 내색을 했냐는 듯이 아무렇지 않게 받아들였다. 사실 우리는 다시는 그 문제에 대해 서로 이야기를 나누지 않았다.

오랜 세월 감정을 억눌렀던 탓에 엄마의 몸은 갑자기 모든 감정을 거부했고, 결국에는 부피를 크게 키운 파괴적인 감정을 한꺼번에 분출했다. 그 소란으로 피어올랐던 먼지가 마침내 가라앉은 후 엄마는 언제 그랬냐는 듯이, 자신이 격하게 감정을 표현했을 리가 없다는 듯이 행동했다.

젊은 시절 파란만장한 연애 생활을 겪었던 나는 감정적 반응과 감정적 침잠이라는 밀고 당기는 역학 관계에 빠져 있었다. 보통은 감정적으로 거리를 두고 멀찍이 떨어져 있거나 감정을 나눌 필요가 없는 관계를 선택했다. 정서적 욕구와 충족되지 않은 깊은 연결 욕구가 계속 일어날 때면 지나치게 자주 전화를 하거나 문자메시지를 보내고, 짜증을 부리며 시비를 걸었다. 그러다 마침내 내가 원하던 감정적 반응을 얻어낸 순간, 그 반응에 압도당해 나 자신을 분리시킨다. 어렸을 때 배운 대로 유령이 되는 것이다. 필연적으로 관계가 시들해지면 상대를 비난했다. 돌이켜보면 나의 모든 대응 전략이나 내면의 소용돌이를 다스리고 통제하는 방법은 조건화된 패턴에 갇혀 있었다.

1984년, 스트레스와 정서를 연구한 혁신적인 두 심리학자가 대처 이론을 제시했다. 고인이 된 UC 버클리 대학의 교수 리처드 라자러스Richard Lazarus 와 UC 샌프란시스코 대학의 교수인 수잔 포크먼Susan Folkman 은 대처란 '한 사람의 자원을 초과하거나 힘들다고 평가된 외부 또는 내부의 요구를 다루기 위한 인지적·행동적 시도'라고 정의했다. 다시 말해서 대처란 스트레스 상황에서 생기는 정신과 몸의 깊은 불안감을 관리하는 후천적 습득 전략이다.

라자러스와 포크먼은 적응적 대처와 부적응적 대처를 요약 설명했다. 적응적 대처는 문제를 직시하거나 부정적인 생각을 전환하는 등 안정감을 되찾으려는 행동이다. 여기서 핵심은 적극적으로 행동하는 것이다. 적응적 대처는 노력이 필요하고, 불편함을 의식적으로 인정해야 한다. 적응적 대처 전략은 모델로 삼지 않았거나 사용하는 법을 배우지 못했다면 사용하기가 훨씬 더 어려울 수 있다.

종종 부모한테서 습득하는 부적응적 대처 전략은 잠깐이나마 불편함을 전환하거나 보류하는 것이다(내가 결혼식에서 술을 마셨던 것처럼 말이다). 아니면 (내가 해리 상태가 되었을 때 그러는 것처럼) 모든 감정적 반응을 회피하는 것이다. 하지만 고통을 없애려는 이런 시도는 진정한 자기와 더 철저한 단절로 끝나고 만다.

특정 환경에 대처하는 방법은 환경과는 별로 관계가 없고, 스트레스를 다루는 조건적 대처 전략과 훨씬 더 깊이 관련되어 있다. 예를 들어 두 사람이 실적을 중시하는 직장에 다니며 똑같이 스트레스를 많이 받는다고 치자. 소니아는 적응적 대처 전략으로 스트레스에 대처한다. 스트레스를 해소하려고 규칙적으로 헬스장에

다니거나 친한 친구에게 전화해서 위로를 받는다. 한편 소니아와 똑같은 실적 압박에 시달리는 미셸은 약물에 취해 의식을 놔버리고 현실에서 달아난다. 그 순간에는 기분이 나아지는 듯하지만, 다음 날 아침에 깨어나면 정신이 몽롱하고 흐릿해져 비참한 기분이 든다. 이제는 스트레스에 수치심까지 더해지고, 부적응적 대처의 악순환이 이어진다.

나는 임상치료를 하면서 부적응적 대처 전략을 많이 목격했다. 흔히 사용하는 공통적인 부적응적 대처 전략은 다음과 같다.

$$\infty$$

- 다른 사람의 기분 맞추기: 이에 성공하자마자 스트레스가 (일시적으로) 사라진다.
- 분노하거나 격분하기: 다른 누군가에게 이런 감정을 분출할 수 있다면 일단 터트리고 본다.
- 분리하기: 스트레스 상황에서 '몸을 떠나' 애초에 그 트라우마를 '경험'하지 않는다. 이러한 분리 형태가 성적으로 나타나면 진정으로 관심을 두는 상대가 아닌 사람과도 성관계를 맺을 수 있다. 그게 아니면 자신의 흥미는 전혀 의식하지 못한 채 상대를 즐겁게 해주려고 헌신할 수도 있다.

이 모든 대처 전략은 과거의 트라우마를 반복하거나 되살리지 않고, 즉각적인 고통을 보류할 수 있게 도와준다. 하지만 신체적·정서적·심리적 요구와 욕구를 완전히 충족시켜주지는 못한다. 이러한 욕구 충족이 계속 이루어지지 않으면 고통과 단절이 함께 나타난다. 자기보호가 자기배반으로 이어진다. 이것은 누구나 쉽게 빠져들 수 있는 고리다. 해소되지 않은 트라우마와 부적응적 대처 행동의 반복, 지속적인 자기 부정의 악순환은 고통이 우리의 신체와 정신을 갉아먹게 만든다. 그러다 결국 우리는 병들고 만다.

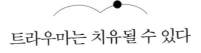

트라우마는 치유될 수 있다

누구나 해소되지 않은 트라우마를 안고 산다. 앞서 살펴봤지만 트라우마는 반드시 그 자체가 심각해서 각인되는 것이 아니다. 그에 대한 반응이 각인 여부를 결정짓는다. 회복력은 조건화를 통해 습득하는 것이다. 다시 말해서 어렸을 때 부모를 모델로 삼아 배우지 못했다면 절대 배우지 못하는 것이다. 트라우마를 해소하려고 할 때 회복력은 더욱 강해질 수 있다. 사실 그러한 경험들은 심오한 변화의 촉매제가 될 수 있다.

내 온라인 자기치유자 공동체에서 트라우마에 관한 내 견해를 제시했을 때 많은 사람한테서 피드백을 받았다.

"모든 사람이 트라우마를 갖고 있다는 건가요?"

"아이에게 트라우마를 심어주지 않으려면 어떻게 해야 하죠?"

그 답은 이렇다. 트라우마는 인생의 일부분이다. 피할 수 없다. 이 지구상에서 처음으로 겪었던 경험, 즉 탄생 자체가 자신과 엄마에게 트라우마였을지도 모른다. 트라우마를 경험했다고 숙명적으로 고통스럽고 아픈 삶을 살게 되는 것은 아니다. 자신의 초창기 인생을 형성했던 패턴을 반복할 필요는 없다. 치유 작업을 하면 변할 수 있다. 앞으로 나아갈 수 있다. 치유될 수 있다.

트라우마는 보편적일 수도 있지만 개별적이기도 해서 개개인의 전체론적 측면에서 전체, 즉 신경계와 면역반응, 생리 전반에 독특한 방식으로 영향을 미칠 수 있다. 정신과 몸 치유의 첫 단계는 자신이 무엇을 다루고 있는지 알아차리는 것이다. 다시 말해서 자신의 해소되지 않은 트라우마를 찾아내는 것이다. 그런 다음 그 트라우마의 장기적 영향력을 파악하고, 후천적으로 습득한 대처 전략 때문에 어떤 식으로 갇혀버렸는지 알아낸다.

나의 트라우마 형태 파악하기

시간을 들여서 다음의 문장들을 이용해 과거를 성찰해보자. 그러면 개인적인 아동기 상처나 억눌린 감정을 인식할 수 있다. 자신의 마음을 울리는 경험에만 반응해야 한다. 나뿐만 아니라 해소되지 않은 트라우마를 간직한 대부분의 사람은 많은 것을 기억하지 못한다. 그렇기에 다음 문장 중에서 완성하기 어려운 문장들이 있을 수 있다. 뭐든지 떠오르는 대로 편안한 마음으로 탐색해보자.

아이의 현실을 부정하는 부모

어렸을 때 부모에게 자신의 생각이나 감정 혹은 경험을 이야기했다가 무시당한 경험을 떠올려보자. 예를 들자면 부모에게 이런 말을 들었을 수 있다. "그게 아니야." "별일 아니네." "그건 그냥 잊어버려." 부모에게 이런 반응을 받았을 때 어린 당신의 기분이 어떠했을지 다음 문장을 이용해 성찰해보자.

• 어렸을 때 부모님이 _____해서 기분이 _____했다.

아이의 말을 들어주지 않는 부모

어렸을 때 부모에게 인정받고 싶었는데 부모가 바쁘거나 딴 데 정신을 파는 것 같았던 순간, 혹은 당신을 인정해주지 않는 것 같았던 순간을 떠올려보자. 아무도 당신을 보지 못하거나 당신 말을 듣지 못하는 것 같은 순간을 초래했던 과거의 상황을 곰곰이 떠올려본다. 그러고 나서 부모의 관심을 끌려고 어떻게 했는지 생각해보고 기록한다. '성취하고', '행동하려고' 했는가? 아니면 움츠러들었는가? 다음 문장을 이용해 성찰해보자.

• 어렸을 때 부모님이 _____해서 기분이 _____했다.
• 그에 대응해서 나는 _____했다.

아이를 통해 대리만족하려는 부모

어렸을 때 자신이 어떤 사람인지(혹은 어떤 사람이 아닌지)에 관한 이야기를 들었던 순간을 떠올려보자. 부모한테서 "넌 네 엄마처럼 아주 예민해"

나 "가족에게 자랑스러운 아이가 되려면 1등을 해야 해" 같은 소리를 들었는가? 그러한 목적 달성에 열과 성을 다해 헌신했는가? 아니면 그냥 부모님을 즐겁게 해드리려고 시늉만 했는가? 어린 시절에 들었던 자신에 관한 다양한 이야기를 생각해보고, 부모님이 직접적으로나 간접적으로 표현한 소망에 어떤 영향을 받았는지도 생각해보자.

- 어렸을 때 나 자신이 _____하다는 이야기를 들었다.
- 부모님은 내가 _____를 바라셨다.

경계를 보여주지 못하는 부모

어린 시절 부모에게 경계를 침범당했던 순간을 떠올려보자. 부모가 전반적으로 보여주었던 다양한 경계(혹은 경계 부족)도 생각해본다.

- 어린 시절에 '아니요'라고 거리낌 없이 의사 표현을 했는가? 아니면 부모한테서 특정한 방식으로 행동하라는 이야기를 들었는가?
- 부모가 인간관계에 투자하는 시간과 에너지, 자원의 한계를 분명하게 정해두었는가?

- 부모가 당신의 일기장이나 전화 통화 같은 사생활의 영역을 존중해주었는가? 아니면 침범했는가?

- 당신이 사람들과 대화하고 상호작용하고 경험할 때 부모가 끼어들지 않았는가?

외모를 지나치게 중시하는 부모

많은 사람이 어린 시절에 외모에 관한 직간접적 평가를 받는다. 부모가 아이의 외모에 관해서 직접 지적할 수도 있다. 예컨대 "머리를 풀고 다녀야겠다", "허벅지가 점점 굵어지고 있어", "그런 옷은 입지 않는 게 훨씬 낫겠어"라는 식으로 말하는 것이다. 때로는 다른 사람들에게도 이런 말을 할 수 있다. 다른 사람들의 몇몇 특징들을 긍정적으로나 부정적으로 강조하면서 그들의 외양을 평가했을 수도 있다. 부모의 외양에 관한 관심이나 의식은 받아들일 수 있는 것과 없는 것에 관한 믿음과 가치를 보여주는 것이기도 하다. 다음 문장을 이용해 당신은 어떠했는지 성찰해보자.

- 외모에 관해서 어떤 이야기를 들었는가?

감정을 조절하지 못하는 부모

정서적 건강에서 아주 중요한 측면 중 하나는 감정을 조절하고 처리하는 방법이다. 감정 조절 방법은 어렸을 때 부모가 감정을 표현하는(아니면 표현하지 않는) 방식과 당신의 감정 표현에 반응하는 방식을 지켜보면서 배운다. 어린 시절에 당신의 감정이 어떻게 처리되었는지 생각해보자. 다음 문장을 이용해 성찰해본다.

- 부모가 격한 감정(분노나 슬픔)을 어떻게 표현했는가? 문을 꽝 닫고, 분노를 터트리고, 소리를 지르거나 '침묵 요법'을 사용했는가?

- 부모가 특정한 대처 전략을 사용했는가? 예컨대 과도하게 쇼핑하고, 약물을 복용하고, 특정한 감정(혹은 모든 감정)을 완전히 회피했는가?

- 부모가 격한 감정을 느낄 때 당신이나 주변 사람들과 어떻게 소통했는가? 상대에게 욕하고 창피를 주고, 상대를 비난하거나 침묵 요법을 사용했는가?

- 격한 감정이 가라앉은 후, 부모가 왜 그렇게 행동했는지 이유를 설명해주거나 그 일을 겪은 당신의 감정을 처리할 수 있도록 도와주었는가?

- 어렸을 때 일반적인 감정이나 특별한 감정에 관해서 어떤 이야기를 들었는가?

Chapter 04

트라우마에 노출된 몸

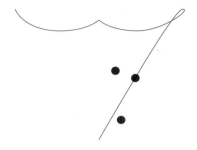

나는 결국 한계점에 도달하고 말았다. 적어도 신체적으로는 그랬다. 그날 나는 기절해서 완전히 정신을 잃었다.

그전까지 수년 동안 조절 장애 증상에 시달렸다. 두더지 잡기 게임을 하는 것처럼 불편할 정도로 심해져서 툭툭 튀어나오는 각각의 증상을 개별적으로 해결하려고 했다. 해리는 내 성격의 일부라고 생각했다. '난 기억력이 나빠!' 내 유전자와 현재 상태 때문에 불안을 느낀다고 나 자신을 합리화했다. '혼자 뉴욕에 살고, 엄마가 아프니까 불안한 거야.' 그래서 그 힘든 상황을 헤쳐 나가려고 정신과 의사를 찾아가 약 처방을 받았다. 두통도 유전적으로 물려받은 것이었다. 머리에 안개가 낀 것처럼 멍한 상태는 일을 너무 열심히 해서 그런 것이었다. 내가 왜 변비로 고생하는지도 전혀 몰랐고, 엄마와 나의 자매도 변비 따위는 별거 아니라고 생각했다. 나는 그냥 변비에 좋다는 맥주효모와 자두즙을 먹고, 처방전 없이 살 수 있는 수많은 약을 먹었다. 각각의 문제를 각각의 치료법으로 해결하려고 했다. 서로 연계된 것은 하나도 없었다.

그 무렵, 나는 필라델피아 정신분석스쿨Philadelphia School of Psychoanalysis에서 박사 후 정신역학 과정을 이수하려고 뉴욕시티에서 필라델피아로 갔다. 그 바람에 거리상 가족들과 가까워져서 지난 수년 동안보다 훨씬 더 자주 가족들을 만났다. 그와 동시에 일주일에 한두 번 분석가를 만나서 심리치료를 받았고, 오랫동안 잊어버렸던 내 아동기 트라우마를 건드려보기 시작했다. 그 과정에서 우리 가족이 얼마나 문제투성이인지를 깨달았다.

우리 가족은 가족이라는 울타리 바깥에 있는 사람들을 자신들과 다른 '이방인'으로 취급했다. 그뿐만 아니라 실제로는 불안과 두려움이 반복되는 악순환에 갇혀 살면서도 조화롭고 통일된 삶을 사는 척했다. 엄마는 사랑을 표현하기 힘들어하는 분이셨다. 사랑을 전혀 표현하지 않았던 외조부모 밑에서 물질적 부족뿐만 아니라 정서적 애정 부족을 경험했기 때문이다. 나 자신의 방어기제였던 분리, 완벽주의, 무감각도 뿌리 깊은 고통에 시달렸던 엄마한테서 물려받은 조건화된 트라우마 반응이었다.

이 엄연한 현실에 속이 뒤집혔다. 하지만 그 속을 풀어놓을 곳이 없었다. 결국에 롤리가 그 화를 입었다. 나는 롤리에게 시비를 걸었고, 내가 밀어내놓고는 내 곁을 떠났다고 흥분해서 날뛰었다.

수년 동안 다른 연인들과 반복했던 행동 패턴이었다. 정서적 차단 상태와 감당하기 힘들 정도로 멀어진 거리감에 어김없이 발작하는 상태를 반복적으로 오가는 것이었다.

그러다가 나는 기절하기 시작했다. 처음 기절한 곳은 집들이 목적으로 갔던 유년 시절 친구 아만다의 집이었다(내 유년 시절과 관련 있는 사람의 집에서 그런 일이 일어났다는 사실은 기억하고 있다). 어느 여름날이었다. 아만다는 아파트 단지 내의 수영장을 자랑스럽게 구경시켜주었다. 나는 다른 사람들과 함께 수영장 주변을 걸어 다녔는데 어딘지 모르게 불편해졌다. 목덜미에 닿는 햇볕이 너무 강하게 느껴졌다. 땀이 흐르기 시작했다. 그러다 갑자기 약간 어지럽다 싶더니 하늘이 빙빙 도는 것 같았다. '괜찮아, 니콜. 정신 차려.' 이렇게 나 자신을 다독였던 기억이 난다.

눈을 떴을 때는 롤리와 내 친구가 걱정스러운 표정으로 날 내려다보고 있었다.

"괜찮아?" 롤리가 물었다. 응급구조사 아만다는 내 인지 상태를 살펴보고 있었다. 내가 콘크리트 바닥에 머리를 세게 부딪치는 걸 봤기 때문에 뇌진탕은 아닌지 걱정했다. 나는 어지럽고 속이 약간 메스꺼웠지만 괜찮다고 고집스럽게 말했다.

그때 '아하!' 하고 내 상태를 알아차렸어야 했는데 그러지 못했다. 그냥 황당한 사고로 치부해버렸다. 나는 여느 때와 다름없이 불안정하고 분리된 상태로 출근했다. 그런데 내 인지와 관련된 다른 문제들이 점점 더 심각하게 드러나기 시작했다. 종종 적절한 단어를 찾아 내뱉기가 어려웠다. 한번은 내담자를 치료하던 중에 생각의 끈을 완전히 놓쳐버려서 몇 분 동안 아무 말도 못 한 채 침묵했고, 그 일로 내담자에게 거듭 사과한 적이 있었다.

그 후 또 한 번 기절했다. 같은 해 크리스마스 연휴였다. 나는 롤리와 함께 우리 가족들과 특별한 시간을 보내고 있었다. 그때 우리는 굴 껍데기 제거용 칼을 사러 나갔다. 그런데 철물점에 들어서면서 어지러워졌고, 가게 조명이 너무 뜨겁게 느껴졌다.

그날 나는 또다시 걱정 어린 표정의 얼굴들을 올려다보는 신세가 되었다.

내 신경계에 심각한 문제가 생긴 것이 분명했다. 그렇게 내 몸은 관심 좀 가져달라고 아우성을 질렀고, 그제야 나는 내 몸의 이상을 알아차렸다.

트라우마는 몸의 세포를 바꾼다

심리적 증상이 나타나 내 진료실을 찾아오는 내담자들이 하나같이 근본적인 신체 건강 문제로 고생한다고 해도 과언이 아니다. 해소되지 않은 트라우마는 사람의 신체 조직 깊숙한 곳까지 침투해 들어간다.

ACE에서도 알 수 있듯이 트라우마는 우울증에서 불안증, 심장마비, 암, 비만, 뇌졸중에 이르기까지 다수의 심리적 및 신체적 질환을 유발할 가능성이 크다. 그 결과는 아주 명확하다. 해소되지 않은 트라우마를 간직한 사람들은 차츰 병들고 일찍 죽는다.

트라우마가 몸에 미치는 영향은 매우 다양하고 복잡하다. 신체 기능 장애는 한 가지 공통 요소, 다름 아닌 스트레스에서 비롯된다. 스트레스는 단순한 정신 상태가 아니다. 신체적·정서적·정신적 균형을 이루는 상태인 항상성에 반(反)하는 내적 상태다. 어떤 장애나 위협을 이겨내는 데 필요한 적절한 자원이 없다(해소되지 않은 트라우마에 관한 일반적인 상태)고 두뇌가 인식할 때 생리학적 스트레스 반응이 일어난다. 『몸이 아니라고 말할 때』의 저자인 중독과 스트레스 전문가 가보르 마테 박사는 이를 일컬어 '스트레스-질병 연결성'이라고 했다.

웰빙과 균형이 공존하는 행복한 상태를 항상성이라 하는데, 스트레스를 받으면 항상성을 유지해주는 자원이 몸을 보호하는 데 사용된다. 스트레스는 피할 수 없다(스트레스를 피하려는 것 자체가 스트레스다!). 예를 들어서 규범적 스트레스normative stress는 생의 자연스러운 일부분이다. 탄생과 죽음, 결혼, 이별, 해고 등과 같은 일들은 인간 경험의 일부다. 우리 인간은 적응적 반응으로 대처 전략을 개발해 심리적 및 생리적 기저선으로 돌아갈 수 있다. 든든한 버팀목이 될 만한 자원을 찾고, 스스로를 진정시키는 법을 배울 수 있다. 종종 갇혀 있는 신경계를 도와서 항상성을 되찾을 수도 있다. 균형의 기저선에서 벗어났다가 되돌아가는 과정을 신항상성

allostasis 이라고 한다. 신항상성은 생물학적 회복 능력을 키워준다.

이러한 몸의 스트레스 반응을 투쟁-도피 반응이라고도 한다. 투쟁과 도피는 스트레스에 대처하는 우리 몸의 본능적이고 자동적인 두 가지 반응이다(곧 자세히 설명하겠지만 세 번째는 경직freezing 반응이다). 진짜 위협이든 인지된 위협이든 맞닥뜨리면 두뇌의 두려움 중추인 편도체가 켜진다. 그 즉시 편도체는 나머지 신체 부위에 공격당하고 있다는 신호를 보내고, 다양한 신체 시스템은 필요한 자원을 동원해 생존에 주력한다.

한편 규범적 스트레스는 성장과 적응을 돕지만, 만성 스트레스, 즉 사라지지 않는 지속적인 스트레스는 몸의 모든 시스템을 갉아먹고 해친다. 만성적으로 스트레스를 받고 항상성을 되찾지 못할 때(적응적 대처 전략을 배우거나 개발하지 못해서, 혹은 너무나 압도적인 스트레스에 대응할 엄두조차 나지 않아서 항상성을 되찾지 못할 때) 신체는 특정 시스템을 과잉활성화하고 다른 시스템을 억제한다. 만성 스트레스를 받으면 부신에서 코르티솔이 분비되고, 아드레날린 같은 다른 스트레스 호르몬도 계속 나온다.

스트레스는 또한 신체의 면역체계를 과잉각성시키기 때문에 문제가 있다는 의심만 살짝 들어도 몸이 반응하게 만든다. 인체의 면역체계는 자궁 내에서부터 평생 형성되는 행동과 습관에서 가르침을 얻는다. 거의 끊이지 않는 위협 속에서 살고 있음을 알려주는 신호가 면역체계에 도달하면 전신에 염증을 유발하는 화학물질들이 반복적으로 나온다. 이러한 화학물질들은 일종의 부싯돌 역할을 해서 다양한 불균형과 기능 장애를 유발하고, 자가면역 장애와 만성 통증뿐만 아니라 심장질환에서 암에 이르기까지 다양한 질병의 발병 위험을 높인다.

염증 유발 화학물질 가운데 하나가 사이토카인(세포와 세포 사이의 전달을 관장하는 분자)이다. 사이토카인은 상처가 나거나 독성물질이 침입했을 때 면역체계가 활동하도록 유도한다. 사람이 아플 때 겪는 열, 부기, 홍조, 통증 등 모든 염증 증상이 사이토카인 때문에 나타난다. 사이토카인이 과잉반응하거나 신체를 '급습'할 때는 치명적인 결과가 나올 수 있다.

면역체계가 사이토카인 같은 염증 유발 화학물질들을 지속적으로 잘못 사용하면 진짜 질병에 반응하는 신체 능력이 감소한다. 그와 동시에 염증이 온몸으로 퍼지고 심지어 뇌에도 영향을 미칠 수 있다. 스트레스와 트라우마가 면역체계와 뇌에 미치는 영향력은 아주 막대해서 과학자들은 정신과 신체의 연결성을 연구하는 정신신경면역학이라는 새로운 분야를 창시했다. 두뇌의 염증은 우울증과 불안증에서 노골적인 정신병에 이르기까지 다양한 형태의 심리적 기능 장애와 정신 질병으로 나타났다.

이처럼 파괴적인 결과들을 감안한다면 과잉 투쟁-도피 반응을 해결하는 것은 무척 중요한 문제다. 투쟁-도피 반응에 갇히거나 고정되어버리면 면역체계가 전신의 염증 반응을 계속 활성화시킨다. "트라우마가 해소되지 않는 한, 신체가 스스로를 보호하기 위해 분비하는 스트레스 호르몬이 계속 순환한다."『몸은 기억한다』의 작가 베셀 반 데어 콜크 박사가 말했다. 신체는 또한 조절 장애 상태를 초래하는 활성화된 투쟁-도피 반응이나 트라우마의 '내적 혼돈을 억제하는' 데 과도한 에너지를 쏟아부어야 한다. 이것은 생리학적으로 끊임없이 반복되는 악순환의 고리다.

스트레스는 내장을 포함해서 신체의 모든 부위에 영향을 미친다. 그러다 보니 불안증에 시달리는 사람들은 흔히 위장에 문제가 있다. 스트레스를 받거나 겁을 먹었을 때, 아니면 불안에 떨 때 신체는 음식을 잘 소화하지 못한다. 또한 음식을 너무 오랫동안 체외로 내보내지 못해 변비에 걸리거나 너무 빨리 내보내서 과민성 대장증후군이나 설사로 고생한다.

스트레스는 식품 선택뿐만 아니라 두뇌와 계속 소통하는 장내의 미생물 생태계 구조에도 영향을 미친다(이에 대해서는 5장에서 자세히 설명하겠다). 이런 경우에 신체는 필수 영양소를 얻지 못한다. 충분히 빠르게 섭취한 음식을 분해하지 못하거나 음식을 처리하기 전에 체외로 내보내버리기 때문이다. 소화계 기능이 좋지 않으면 신체의 모든 부위가 병든다.

스트레스-질병 연결성은 특히 억압받는 사람들에게 해롭다. 억압적인 환경은 끝없는 만성 스트레스 반응을 유발하면서 개개인에게 거의 영구적인 트라우마를 안겨준다. 억압과 신체 질병과 정신적 고통의 훨씬 높은 발현 비율의 관계를 뒷받침하는 연관성이 있다는 것은 놀랄 일이 아니다. 연구 결과에 따르면 유색 인종은 우울증과 불안증을 경험할 확률이 훨씬 높고, 고혈압과 심장 관상동맥석회화, 하부 요통, 암으로 고생할 가능성도 높다.

한 놀라운 연구에서는 흑인 여성들이 일상생활에서 직면하는 차별을 조사한 후에 그들의 일상을 6년 동안 추적했다. 그 결과, 사건을 많이 겪은 사람들이 적게 겪은 사람들보다 유방암에 걸릴 위험성이 훨씬 높았다. 이러한 체제적 억압의 광범위한 효과는 이제 막 알려졌다. 다행스럽게도 체제적 억압의 부정적 결과를 조사하는 논문들이 증가하고 있다. 결국 모든 연구가 확증해주는 사실은 이러하다. 인종주의와 편견, 편협성은 근본적이고도 파괴적인 방식으로 신체의 세포까지 바꿔놓고, 그 영향력이 대대로 이어진다는 것이다. 인종주의의 파괴적 영향력은 피와 뼛속까지 스며들어 간다.

트라우마는 어떻게 나의 세계를 바꾸는가

앞서 살펴봤듯이 해소되지 않은 트라우마는 좋지 못한 대처와 함께 신체에 생리적으로 영향을 미친다. 스트레스가 당신의 현실을 바꿔놓는다. 당신의 세계에서 스트레스가 건드리지 못하는 부분은 없다. 금방 깎아놓은 잔디 냄새를 맡고 아동기 트라우마가 떠오를 수 있다. 낯선 사람의 얼굴만 봐도 아무 이유 없이 방어적으로 변하거나 두려워질 수 있다. 어린 시절에 봤던 시트콤의 광고 음악

소리에 갑자기 속이 메스꺼워질지도 모른다. 미국에 살고 있는 유색 인종이라면 그냥 거리를 걷다가, 혹은 자신과 같은 사람들이 폭행당했다는 일상적인 뉴스를 보다가 트라우마 반응을 활성화시킬 수 있다. 조금도 안전하다고 느끼지 못하는 사람들도 있다. 항상 하늘이 곧 무너질 것만 같을지도 모른다.

필라델피아로 이사 간 후 몇 년 동안 기절하기 시작했을 때 나는 내가 스트레스를 받았다는 건 알았지만 왜 기절하는지 그 이유를 몰라 여전히 혼란스러웠다. 내 몸이 그렇게 격한 반응을 보일 정도로 위협적인 스트레스가 무엇인지 도무지 알 수 없었기 때문이다. 즉각적인 위협이 없는데 왜 내 몸은 고도의 활성화 상태를 보였을까?

훗날 나는 정신과 의사 스티븐 포지스Stephen Porges 박사의 다중미주신경 이론을 연구하면서 내가 기절한 이유를 알아냈다. 다중미주신경 이론은 트라우마와 신체의 스트레스 반응에 관한 혁신적인 통찰력을 제공한다. 이 이론 덕분에 트라우마가 어떻게 몸속에 머물면서 우리의 세상을 형성해나가는지 이해할 수 있었다.

다중미주신경은 뇌와 장을 연결하는 미주신경을 뜻한다. 이러한 미주신경은 뇌간에서 심장, 폐, 생식기 등 전신으로 뻗어가는 많은 감각섬유를 지니고 있어서 모든 주요 장기를 뇌와 연결한다. 이러한 미주신경의 위치와 기능을 보면 신체가 어떻게 스트레스에 그토록 빠르게 반응하는지 알 수 있다. 예컨대 옛 애인을 만났을 때 왜 심장이 빠르게 뛰는지, 공황 상태에서 왜 숨이 가빠지는지, 왜 내가 난데없이 기절하기(혹은 의식을 잃기) 시작했는지를 알수 있다.

항상성 상태에서는 미주신경이 '중립적 휴식neutral break' 상태여서 차분하고 개방적인 사회적 자기를 유지할 수 있다. 미주신경이 활성화되어 방어체제로 들어가면 투쟁-도피 반응이 거의 즉각적으로 일어난다.

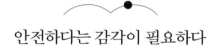

안전하다는 감각이 필요하다

내가 치료하는 대부분의 사람들은 거의 항상 투쟁-도피 모드로살아간다. 이런 스트레스 반응은 자율신경계의 자동 기능이다. 자율신경계는 심장박동과 호흡, 소화 등 자신의 의지와는 상관없이작동하는 기능을 조절하는 신경계의 하나다.

자율신경계의 역할은 신체의 자원을 적절하게 분배하는 것이다. 자율신경계는 주변 환경을 끊임없이 탐색해서 실마리를 찾는다. 내가 여기서 조심해야 할까? 지금 이 상황은 위험한가? 이사람이 적인가 친구인가? 어떤 위협에도 잘 대처할 정도로 수분과식품을 제대로 섭취한 상태인가? 자율신경계는 의식적 인식 너머에서 작동하는 육감인 '신경인지neuroception'를 이용해 주변 환경을평가한 뒤, 사람들과 장소, 물건을 안전하다거나 혹은 그렇지 않다는 두 가지 부류로 나눈다.

자율신경계가 안전한 상황이라고 판단하면 미주신경이 몸에 긴장을 풀라고 지시한다. 이때 '휴식과 소화' 기관계라는 부교감신경계가 작동한다. 미주신경은 심장에 속도를 늦추라고 신호를 보낸다. 소화가 순조롭게 잘되고, 영양소가 몸 전체로 골고루 퍼져나간다. 폐는 커져서 더욱 많은 산소를 들이마신다. 이처럼 평온한 상태에서는 사회적 참여 모드로 들어간다. 사회적 참여 모드에서는 안전감과 안정감을 느끼고, 다른 사람들과 쉽게 관계를 맺을 수 있다.

사회적 참여 모드에 들어간 사람은 심지어 훨씬 더 다정하고 매력적으로 보인다. 미소는 (미주신경이 얼굴 근육과 연결되어 있어서) 더욱 진실해 보이고, 목소리는 (미주신경이 후두와도 연결되어 있어서) 감미롭고 다정하게 들린다. 미주신경이 중이 근육과도 연결되어 있어서 청각도 좋아져 사람들의 차분한 목소리를 더욱 잘 들을 수 있다. 침샘도 활성화되어 주변 세상과 연결해주는 가장 강력한 도구인 입에 윤활제 역할을 한다.

수용적 부교감 상태에서는 자원이 훨씬 더 수준 높은 두뇌의 실행 기능에 쓰인다. 예컨대 미래 계획과 자기 동기부여, 문제 해결, 감정 조절에 배분되는 것이다. 이처럼 생존에 급급하지 않을 때는 자유롭게 진정한 자기가 될 수 있다. 이것은 놀이와 기쁨, 연민, 사랑이 넘치는 상태다. 나는 이 상태를 일컬어 '학습형 두뇌'라고 부른다. 이는 개방적이고 차분하고 평화롭고 호기심과 융통성이 많은 상태로 아동기 신경 발달과 행동 발달의 이정표를 세우는 핵심 상태다. 이 상태에서는 실수하면서 교훈을 얻을 가능성이 훨씬 크다. 넘어져도 일어설 확률이 높아진다.

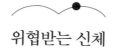

위협받는 신체

위협을 받으면 신체가 활성화 모드로 전환된다. 이에 따라서 부교감신경계가 양이라면 음에 해당하는 교감신경계가 투쟁-도피 반응을 활성화한다.

이러한 활성화 모드에서는 미주신경이 교감신경계에 SOS 신호를 보내서 심장의 펌프질 속도를 더 빠르고 강하게 올리고, 부신의 스트레스 반응을 활성화해 코르티솔 호르몬의 수치를 높이고, 체온을 올려 땀을 낸다.

이렇게 고조된 상태에서는 말 그대로 세상을 다르게 경험한다. 통증에 해당하는 감각을 느끼지 못한다. 그보다 더 시끄럽고 고통스러운 소리에 집중한다. 후각의 미묘한 기능을 잃는다. 게다가 활성화 상태에서는 사람이 예전과 달라 보인다. 눈빛이 죽고 이마가 찌푸려진다. 어깨는 움츠러들고 방어적인 자세가 나온다. 목소리는 스트레스에 지쳐 부자연스럽게 들린다. 청력의 민감성이 떨어지고, 갑자기 (포식자의 소리라고 알려진) 고음과 저음이 들린다.

위협 가능성이라는 렌즈로 모든 것을 비춰보기 때문에 중립적인 얼굴이 적대적으로 보인다. 두려워하는 얼굴이 화난 얼굴로 분한다. 다정한 얼굴이 의심스러워진다.

몸은 전투 준비 태세로 돌입한다. 조상한테서 물려받은 진화의 필수 산물이 발동한다. 다름 아니라 야생동물과 기아, 전쟁 등과 같은 지속적인 위협을 마주해야 했을 때 배웠던 선천적인 방어 기능이 일어나는 것이다. 실제로 그 정도 수준의 위협에 직면한 상태라면 자신을 보호할 수 있어서 유익하다. 그런데 이와 같은 초고조된 반응이 평범한 일상생활에서 나타나는 것이 문제다. 상사한테서 문자메시지를 받을 때나 마무리해서 넘겨야 할 과제가 있는데 컴퓨터가 다운되어버릴 때처럼 말이다.

이러한 만성 스트레스와 관련된 모든 건강 문제뿐만 아니라 과잉 교감신경 반응 체제(낮은 미주신경긴장도vagal tone로 알려진 상태)로 고생하는 사람들은 숱한 문제 증상을 보인다. 그중에서 다음과 같은 정서 패턴과 관계 패턴이 흔하게 나타난다.

∞

- 감정 회복력 부족
- 의미 있는 연결 불가
- 집중 문제
- 미래 계획 같은 훨씬 더 고차원적인 인지 과제를 수행하기 어려움
- 만족 지연 문제

투쟁-도피 모드 진입은 완전히 무의식적으로 이루어진다. 위협에 대한 신체 반응은 자기도 모르게 본능적으로 일어난다. 자신의 의지로 선택할 수 있는 것이 아니다. 운동하면서 땀을 너무 많이 흘린다고 뭐라 할 수 없는 것처럼 공격당했다고 믿는 사람에게 성낸다고 뭐라 할 수는 없지 않겠는가?

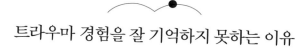

트라우마 경험을 잘 기억하지 못하는 이유

널리 알려진 투쟁과 도피라는 두 가지 스트레스 반응만으로는 공격당하는 신체 상황을 완전히 설명하지 못한다. 포지스 박사는 1990년대에 발표한 다중미주신경 이론에 관한 전설적인 논문에서 세 번째 모드, 즉 경직 혹은 '얼어붙은 상태' 반응이 있다고 주장했다.

미주신경에는 두 가지 통로가 있다. 사회적 활성화 모드와 참여 모드가 그중 하나다. 이 통로는 수초화myelineated(미엘린이라는 단백질이 신경세포인 뉴런의 축삭돌기에 감기어 정보 전달 속도를 더욱 빠르게 하는 현상—옮긴이)되어 있다. 쉽게 말하자면 빠르게 열리고 닫힐 수 있게 지방층으로 둘러싸여 있다. 두 번째 통로는 수초화되어 있지 않아서 반응성이 떨어지고, 훨씬 느리게 닫히며, 보다 더 원시적이다. 사실 이런 통로는 유인원 선조가 아니라 파충류한테서 찾아볼 수 있다.

이 두 번째 통로가 활성화되면 경직이 일어난다. 몸 전체가 차단 상태에 들어가는 것이다. 심장박동과 신진대사가 기어갈 정도로 느려진다. 장은 완전히 비워지거나 꽉 막혀서 아무것도 내보내지 못한다. 호흡이 멈춰 기절할 수도 있다. 내 몸이 생존 가망이 없다고 느낄 때 일어나는 일이다. 다중미주신경에 정통한 치료사 저스틴 선세리Justine Sunseri는 경직 모드를 아름답게 묘사했다. "곰을 만나면 가동 모드moblization mode가 활성화되어 신체가 달리거나 달아날 태세를 갖춘다. 하지만 곰이 이미 코앞에 다가온 상황이라면 몸은 다 포기하고 죽은 척한다."

이것이 해리 모드다. 해리 모드에 진입한 사람들은 심리적으로 몸을 떠난다. 나와 같은 많은 사람이 현재에 머물며 다른 사람들과 상호작용하는 것처럼 보이지만 정신적으로는 자신들만의 '우주선'을 타고 멀리 떠난 상태다. 이러한 해리가 너무 완벽하게 이루어지면 자신이 당면한 사건을 꿈처럼 생각한다. 기억상실에 걸리는 사람들도 있다. 이러한 해리의 정도와는 상관없이 진화적으로 프로그래밍된 트라우마 반응은 많은 사람이 과거의 경험을 거의 기억하지 못하는 이유를 설명해준다. 사건이 발생한 그 순간에 머물지 않았다면 떠올릴 기억도 없는 것이다. 그렇기 때문에 해리 상태에서 벗어나 현재의 순간으로 돌아가기가 어렵다. 수초화되지 않은 신경은 이 경직 모드에 진입하자마자 빠른 회복이 거의 불가능하다.

낯선 사람들이 불안한 사람들

내담자들과 친구들, 온라인 자기치유자 공동체 회원 중 많은 사람이 대인관계의 어려움 때문에 나를 찾아왔다. "아무하고도 연을 맺을 수 없을 것 같아요." "친구를 사귀고 싶은데 깊이 있는 감정을 키울 수 없을 것 같아요." "아무도 진짜 나를 알지 못해요." "사랑을 찾을 수가 없어요."

다중미주신경 이론서를 파헤치기 시작하자마자 타인과 진실한 친밀함을 맺지 못하는 것이 성격상의 결함이 아니라 미주신경긴장도 탓이라는 사실을 깨달았다. 미주신경긴장도는 환경에 대한 신경계의 반응을 측정한 것이다. 미주신경긴장도가 낮으면 환경에서 인지한 위협에 더욱 민감해지고, 결과적으로 신체의 스트레스 반응이 과도하게 활성화되어 전반적인 정서나 주의 조절 능력이 감소한다.

사회성 불안이라는 불편을 겪는 사람들은 사람들과의 단절 현상을 인지할지도 모른다. 낯선 사람들로 가득한 파티장으로 걸어 들어간다고 상상해보자. 어떤 옷을 입어야 할지, 어떤 주제로 대화를 나눌지 등 세세한 부분들을 모두 계획했을 것이다. 아니면 완전히 중립적인 상태일 수도 있다. 마음이 편치 않아 불편하게 행동할 수 있다는 경고 신호를 감지하지 못하는 것이다. 어느 쪽이든 간에 일단 파티장 안으로 걸어 들어가면 그 모든 계획이 아무런 쓸모가 없어진다.

갑자기 모든 사람의 시선이 당신에게 쏟아진다. 귓가에 들리는 웃음소리에 얼굴이 화끈거리며 달아오른다. 당신의 옷차림이나 머리 모양을 비웃는 것만 같기 때문이다. 누군가가 닿을 듯 스쳐 지나가기만 해도 밀실 공포증을 느낀다. 모든 낯선 사람이 당신을 사납게 노려보는 것 같다. 이성적으로는 그곳이 적대적인 장소가 아니고, 당신을 훑어보거나 판단하려는 사람이 아무도 없다(설령 있다 한들 상관없다)는 사실을 알지만, 한번 그런 생각에 사로잡히면 거의 떨쳐낼 수가 없다.

전혀 위협적이지 않은 환경(파티)에서도 잠재의식이 (자신이 속한 환경에서 위험과 안전을 평가하는 신경계의 육감인 신경인지를 이용해) 위협을 인지하고, 신체를 활성화해 투쟁 상태(아무나 붙들고 논쟁하는 것), 도피 상태(파티장을 떠나는 것), 혹은 경직 상태(말 한 마디 하지 않는 것)로 몰아넣기 때문이다. 사회는 위협으로 가득한 공간이 되어버린다.

불행하게도 이런 신경계 조절 장애는 자체 확인에 들어간다. 일단 활성화되었다 하면 신경인지가 의심을 확증해주는 것(자신에게 향하는 것 같은 웃음)은 받아들이고 그렇지 않은 것(다정한 얼굴)은 무시한다. 사회적 참여 모드에서는 다정하게 느껴지는 행위들, 즉 대화에 끼어들 틈을 주려고 잠시 말을 멈춰주는 행동, 시선 마주침, 미소를 오해하거나 무시한다.

인간은 대인관계를 맺는 동물이다. 생존하기 위해서는 관계가 필요하다. 하지만 해소되지 않은 트라우마 때문에 신경계 조절 장애가 발생하면 성취감을 느끼지 못한 채 타인과도 관계를 맺지 못한다.

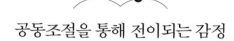

공동조절을 통해 전이되는 감정

트라우마 반응에 갇혀 있을 때는 신경인지가 부정확해질 수 있다. 환경을 잘못 해석하고, 존재하지 않는 위협을 인지하고, 과도한 투쟁-도피 반응 상태에 빠진다. 그 후에 활성화 순환이 시작된다. 이러한 현상의 원인을 파악한다고 해서 사회성 문제가 해결되는 것은 아니다. 문제는 신경계 상태가 자동 조절 회로feedback loop 라는 것이다. 포지스 박사의 말을 빌리자면 이렇다. "우리는 주변 환경의 자율적 상태를 반영한다."

안전하다고 느낄 때는 그 감정이 눈빛과 목소리, 신체 언어로 드러난다. 현재에 완전히 몰입해 있을 때는 태도가 밝고 편안하다. 이러한 안전감은 '공동조절co-regulation'이라는 과정을 통해 다른 사람들에게 전이된다. 당신을 위협으로 보지 않고 안심하는 사람들은 스스로도 안전하다고 느끼고 당신과 똑같이 사회적 활성화 모드로 진입해 편안해진다. 이러한 에너지와 상태는 전이가 가능하다. 어떤 사람들 곁에서는 기분이 한층 좋아지고 차분해진다. 당신의 신경계가 그 사람들의 신경계에 반응하기 때문이다.

일명 '사랑의 호르몬'인 옥시토신oxytocin이 흘러나와 정서적 유대뿐만 아니라 연인 관계에서는 신체적 유대감의 강화를 도와준다. 이러한 안정감은 서로를 위로해주는 공동의 공간을 마련해준다. 상호교환적으로 연결이 이루어지는 것이다.

공동조절 능력은 아동기에 형성된다. 앞서도 살펴봤지만 누구나 미묘하면서도 깊이 있는 방식으로 부모한테서 조건화된 행동을 습득한다. 사랑하는 사람들한테서 배우는 중요한 행동들 가운데 하나는 스트레스 상황에서 대처 전략coping skill을 적용해 사회적 가동 혹은 사회적 참여라는 안전하고 창의적인 공간으로 돌아가는 능력이다. 차분한 치유의 에너지에 둘러싸인 가정에서 자란 사람은 그러한 환경을 내면화할 뿐만 아니라 모방한다. 미주신경은 돌아갈 안전한 장소가 있다고 느낄 때 부교감신경이 균형을 되찾고 항상성 상태로 돌려놓는다.

과잉반응과 분노의 소용돌이, 분리, 혹은 두려움이 일상이 된 혼란스러운 가정에서 자란 사람은 내적 자원이 스트레스(진짜 생존) 관리에 묶여 있어서 안전한 사회적 참여 모드로 자유롭게 돌아가지 못할 가능성이 크다. 앞서 배웠듯이 아이는 의존적인 존재다. 부모가 혼란스럽고 스트레스 가득한 환경을 제공하면 아이는 그런 상황을 내면화하고 일반화한다.

'우리 부모님은 위협을 느껴. 부모님이 내 욕구에 신경 써주지 않으니까 나도 위협을 느껴. 세상은 위협적인 곳이야.'

이러한 '생존형 두뇌'(사회적 참여 모드의 '학습형 두뇌'와 반대)는 인지한 위협에 과도하게 집중하고, 모든 일을 엄밀하게 흑백논리로 생각하고, 종종 우회적이고 강박적이며 공포에 사로잡힌다. 또한 실수를 무척 두려워한다. 실패하면 발버둥 치고 무너져 내리거나 모든 것을 차단해버린다.

예컨대 파티장에서 미주신경 반응을 회피하지 못할 수 있다. 당신의 상태가 당신을 스쳐 지나가는 사람들에게 전이되고, 그 사람들이 당신의 활성화 상태를 그대로 되돌려주기 때문이다. 결국 당신은 그 상황에 갇혀 감정 중독 상태로 나아간다.

감정 중독의 악순환

제대로 해소되지 않은 트라우마는 내면의 이야기를 끌어내고, 자율신경계 반응을 일으킨다. 우리의 몸과 마음은 그 경험과 관련된 신경전달물질 분비에서 비롯되는 강력한 신체 반응에 의존하게 되고, 그것을 뇌의 신경 경로에 굳힌다. 다시 말해서 두뇌는 트라우마 반응과 연관된 감정을 갈망하는 법을 배운다. 이것이 감정 중독의 악순환의 고리다.

감정 중독에 노출된 전형적인 하루는 이렇다.

아침에 눈을 떴는데 두려움이 온몸을 휘감는다. 알람이 울린다. 이제 일어나서 출근 준비를 할 시간이다. 아침마다 즉각적으로 똑같은 생각이 떠오른다. '커피를 마셔야 해. 통근 시간이 끔찍하게도 45분이나 걸려. 샤워를 해야 해. 오늘이 금요일이면 얼마나 좋을까.' 당신의 마음은 언제나 그랬듯이 해야 하는 많은 일(안 하면 좋겠다고 간절하게 바라는 일)을 실제로 하기도 전에 끊임없이 푸념을 늘어놓는다. 몸은 그 스트레스 가득한 생각에 반응한다. 심장 박동이 빨라지고, 호흡이 가빠지고, 신경계가 상향 조절되고, 스트레스 호르몬이 분비된다. 이 모든 일이 침대를 벗어나기도 전에 일어난다.

출근길 교통이 혼잡하다. 거의 매일 그랬기에 예상하지 못했던 일도 아니다. 그런데도 여전히 왜 더 일찍 집을 나서지 못했는지, 출퇴근이 얼마나 싫은지 하는 비관적인 생각이 떠오른다. 좌절과 분노가 쌓이고, 사무실에 도착하자마자 그 감정을 동료들에게 토해낸다. 불평불만을 털어놓고 나면 들어주는 사람들이 있어서 기분이 좋아진다. 하지만 이메일을 여는 순간, 다시 심장박동이 빨라지고 속이 꽉 죄어든다. 결국 더 많은 감정을 토해내고 다시 기분이 좋아지지만 이런 정서적 활성화 순환이 계속된다.

집에 도착하면 지쳐 나가떨어진다. 감정의 롤러코스터를 타고 하루를 보낸 사람의 일상적인 반응이다. 긴장을 풀려고 와인 한 잔을 마신다. 너무 지쳐서 현재에 집중하지 못하고 배우자와도 연결되지 못한다. 넷플릭스를 켜고 영상 속에 빠져들기 시작한다. 스트레스 가득한 범죄 프로그램을 보면서 하루 종일 느꼈던 것과 똑같이 격한 감정에 사로잡힌다. 불확실성이 좋고, 그 때문에 흥분해서 의자 끝에 걸터앉은 듯한 그 느낌이 좋다. (와인을 마신 덕분에 긴장이 훨씬 더 많이 풀려서) 어느 정도 만족스러운 기분을 느끼며 결국은 소파에서 잠들었다가 새벽 2시에 일어나 침대로 향한다. 다음 날 일어나면 똑같은 일상이 반복된다. 몸은 익숙한 자아처럼 느끼고 싶어서 이런 패턴에 따르는 법을 배운다.

강력한 감정을 느낄 때 활성화나 경직 모드가 발동되더라도 기저선인 사회적 참여 모드로 재빨리 돌아가는 것이 이상적이다. 이러한 활성화 상태를 불쾌하고 위험하게 느껴야 하는데, 감정 중독의 순환에 갇힌 사람들은 오히려 기분 좋게 느낀다. 어쩌면 이때가 뭔가 감정을 느낄 수 있는 유일한 순간일지도 모른다.

몸은 그러한 감정에 반응해서 코르티솔 같은 호르몬과 도파민 같은 신경전달물질을 분비해 세포 화학작용을 근본적으로 바꿔놓는다. 이제는 그와 동일한 수준의 감정적 충격을 계속 찾아다녀야 한다. 감정에 휩쓸려 스트레스를 받거나 슬픔에 빠져도 아동기에 경험했던 방출 유형과 동일하기 때문에 종종 익숙하고 안전하다고 느낀다.

나의 유년기 시절 집도 스트레스와 공포에 지배당했다. 그러한 감정이 우리 가족을 단결시켜주었고, 극히 부족했던 정서적 친밀감을 대신했다. 우리 가족은 진정으로 서로 연결되기보다는 극적이고 고통스러운 사건을 중심으로 연결되었다. 새로운 위기(엄마의 건강 문제! 무례한 이웃 문제!)가 터질 때마다 미친 듯이 서로 결집했다. 그처럼 격한 감정을 경험하지 못하는 '한가한 시기'는 격분과 공포, 분노를 일으키는 시기에 비하면 지루하게 느껴졌다.

감정 중독의 순환 상태가 아닐 때는 내가 '내'가 아닌 것 같았다. 내 몸은 아드레날린과 코르티솔, 그 밖에 다른 강력한 호르몬 반응에 너무 익숙해져서 성인기에도 무의식적으로 그러한 반응을 계속 추구해 아동기에 형성된 정서적 기저선으로 돌아가려고 했다. 그러한 반응을 느끼지 못하면 지루하고 불안해지는 것 같았다.

그런 탓에 연애하는 동안에도 상황이 안정된다 싶으면 별것 아닌 일로 트집을 잡았다. 그뿐만 아니라 완성해야 하는 향후 업무를 생각하며 공황 상태에 빠지거나, 긴장을 풀고 휴식하려고 하는데도 불안한 상태로 나 자신을 몰아갔다. 내 몸은 불편함을 느끼고, 아동기의 익숙한 스트레스 상황으로 나 자신을 밀어 넣었다.

뉴스를 보면서 격분하면 실제로 기분 좋게 '충전되는' 것 같다고 말하는 내담자도 있었다. 이런 사람들은 그런 격한 분노나 혐오를 느끼고 싶어 한다. 몸이 고도로 충전된 기저선에서 작동하는 데 아주 익숙해져서 진정으로 느낄 수 있는 순간이 그때뿐이기 때문이다.

인간관계에서도 감정 중독이 흔히 나타난다. 뜻밖의 사람이나 신뢰할 수 없는 사람과 관계를 맺는 내담자들이 많다. 이들은 자신들의 감정을 확신하지도, 명확하게 파악하지도 못해서 불안감에 시달린다. 대부분의 생각이 연인과 연인에 대한 감정을 중심으로 돌아간다. 이들은 타인의 행동이나 조치를 과도하게 분석한다. 또한 지적인 측면에서 자신과 완전히 다른 연인을 찾는다. 이들은 자신들의 감정을 명확하게 파악하고 그에 헌신할 사람을 원한다. 그럼에도 항상 같은 인간관계에 빠져든다. 그러한 관계에서 흥분을 느끼기 때문이다. 불확실성과 거기서 얻는 강력한 생화학적 반응의 순환에 중독되어 빠져나오지 못한다.

시간이 지나면서 (설탕, 성관계, 약물, 알코올 의존과 마찬가지로) 몸은 동일한 화학적 '흥분'을 맛보려고 더욱더 강렬한 경험을 요구한다. 결국에는 잠재의식에 이끌려 점점 더 강력한 흥분 거리를 찾는다. 예컨대 예기치 못한 인간관계, 두려움과 분노를 자아내는 뉴스, 온라인에서 시비를 걸 수 있는 소셜미디어에 매혹되는 것이다. 또한 이런 이유로 친구들에게 감정을 토해내고, 만성적인 불평을 늘어놓는다. 그렇게 행동하면 고조된 상태에 머물 수 있기 때문이다. 비활성화된 평화는 지루하고 익숙하지 않다. 몸과 마음은 고통스럽더라도 익숙한 것을 추구한다. 결국 많은 사람이 자신의 행동에 수치심과 혼란을 느끼게 된다.

제자리로 돌아가는 길

지속적으로 감정 중독에 빠지다 보면 트라우마에 노출된 몸에 다른 기능 장애가 발생한다. 나를 찾아왔던 모든 내담자가 털어놓았던 주요 신체 증상이었던 만성 염증과 장 문제도 마찬가지다.

미주신경은 장과 연결되어 있으므로 미주신경 조절 장애가 발생하거나 미주신경긴장도가 낮으면 소화에 문제가 생긴다. 투쟁-도피 모드에 진입할 때는 스트레스 호르몬이 엄청나게 쏟아져 나와 신체를 활성화해 염증을 심화시키는 사이토카인 같은 염증성 화학물질이 분비된다. 인체의 신경계와 고도로 활성화된 상태를 유지하려는 무의식적 중독 상태는 많은 심리적·신체적 증상을 야기하는 핵심이다.

왜 사람들로 북적대는 방 안에서 사람들은 외롭다고 느낄까? 왜 자연스러운 생리학적 반응을 마비시키려고 약물을 복용할까? 왜 폭언을 쏟아내거나, 달아나거나, 분리될까? 신경계 조절 장애가 발생하는 원인을 파악하고, 스트레스 반응이 의식적 통제를 벗어난다는 사실을 깨닫는다면 이러한 행동을 정상화하고 설명할 수 있다. 앞서 살펴봤듯이 이 모든 것은 아동기의 공동조절 경험이나 그러한 경험 부족을 통해 조건화된 자동 반응이다.

하지만 여기서 이야기가 끝나는 것은 아니다.

다음 장에서는 미주신경긴장도 개선과 신경계 반응 관리에 도움이 되는 방법을 알아보겠다. 미주신경의 힘을 이용하는 방법은 내 초창기 치유 여정에서 가장 강력하고 역량 강화에 도움이 되는 발견이었다. 이 방법이 당신에게도 도움이 되기를 바란다.

스트레스 회복력을 높여주는
신경계 균형 되찾기

1단계: 자신을 주시한다

신경계 조절 장애는 반복되는 스트레스나 스트레스 기간 연장에서 비롯되는 증상을 일컫는 용어다. 이상적으로는 스트레스 상황을 정면으로 마주할 때 신경계가 활성화됐다가 기저선이 되는 균형 상태로 돌아간다. 이때 비로소 몸은 '휴식을 취하고 음식을 소화'시킬 수 있다. 하지만 신경계 조절이 이루어지지 않으면 스트레스 상태에서 회복되지 못하고 다음과 같은 증상을 보일 수 있다.

발현 가능한 심리적 증상 및 정서적 증상

- 활성화 증상: 수치심, 죄의식, 두드러진 기분 변화, 공포, 공황 상태, 공격성, 불안, 격노, 두려움, 혼란, 자기 비난, 압도당함

- 단절 증상: 사람들이나 경험과 연결되지 못함, '우주를 떠돌고 있고' 멍한 듯한 느낌, 명확하게 생각할 수 없음, 큰 소리를 내는 게 두렵거나 아무도 자신을 봐주지 않을지도 모른다는 두려움.

발현 가능한 신체 증상

- 과각성 증상: 불면증, 악몽, 흠칫 놀람(쉽게 놀람), 큰 소리를 무서워함, 떨림, 동요, 심장박동이 빨라짐, 편두통, 소화 문제, 자가면역 장애
- 긴장 증상: 이 갈기, 편두통, 근육 긴장 혹은 근육통, 탈진, 만성피로

발현 가능한 사회적 증상

- 애착 증상: 밀고 당기는 관계나 회피성 관계 패턴, 버림받을까 봐 두려워함(종종 '집착'이나 혼자 있지 못하는 상태를 유발함)
- 정서적 증상: 무경계나 융통성 하나 없이 지나치게 엄격한 '절대적' 경계, 사회적 불안, 짜증, 사회적 침잠

일주일 동안 매일 일정 시간을 내서 자신의 몸을 주시한다(74쪽의 '의식을 명확하게 깨닫는 매일 습관'을 활용할 수도 있다). 위에서 언급한 신경계 활성화 증상을 하나라도 경험한다면 그 순간을 주시하고 기록해둔다.

2단계: 신경계 균형을 되찾는다

자신의 신경계 활성화 상태를 인식하는 것은 치료 여정에서 중요한 부분이다. 다음 실습을 매일 하면 신경계 조절에 도움이 된다. 시간이 지나면서 자기 자신과 다른 사람들뿐만 아니라 이 세상과 새로운 방식으로 관계 맺는 능력을 얻을 수 있다.

매일 집중해서 실천할 실습 하나를 골라서 부담 없을 만큼만 실천해본다. 이미 일기를 쓰거나 치유 작업용 메모를 하고 있다면 각 실습을 할 때 몸이 어떻게 느끼고 반응하는지 기록한다.

- 현재에 몰입한다. 현재 환경에서 눈으로 보거나 코로 냄새 맡고, 입으로 맛볼 수 있는 것을 찾는다. 이 모든 감각적 경험에 집중하는 실습을 매일 적극적으로 한다.

- 시각화 명상을 한다. 눈을 감고 숨을 깊이 들이쉰다. 심장에서 하얀빛이 나온다고 그려본다. 양손을 심장에 올려놓고 "나는 안전하고 평화롭다"라는 말을 되풀이한다. 이 실습을 하루에 세 번 한다. 제일 먼저 아침에 한 번 하거나 자기 직전에 하는 게 좋다.

- 자신의 정보 소비 상태를 의식한다. 정보를 소비할 때는 신경계도 영향을 받는다. 다양한 정보를 소비할 때 당신의 신체 감각이 어떠한지를 유심히 살펴본다. 채워지고 저장되는 느낌인가? 아니면 고갈되는 것 같고 두려운가? 불안한 감정을 활성화하는 언론은 차단하는 게 도움이 될 수 있다.

- 자연을 찾아 감상한다. 바깥으로 나가 접근 가능한 자연환경의 아주 작은 일면이라도 경험해본다. 꽃 색깔을 감상하고, 나무 아래에 앉아본다. 맨발로 풀 위나 물속을 걸어본다. 피부에 스치는 바람을 느껴본다. 자연은 신경계의 균형을 자연스럽게 찾아주고, 우리를 '리셋'시켜준다.

이 새로운 신경계 균형을 복구하는 도구를 사용하기 시작할 때는 사소한 실습이라도 꾸준히 하는 것이 핵심이다. 많은 사람이 신체 조절 장애 상태로 평생을 산다. 그러므로 치유에는 시간이 걸리게 마련이다.

신경계 균형을 되찾는
감정 일기

일상생활에서 신경계 균형이라는 새로운 경험을 만들어나가기 시작했을 때 나는 다음과 같은 미래의 나를 위한 일기를 썼다. 아래 문장(혹은 당신 자신만의 일기)이 당신의 균형 되찾기 실습에 도움이 되기를 바란다.

- 오늘 나는 내 신경계 균형을 되찾는 실습을 하고 있다.
- 내 인생에서 평온을 찾을 기회를 얻어 감사하다.
- 오늘 나는 내 몸에 무척이나 필요한 평온한 순간을 선사하고 있다.
- 이 분야의 변화로 나는 더욱 평화로운 기분을 만끽할 수 있다.
- 오늘 나는 현재 순간에서 안정을 찾고, 시각화 명상을 하고, 내 정보 소비 상태를 의식하고, 자연을 감상하는 실습을 하고 있다.

Chapter 05

몸과 마음을 치유하다

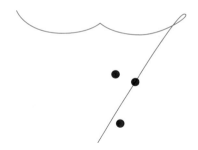

신경계와 다중미주신경 이론에 관한 통찰력 덕분에 오랫동안 내 발목을 잡았던 수치심을 떨쳐버릴 수 있었다. 이제는 나 자신의 여러 측면, 예컨대 고치고 싶은 내 행동과 순환적 생각, 감정 폭발, 분리된 인간관계에 생리학적 근거가 있음을 알고 있다. 그 모든 것들은 조절 장애를 겪는 신체의 반응성 충동reactive impulse이었다. 내가 나쁜 것이 아니었다. 내가 망가진 것이 아니었다. 그러한 습관과 행동은 나의 몸이 나를 살리기 위해 배운 반응이었다. 그것들은 생존기제였다. '좋고', '나쁘다'는 잣대를 들이대는 것은 정신과 몸의 지극히 복잡한 상호작용을 지나치게 단순화하는 것임을 깨달았다.

내 의식의 통제에서 벗어난 측면이 있다고 해서 내가 신체의 변덕에 휘둘린다는 뜻은 아니다. 해소되지 않은 트라우마를 안고 살고, 염증과 낮은 미주신경긴장도로 고생한다고 해서 변하지 못하는 것도 아니다. 사실은 완전히 그 반대다. 내 몸이 비조절적 대처 방식을 배울 수 있다면 건전한 회복 경로도 배울 수 있다. 후성유전학 덕분에 유전자가 고정되어 있지 않다는 사실도 알아냈다. 신경가소성이 있어서 두뇌가 새로운 경로를 형성할 수 있다는 사실도 안다. 의식적 마음conscious mind이 있어서 생각이 변화를 이끌어낼 수 있다는 사실도 안다. 다중미주신경 이론 덕분에 신경계가 몸의 다른 모든 체계에 영향을 미친다는 사실도 알고 있다.

생애 처음으로 나 자신을 주시하면서 몸과 정신, 마음의 연결성에 관한 무지를 한 꺼풀 한 꺼풀 벗겨나가자 내면에 깃든 치유의 잠재력을 알 수 있었다. 우리 인간은 과거에 심각한 트라우마를 겪었다 해도 성인으로서 배운 것을 잊어버리고 다시 배울 수 있다. 정신을 치유하는 신체의 힘과 신체를 치유하는 정신의 힘을 이용할 수 있다.

1장에서 소개했던 자기치유의 여정을 걸었던 놀라운 여성, 앨리의 이야기는 믿을 수 없이 강력한 변화의 힘에 관해서 많은 것을 가르쳐주었다. 앨리는 다발성경화증 진단을 받고 신약물에 역반응을 보이면서 '영혼의 어두운 밤'을 겪었다. 이후 변화가 시작되었다. 앨리는 만성질환 진단으로 충격을 받고 불확실성에 시달렸지만, 더 나은 삶을 가슴 아프도록 갈망했다.

처음에는 매일 작은 약속을 지켜나갔다. 그러자 시간이 지나면서 자신을 점차 믿기 시작했고, 급기야는 자신의 트라우마 반응을 주시했다. 자칭 '벅찬 감정'이라고 불렀던 것들을 스스럼없이 경험했고, 지독한 괴롭힘을 당했던 유년기 시절을 회상했다. 앨리는 공포와 슬픔에 대한 신체의 반응도 기록하기 시작했고, 그러한 감정을 어떠한 판단이나 비난에 노출되지 않고 표출할 수 있는 공간을 확보했다.

이렇게 자신의 몸에 귀를 기울였다. 그러자 신경계 반응의 힘을 가능한 한 가장 강력하고 즐거운 방식으로 이용할 수 있었다. 앨리는 자신의 직관에 귀 기울였고, 직관에 따라 노래를 배우기 시작했다. 보컬 수업에 등록해서는 독재적인 내면의 비평가(편안함을 추구하는 잠재의식)와 싸웠고, 매 수업 직전에 온몸을 휘감는 공포를 이겨냈고, 아드레날린을 끌어올렸으며, 궁극적으로는 흥분과 자부심으로 자신을 가득 채웠다.

실습을 하면서 완벽해지려는 욕구를 날려버렸고, 창작의 즐거움에 빠져들었다. 이제 앨리는 노래를 부르고, 기타와 바이올린을 연주하고, 작곡을 향한 작은 발걸음을 내디디고 있다. 심지어는 뮤지컬에도 캐스팅되어 내면아이(7장 참조)가 자부심으로 빛났다. 그 과정에서 앨리는 요가를 시작했고, 덕분에 몇 달 동안 침대와 소파에 묶여 있었던 몸도 튼튼해졌다. 결과적으로 불편함을 견뎌내는 능력이 향상되었고, 스트레스 상황에서도 회복력을 키울 수 있었다. 게다가 앨리는 자가면역 장애로 고생하는 많은 사람을 도와주는 항염증 식품 프로그램인 '월스 지침서'를 따라 하면서 식습관을 크게 바꾸었다.

그 당시 앨리는 아무것도 몰랐지만, 그저 각 실습을 하면서 몸과 마음의 연결, 특히 신경계를 강화했고, 신체가 균형을 되찾아 저절로 치유되도록 도와주었다. 그 결과는 아주 놀라웠다. 약 36킬로그램 감량에 성공했고, 인지 기능이 개선되었다. 또한 흐릿한 정신 상태와 기억상실도 사라졌다. 앨리는 의욕이 넘쳤고, 맑은 정신에 목적의식으로 가득 찼다. 가장 놀라운 변화는 더는 다발성경화증 치료약을 복용하지 않는다는 것이다. 내가 이 글을 쓸 무렵에 앨리는 큰 차도를 보였다.

"극히 낯선 뭔가를 얻으려고 익숙한 것을 두고 떠났죠. 지금은 제가 전혀 생각지도 못했던 곳에 있어요. 제가 상상했던 것보다 훨씬 좋아요. 삶은 미친 듯이 돌아가지만 아름답고 도전적이죠. 때로는 어둡고 폭풍이 몰아치지만, 빛으로 가득하기도 해요. 전 제 삶에 감사해요." 앨리는 팟캐스트 인터뷰에서 이렇게 말했다.

앨리의 극적인 변화는 몸과 마음의 연결성이 가진 힘을 증명해 보여주는 아름다운 증거다. 자신의 웰빙에 쏟아부은 앨리의 헌신은 정신과 신체 건강에 투자하려면 매일 헌신적으로 노력해야 한다는 사실을 보여준다. 그녀의 이야기는 또한 아무리 깨지고 지치고 절망하고 통제 불능이 되더라도 변할 수 있음을 상기시킨다.

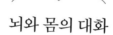

뇌와 몸의 대화

치유의 시작은 몸의 욕구를 이용하는 법을 배우고, 자신의 직관적 자기와 재연결하는 것이다. 그 첫 번째 행동이 주시하는 것이다. 내 몸이 어떻게 반응하는가? 내 몸이 무엇을 필요로 하는가? 앨리는 이러한 질문들을 던지고 몸의 반응에 귀 기울여서 노래에 대한 열정을 찾아냈다. 그 열정은 미주신경을 활성화하고, 신경계 균형을 되찾아주었다. 앨리는 자신의 신경계가 어떻게 작용하는지 전혀 몰랐다. 그러다가 자신의 몸에 귀를 기울이면서 신경계를 활성화시켜 치유하는 방법을 직관적으로 깨달았다. 우리 모두 앨리한테서 배운 대로 몸이 제공하는 유익한 피드백을 이용할 수 있다.

신경계 반응은 자동적이지만 미주신경긴장도를 개선할 방법이 있다. 스트레스에 대한 조건화된 트라우마 반응trauma-conditioned responses을 관리하고, 사랑이 넘치는 개방적이고 안전한 사회적 참여 모드로 더욱 빠르게 돌아가는 방법이 있다. 이것은 많은 연구학자가 간질에서 우울증, 비만, 심부전과 폐부전 직후 회복에 이르기까지 놀랍도록 다양한 질병을 치료하기 위해서 미주신경긴장도 자극기vagal tone stimulator (미주신경에 전기 자극을 직접 전달하는 관) 사용을 연구하는 유익한 분야다. 개입 없이 미주신경긴장도를 자극하는 방법은 호흡과 목소리처럼 통제할 수 있는 자율신경계의 일부분을 활성화하는 것이다.

다들 기억하겠지만 미주신경은 양방향성 소통 경로라 몸에서 두뇌로, 두뇌에서 몸으로 정보를 전달한다. 두뇌 대 몸의 대화는 상의하달 과정이다. 이러한 '상의하달 과정'에서는 두뇌가 몸을 치유의 길로 안내한다. 상의하달 실습의 사례로는 명상이 있다. 명상은 주의력을 단련시켜서 자율신경계 반응을 조절하게 도와준다. 이와 유사하지만 정반대되는 반응은 하의상달 과정에서 나온다. 하의상달 과정에서는 몸의 힘을 이용해 정신에 영향을 미친다. 여기서 소개하는 다중미주신경 활동들은 대부분 호흡 요법과 한랭 요법, 요가의 생체학적 측면과 같은 하의상달 과정을 사용한다.

많은 하의상달과 상의하달 과정은 통제할 수 없다. 하지만 심리적 스트레스를 적극적으로 줄여주고, 신경계의 공감 반응을 늦춰주며, 심지어는 근골격계와 심혈관계를 강화시키는 특정한 개입을 의식적으로 선택할 수 있다. 게다가 통제된 안전한 환경에서 미주신경을 활성화시키고 자극하고 단련시킬 때 인내하고 불편함을 감수하며 살아가는 법을 배운다. 이것이 바로 역경에서 빠르게 회복하는 능력을 키우는 열쇠다.

미주신경을 단련할 때는 피할 수 없는 불편한 내적 반발을 각오하는 게 좋다. 불편함의 홍수에 몸을 내맡기는 것은 절대 좋지 않다. 그 속으로 천천히 진입해야 치유에 훨씬 더 가까워질 수 있다. 이 작업은 안전하고 안정적인 장소, 몸과 마음에 영향을 미치는 스트레스와 자극을 통제할 수 있는 곳에서 이루어져야 한다. 안전한 한계 내에서 자신을 밀어붙여야 통제를 벗어난 외부의 스트레스를 다룰 수 있다.

이제부터는 몸의 치유력을 이용해서 균형을 되찾고 회복력을 키워가는 몇 가지 효과적이고 실질적인 방법을 소개하겠다. 이 모든 실습은 몸과 마음의 연결성을 강화하고, 미주신경긴장도를 개선하는 중요한 도구들이다. 또한 전체론적 치료로 가는 근본적인 단계이기도 하다.

만성 스트레스와 장 건강의 관계

나를 찾아왔던 내담자들은 대부분 음식에 관한 복잡한 심경을 드러냈고, 보통 만성 장 문제와 소화 문제를 안고 살았다. 이런 경우에는 영양섭취가 몸과 마음 상태에 미치는 영향력을 인식하면 큰 도움이 된다.

몸이 요구하는 영양을 충족시키는 사람은 몇 되지 않는다. 그보다는 슬픔과 지루함, 행복, 외로움, 흥분 같은 느낌을 토대로 식사하는 경향이 있다. 아니면 역으로 필요해서, 혹은 습관적으로나 의무적으로 먹을 음식을 고른다. 어느 쪽이든 간에 몸의 실질적 욕구를 차단하는 결과가 나온다. 이것은 선천적인 반응이 아니라 후천적인 반응이다.

아기는 필수 욕구에 따라 움직인다. 배가 고프면 울고, 배가 부르면 등을 돌린다. 아기는 좋고 싫은 게 아주 분명하다(전 세계의 걱정 많은 부모에게는 골치 아픈 일이지만 말이다). 아기는 몸이 시키는 대로 움직인다. 그러다가 나이를 먹으면서 먹고 마시는 다른 이유를 깨우쳐가는 사이에 내적 욕구에 더는 귀를 기울이지 않는다. 아동기에 감당하기 힘든 만성 스트레스를 받으면 신체가 휴식을 취하고 음식을 적절하게 소화시키기가 더욱 힘들어진다. 이것은 트라우마의 역할과 성인기의 위장 문제 발현에 관한 거듭된 연구에서 확인된 사실이다.

좀 더 주의 깊게 몸을 살펴보면 잊어버린 것을 다시 배울 수 있다. 몸은 장과 뇌 사이를 오가는 메시지를 통해 시끄럽게 자기 뜻을 알리기 때문이다. 그러므로 그 소리에 귀를 기울이기만 하면 된다.

위장에는 약 5억 개의 신경세포가 있다. 이 신경세포들은 '장-뇌 연결축gut-brain axis'이라고 알려진 통로를 통해 두뇌와 직접적으로 '이야기를 나눌' 수 있다. 유독 많이 연구되는 사례 중 하나인 장-뇌 연결축은 다양한 정보 교환을 가능하게 해주는 고속도로와 같다. 예컨대 얼마나 배가 고픈지, 어떤 영양소가 필요한지, 음식이 얼마나 빠르게 위장을 통과하는지, 심지어는 식도 근육이 언제 수축하는지도 전달해준다. 우리의 친구 미주신경은 장과 뇌를 오가는 그러한 신호들의 전송을 촉진하는 핵심 메신저 가운데 하나다.

장은 또한 장신경계Enteric nervous system, ENS라고 알려진, 장벽

腸璧을 따라 광범위하게 퍼져 있는 신경세포망의 근거지이기도 하다. 창자신경계는 망 같은 신경세포 체계로, 너무 복잡해서 연구학자들이 종종 '제2의 뇌'라고 부르는 조직이다. 창자신경계의 신경세포들은 진짜 뇌의 신경세포들처럼 몸의 다양한 부위와 지속적으로 소통하면서 호르몬 분비 신호와 화학적 메시지를 온몸으로 보낸다.

장신경계는 장 내에 살고 있는 미생물 생태계, 즉 다양한 박테리아와 균류, 그 밖에 다른 미생물한테서 정보를 수집한다. 장내 미생물은 음식물을 분해할 때 미생물 메시지를 뇌로 보내면서 신경전달물질을 만들어낸다. 이러한 미생물은 실제 현실에도 영향을 미친다. 실제로 여러 사람 앞에서 이야기해야 할 때 '속이 울렁거린다'고 하지 않는가? 이것은 단순한 비유가 아니다. 실제로 위장은 감정 상태에 영향을 받아 울렁거린다.

(수면과 기억, 학습과도 관련이 있지만) 흔히 '행복 호르몬'이라 불리는 신경전달물질인 세로토닌은 90퍼센트가 장에서 만들어진다. 이러한 사실에서 프로작Prozac과 같은 항우울제인 선택적 세로토닌 재흡수 억제제SSRIs가 '목 아래쪽' 장신경계에서 생산된 세로토닌에 영향을 미친다는 이론이 탄생했다. 이는 신경전달물질이 뇌에서만 만들어진다는 오래된 믿음을 뒤집어놓은 심오한 통찰이었다. 과거에는 정신적으로 병든 사람의 경우 그 근본 원인을 '목 위쪽'에서 찾아 치료해야 한다고 생각했다. 하지만 오늘날 두뇌는 상호연결된 좀 더 방대한 조직망의 작은 일부분에 불과하다는 사

실이 널리 알려져 있다.

트라우마 상태에서는 신경계와 장의 물리적 조절 장애가 소화를 방해해서 영양소 흡수 능력을 저해한다. 신체가 스트레스를 받으면 온몸에 평온함과 안정의 메시지를 보내는 부교감신경 상태에 들어가지 못한다. 이와 같은 필수 메시지 없이는 음식물을 배출하거나 간직할 수 없어서 설사와 변비 같은 증상이 나타난다. 신체의 조절 장애는 장에 그대로 반영될 가능성이 크다. 그 때문에 균형을 잃은 장내 미생물 생태계는 음식물의 영양소 추출을 방해한다. 시간이 지남에 따라서 몸은 만성적으로 필요한 영양소를 박탈당하고, 아무리 '건강한', 혹은 풍부한 식사를 해도 종종 영양실조에 걸리거나 굶주림에 시달릴 수 있다.

설상가상으로 몸에 좋지 않은 음식을 먹는다면 상황은 더욱 나빠진다. 설탕과 가공 탄수화물, 염증성 지방(트랜스지방과 많은 식물성기름)을 포함해서 내벽에 손상을 입히는 음식물을 먹으면 장 내벽에 염증이 생긴다. 이러한 음식물은 장내 미생물 생태계의 달갑지 않은 거주자들의 자양분이 된다(몸에 좋은 미생물이 있는가 하면 몸에 해로운 미생물도 있다). 이러한 미생물 집단은 장내 세균 불균형을 일으키는 토대가 된다. 장내 세균 불균형 상태에서는 내부 생태계 균형이 '나쁜' 세균들에게 유리해진다.

장내 세균 불균형이 발생하면 장누수증후군 leaky gut syndrome 이라는 증상이 나타난다. '장 누수'라는 말 그대로 장 내벽이 방벽 역할을 하지 못한 채 박테리아를 신체의 순환계로 투과시켜버리는 증상이다. 나쁜 박테리아가 혈류로 새어 나가면 면역체계가 그러한 박테리아를 이질적인 침입자로 인식해 면역반응을 증가시킨다. 이렇게 되면 앞에서 배웠던 사이토카인을 비롯한 염증성 화학물질들이 온몸으로 퍼져나간다. 만성 염증에 시달리는 장은 종종 더 크고 조직적인 염증을 일으켜 염증이 걷잡을 수 없이 온몸을 덮친다. 결국에는 몸이 아프고 무기력해질 수 있고, 심지어 심리적으로 병들 수도 있다.

몇몇 연구 결과에 따르면 장내 세균 불균형은 우울증과 자폐증, 불안증, ADHD, 심지어는 조현병 같은 '정신질환'의 근본 원인이 될 수 있다. 몇몇 동물 연구에서는 장내 미생물 생태계의 건강 상태 쇠락(좋지 않은 식습관과 스트레스 및 독성 화학물질 같은 환경적 영향의 결과)과 인간의 불안증 및 우울증 관련 증상의 급증이 직접적으로 관련되어 있음을 보여주었다. 사실 다른 몇몇 연구에서는 우울증 환자들에게 유익한 균주인 코프로코쿠스속coprococcus 과 디알리스터속dialister 박테리아 수치가 대조군보다 훨씬 낮다는 결과가 나왔다. 다른 연구들에서도 훨씬 더 심각한 조현병 환자들에게서 베일로네라세애veillonellaceae 와 라크노스피라세애lachnospiraceae 균주 수치가 훨씬 높은 경향이 있다는 사실을 증명해주었다.

이러한 연구들이 주목받으면서 신경면역학이라는 분야가 새롭게 생겨났다. 신경면역학은 장-면역체계-뇌의 연결성을 탐구하는 분야다. 이 분야의 초창기 연구에서는 신체의 염증이 뇌혈관 장벽을 넘어서 뇌까지 퍼져나갈 수 있고, 염증에 시달리는 두뇌는 일련의 신경질환과 심리 및 정신질환을 유발할 수 있다고 암시했다. 프로바이오틱스 보충과 더불어 식이요법으로 장벽을 치유하면 몇몇 정신질환 증상이 완화될 수 있다는 유력한 증거가 있다. 최근의 몇몇 연구에서는 프로바이오틱스가 좀 더 심각한 자폐 스펙트럼 장애 아이들의 고통스러운 사회성 문제와 행동 문제를 완화한다는 사실을 발견했다.

장내 미생물을 지원하고, 장벽 무결성을 유지하는 등 장 건강을 증진하는 가장 빠른 방법은 영양소가 풍부한 자연식품을 섭취하는 것이다. 장과 뇌가 직접 연결되어 있으므로 매 식사를 통해 치유와 영양을 공급할 수 있다. 가공식품과 몸에 좋지 않은 식품을 식단에서 배제할 때의 박탈감은 생각하지 않는 게 좋다. 그보다는 그러한 조치가 신체적·정신적 웰빙을 단계적으로 개선해나가는 흥미진진한 기회라고 생각하자.

식품은 정신적 웰빙에 믿을 수 없을 정도로 중요한 역할을 담당한다. 그럼에도 식습관에 관해서 물어보는 심리학자는 거의 없다. 영양소 집약적인 음식뿐만 아니라 요거트, 발효 유제품, 김치 같은 발효 식품도 자연 발생하는 프로바이오틱스가 풍부해서 유익하다.

전 세계적으로 호응을 얻었고 다양한 학계 연구로 뒷받침된 또 다른 영양적 접근법에 간헐적 단식이 있다. 계획적인 단식이나 일정 기간 음식을 섭취하지 않음으로써 소화계에 휴식을 선사한다. 이는 온몸에 이롭게 작용하고, 미주신경긴장도를 개선해준다.

간헐적 단식의 종류로는 전일 단식과 10시간 간격 식사, 혹은 간단하게 하루 중 간식 덜 먹기가 있다. 단식은 소화계에 휴식을 선사해주고, 소화에 들어갈 에너지를 다른 곳에 사용할 수 있게 해준다. 또한 인슐린 민감성을 높여주고 혈당을 조절해줘서 항상 배가 고파 또 다른 설탕을 찾는 '설탕 중독자sugar burner'가 되지 않도록 도와준다.

나는 내 영양 상태를 바꾸기 전까지만 해도 악명 높은 설탕 중독자였다. 내 여자 친구들은 항상 외출 시에 간식을 챙겼다. 그러지 않았다가는 하루가 우울하게 끝나고 만다는 사실을 잘 알았기 때문이었다. 나는 설탕을 먹고 또 먹어도 허기에 시달렸다. 연구 결과에 따르면 간헐적 단식은 정신적 예민성과 학습력, 각성 수준을 높여준다.

단식을 하고 영양 상태를 바꿀 때 신체는 지방과 단백질 같은 대체 연료에서 몸에 필요한 에너지 얻는 법을 배운다. 또한 다른 연료원들을 이용해 살아갈 수 있고, 불편함을 느끼지 않고 식사 간격을 더욱 길게 늘일 수 있다. 그렇게 해도 필요한 것을 얻을 수 있기 때문이다. 설탕 함량이 많은 가공식품을 먹으면 항상 배가 고프다. 신체에 필요한 영양소가 부족해지기 때문이다. 이러한 영양소 결핍은 뇌에 배가 고프다는 신호를 계속 보내고, 결과적으로 간식이 자주 먹고 싶어진다. 몇몇 사람은 과식이나 폭식을 하게 된다. 먹고 또 먹지만 만족하지 못한다. 몸에 필요한 영양소를 얻지 못하기 때문이다.

물론 간헐적 단식이 모든 사람에게 적절한 방식은 아닐 수도 있다. 식이장애 병력이 있는 사람들은 특히 그렇다. 섭식절제 병력이 있는 사람은 간헐적 단식을 하지 말아야 한다.

치유의 시작, 좋은 수면 만드는 법

영양이 몸과 마음에 미치는 영향을 주의 깊게 살펴보기 시작하면 신체의 필수적인 욕구 충족에 도움이 되지 않는 일상적인 선택들을 파악할 수 있다. 음식 섭취 다음으로 매일 밤마다 사람들은 가장 흔한 방법으로 자기 자신을 망친다. 바로 잠을 충분히 자지 않는 것이다.

이런 수면 부족은 어렸을 때부터 시작된다. 나는 아동기에 밤마다 불안한 생각에 사로잡혔다. 다섯 살 때 침대에 누워서 잠들지 못한 채 두려움에 떨었다. 밤마다 쿵 하거나 텅 하는 소리가 났다 하면 우리 가족을 해치려고 도둑이나 납치범이 들어온 게 분명하다고 생각했다. 내 몸은 고조된 교감신경계 덕분에 불안 상태에 갇혀 있었다(당시에 아이스크림과 쿠키, 탄산음료를 계속 먹어댔던 내 식습관도 전혀 도움이 되지 않았다). 내 정신은 지속적으로 내 몸을 훑어보면서 장 불균형과 아드레날린 급상승, 신경계의 초경계 상태를 주시했다. 심장박동과 호흡이 빨라졌을 때 정신은 주거침입에 관한 이야기를 만들어냈다. 초조함과 두려움 때문에 위장이 부풀어 오르고 변비가 생겼다. 나는 여러 날 밤을 뒤척이면서 잠을 제대로 자지 못했다.

요즘은 수면 부족의 피해가 얼마나 큰지 잘 알려져 있다. 특히 성장하는 아이에게는 더더욱 그렇다. 잠을 잘 때는 신체가 자체 회복에 들어간다. 장이 소화 작용에서 벗어나 휴식을 취하고, 두뇌가 '자체 세정' 작업을 거쳐 찌꺼기를 씻어내고, 세포가 재생된다. 수면은 궁극적인 치유의 시간이다. 신경계를 비롯한 모든 장기와 신체 기관에 이로운 시간이다. 이러한 사실은 수면 박탈이 우울증과 심장혈관 질환, 심지어는 암과 비만, 알츠하이머 같은 신경질환과 연관되어 있다는 연구를 통해 잘 알려져 있다. 밤에 6시간 미만으로 잠을 자는 45세 이상인 사람들은 그보다 수면 시간이 긴 사람들보다 심장마비나 뇌졸중에 걸릴 확률이 200퍼센트 더 높다.

수면은 정신과 신체 건강의 핵심이다. 그런데도 수면을 우선시하는 사람들은 얼마 되지 않는다. 평화로운 치유를 위해 최상의 수면 상태를 만드는 데 필요한 공간과 몸을 준비하는 간단한 방법들이 아주 많다. 그 첫 단계는 자신이 실제로 얼마나 잠을 자는지 파악하는 것이다. 많은 사람이 자신의 수면 습관을 잘 모르거나 완전히 잘못 알고 있다. 밤 11시에 침대에 누워도 실제로 불을 끄기 전까지 한 시간 동안 휴대전화를 보면서 활성화되어 있는 경우가 흔하다. 당신의 수면 습관은 어떠한지 살펴보자. 개인적인 수면 패턴을 있는 그대로 평가하려고 노력하자.

수면의 질을 개선하는 가장 중요한 방법은 부교감신경계를 이완해 행복한 상태로 되돌리는 것이다. 커피와 알코올 같은 물질은 수면 주기의 가장 중요한 단계인 급속 안구 운동 수면(렘REM 수면)에 직접적인 해를 끼친다. 평화로운 수면 상태로 진입하지 못하게 막는 가장 큰 생리학적 장벽이다. 그러므로 특정 시간에는 알코올과 카페인 섭취를 제한하는 것이 좋다(잠자기 3시간 전에는 알코올 섭취를 중단하고, 정오 이후에는 커피를 마시지 않는 것이 좋다).

취침 시간을 일정하게 유지하는 것도 중요하다. 그래야 신체가 실제로 침대에 눕기 전까지 부교감 상태로 진입할 준비를 마친다. 나는 요즘 수면 앱에 오후 5시 알람을 설정해놓는다. 저녁 식사를 하기 전부터 긴장을 푸는 과정을 시작하기 위해서다(내 취침 시간은 오후 9시경이다). 침대에 눕기 몇 시간 전에 텔레비전을 끈다. 텔레비전을 보는 대신 책을 읽거나 음악을 듣고, 취침 시간 전 텔레비전 시청 시간을 확실하게 제한한다. 목욕을 하고, 배우자한테서 마사지를 받고, 반려동물을 보듬어준다. 이 모든 행동이 마음의 평온을 증진해 훨씬 쉽게 깊이 잠들게 도와준다.

자율신경계를 단련하는 호흡 요법

자율신경계가 자동으로(의식 바깥에서) 작동한다는 사실은 잘 알려져 있다. 하지만 신체 기관 중에서 의식적으로 통제할 수 있는 것이 하나 있다. 심장에 천천히 뛰라고 하거나 간에 신체를 빨리 해독하라고 지시할 수는 없지만, 천천히 깊게 호흡해서 심장박동을 늦추고 마음을 차분하게 가라앉힐 수는 있다. 공기를 더욱 많이 들이마셔서 공기가 폐에서 온몸으로 퍼져나가 세포 전체에 산소를 공급하도록 도와줄 수 있다. 그와 반대로 빠르고 얕게 호흡해서 교감신경을 깨울 수도 있다. 호흡을 통해 모든 기능을 가속화하거나 감속화할 수 있다.

이러한 호흡 요법은 자율신경계를 발동시킨다. 미주신경을 단련하기 위해 플랭크 운동을 하는 것과 같다. 이제 잘 알고 있겠지만, 미주신경은 장뿐만 아니라 폐와 심장, 간을 포함해 신체의 다양한 부위와 뇌를 연결해주는 양방향 정보 고속도로다. 호흡을 통해 각성 시스템을 진압할 때는 주변 환경이 전혀 위협적이지 않다는 메시지를 뇌에 전달한다. 이러한 메시지는 신체의 다른 기관들에도 전해진다. 이것은 다중미주신경을 단련하는 하의상달식 접근법이다.

매일 호흡을 연습하면 수명이 증가한다는 연구 결과도 있다. 이 이론에 따르면 스트레스 반응을 관리하면 염증 반응이 감소하고, 수명과 관련된 염색체의 일부(텔로미어 혹은 말단소립)를 유지시켜주는 호르몬이 나온다. 『호흡의 기술』을 쓴 제임스 네스터James Nestor는 20년 동안 5,200명을 연구해서 이렇게 결론 내렸다. "가장 중요한 수명 지표는 많은 사람의 짐작과는 달리 유전학도, 식습관도, 일일 운동량도 아니다. 그것은 바로 폐활량이다…… 폐가 클수록 수명이 길어졌다. 폐가 크면 적게 호흡하고도 더욱 많은 공기를 들이마실 수 있다." 얕은 호흡(특히 입호흡)은 고혈압에서 주의력결핍과잉행동장애ADHD 에 이르기까지 다양한 질환을 유발하거나 악화시킬 수 있다. 또한 몸에서 필수 영양소를 빼앗아가고, 골격구조를 약화시킨다.

이러한 호흡의 힘을 놀랍도록 잘 이용한 사람이 '아이스맨'으로 유명한 윔 호프Wim Hof 다. 윔은 얼음물 속에서 수영하기, 얼음 목욕 2시간 하기, 북극권에서 맨발에 셔츠도 안 입고 마라톤 하기로 기네스북 세계 기록을 세웠다(!). "정신은 내면에서 당신을 강하게 만들어준다. 정신은 당신의 현명한 동반자다. 정신의 운전대를 움켜쥐면 정신이 가는 방향을 조절할 수 있다." 윔은 저서 『아이스맨 되기Becoming the Iceman』에서 이렇게 역설했다.

간단히 말해서 윔의 호흡 기법은 코로 숨을 들이마셨다가 입으로 내쉬고, 숨을 참아 폐를 자극하고 확장하는 것이다. 윔은 종종 이러한 호흡 기법과 더불어 신체를 추위에 노출시켰다. 이러한 하의상달식 접근법은 신체의 한계를 시험하고, 미주신경에 유익한 스트레스를 가한다.

나는 그런 고난도 접근법보다는 천천히 신체에 자극을 가하는 방법을 선호한다. 시도해볼 만한 호흡 요법은 아주 많다. 좀 더 오랫동안 연습할 수 있는 시간과 공간이 있는 사람들에게는 내가 제일 좋아하는 다음과 같은 방법을 추천하고 싶다.

1. 공복 상태에서 시작한다(아침이나 밤이 좋다).

2. 방해요소가 거의 없는 편안한 장소에서 앉거나 눕는다.

3. 위장 맨 아래쪽 부분까지 숨을 깊이 들이마신다.

4. 더 이상 공기를 들이마실 수 없을 때 숨을 멈추고 2~3초 동안 버틴다.

5. 힘주지 않고 천천히 부드럽게 숨을 내쉰다. 보통 호흡(마시고 내뱉는 호흡)을 한 차례 한다.

6. 이 과정을 열 번 반복한다.

나는 매일 아침 일어나서 대략 5분 동안 이렇게 호흡을 연습하고 나서 하루를 시작한다. 5분이면 짧은 시간인 것 같지만 새로운 연습을 할 때는 그 시간도 상당히 힘들게 느껴진다. 초심자는 최대 1분 동안 호흡을 연습해야 한다. 시간이 갈수록 점점 더 많이 반복해서 연습할 수 있다.

나는 지금 수준에 이르기까지 몇 년 동안 매일 호흡을 연습했다. 처음에는 복식호흡이 어려웠고, 심지어는 몇 분도 가만히 앉아 있기 힘들었다. 지속적으로 호흡 연습을 하자 얕은 가슴 호흡이 아니라 깊은 복식호흡을 하루 종일 할 수 있었다. 시간이 지남에 따라 신경계가 제자리를 찾으면서 대체로 좀 더 차분해지고 평화로워졌다. 결과적으로 좀 더 깊은 호흡도 할 수 있게 되었다. 요즘에는 정서적으로 활성화되었을 때 깊은 호흡을 의식적으로 해서 내 몸을 평온하게 가라앉힐 수 있다.

회복력을 기르는 가장 좋은 운동 방법

달리기, 수영, 등산 등 안전한 장소에서 정신과 몸이 연결되는 모든 활동은 스트레스 내성을 기르는 데 도움이 된다고 포지스 박사는 말했다. 정신과 몸을 자극하는 운동은 심장혈관계 질병과 치매 발병률을 줄여주고, 심지어는 노화 과정을 늦추어준다. 신체 운동은 잠을 깊이 잘 수 있게 해준다. 또한 행복감을 높이고 스트레스를 줄여주는 도파민과 세로토닌, 노르에피네프린 같은 뇌의 신경 전달물질 분비를 촉진해서 기분을 바꾸어준다. 일반적으로 심혈관 운동은 전신에 산소와 혈액 순환을 증진시키고, 뇌를 눈에 띄게 바꿔놓는다. 결과적으로 뇌의 크기가 커지고, 장기의 건강이 증진되면서 새로운 신경 통로는 활성화되고 기존의 신경 통로는 더욱 튼튼해진다.

미주신경의 직접적인 활성화를 고려했을 때 최고의 스트레스 내성을 키우는 운동이 바로 요가다. 포지스 박사도 열렬한 요가 지지자다(요가가 미주신경긴장도에 미치는 유익한 영향에 관한 광범위한 논문을 써서 학계 저널에 발표했다). 요가는 운동과 호흡 조절력을 결합해서 정신과 몸을 모두 참여시킨다. 할수록 점점 더 어려워지는 요가 자세는 신체 기관에 스트레스를 가하고, 호흡의 진정 능력과 재연결되는 기회를 제공하면서 몸의 한계를 시험하기 시작한다. 정기적인 요가 연습은 (시간이 지남에 따라 미주신경 반응을 강화해주기 때문에) 염증 수준 감소와 혈압 조절 등 신체 전반에 영향을 미친다. 쿤달리니, 하타, 아쉬탕가 등 요가의 종류는 상관이 없다. 심지어는 핫요가도 괜찮다.

포지스 박사는 1990년대에 요가를 연구하기 시작했고, 많은 요가 운동이 신체의 투쟁, 도피, 경직과 같은 스트레스 반응을 활성화한다는 사실을 발견했다. 한 인터뷰에서 포지스 박사는 요가 저변에 깔린 개념에 대해 이렇게 말했다. "요가 훈련을 통해서 의식은 높이고 두려움은 줄인 채 대체로 기절과 경직과 같은 움직이지 않는 상태로 들어갈 수 있다." 포지스 박사는 이를 일컬어 인지된 위협에 반응해 '자기 내면 깊숙이 들어가 안정감을 찾는 능력'이라고 설명했다. 이것이 치유의 핵심이다.

자신의 외적 한계를 시험해서 정신과 몸의 힘을 배우는 것이다. 점점 더 강도 높고 어려운 요가 자세를 취하면서 미주신경은 스트레스 반응을 통제하는 법을 배우고, 치유가 시작되는 평온과 안정 상태로 더욱 쉽게 돌아간다. 이처럼 통제된 신체적·정신적 역경을 통해서 더욱 빠르게 '되돌아오거나' 회복력을 키운다.

한 연구에서는 6년 혹은 그 이상 요가를 한 사람들이 그렇지 않은 대조군 사람들보다 두 배 이상 오랫동안 얼음물에 손을 담글 수 있었다는 결과가 나왔다. 요가 수련자들은 요가를 하지 않는 사람들과 달리 자신을 고통과 분리하지 않는다. 그보다는 그 감각에 귀를 기울이고 집중해서 헤쳐 나갈 방법을 찾아낸다. 이것이 회복력 운동의 핵심이다.

성인에게도 놀이 치유가 필요하다

순수한 행복의 표현인 기쁨은 대부분 사람들에게는 하나의 기억일 뿐이다. 이차적인 이득이 생기거나 반드시 해야 해서, 혹은 외적 동기에 자극을 받아서가 아니라 단지 즐거워서 뭔가를 했던, 그런 행복한 자유를 우리는 잊어버렸다. 어렸을 때는 뭐든지 그냥 하고 싶어서 한다. 많은 사람이 그렇게 지냈던 어린 시절을 떠올릴 수 있을 것이다. 단지 하고 싶어서 무용 수업을 듣고, 해변에서 자유롭게 뛰어다니고, 그림을 그리고 색칠을 하며 자신을 표현했을 터이다.

성인이 되어서도 놀 줄 안다면 그와 비슷한 즐거움의 자유를 경험할 수 있다. 자아ego 의 간섭 없이 춤추고, 장난감 악기를 연주하거나 변장을 하고 상상의 세계로 들어가는 것이다. 이런 식으로 우리 자신을 잃어버릴 때, 뭔가를 하면서 순수한 즐거움을 느끼는 '몰입flow 상태'에 들어갈 수 있다. 이러한 상태는 사랑하는 사람과의 대화에 빠져들어 시간 가는 줄 모르는 느낌과 유사하다. 이러한 즐거움은 그 자체로 치유가 된다.

사회적 놀이를 하면 신경인지(주변 환경을 탐색해서 위험 신호를 감지해내는 신경계의 일부)에 자극을 줄 수 있다. 예컨대 누군가와 함께 장난치며 놀거나, 갑자기 모여서 축구를 하거나, 심지어는 친구와 컴퓨터 게임을 하면서 경쟁할 때 투쟁-도피-경직 모드에서 전환해 평온하고 안정적인 사회적 참여 모드로 진입한다. 이러한 놀이는 요가를 할 때와 유사한 방식으로 빠르게 회복하는 법을 가르쳐준다.

재미있고 개방적인 공간에서 위험과 안전을 번갈아 경험하면 '투쟁 혹은 도피 행동을 즉각적으로 하향 조절할 수 있는 신경 회로의 효율성을 개선할' 수 있다. 포지스 박사는 놀이와 미주신경이라는 기사에서 이렇게 기술했다. 만성적으로 활성화된 상태를 유지하는 게 아니라 투쟁-도피 반응을 끄고 안전한 기저선으로 돌아가는 법을 배우면 만성질환을 줄이는 데 도움이 된다.

미주신경을 자극하는 인기 있는 놀이 활동으로는 노래하기가 있다. 많은 사람이 노래하면서 즐거워한다. 그럼에도 노래를 잘 못한다는 소리를 들어서 자기 목소리를 숨기도록 조건화되어 있을지도 모른다. 그렇다면 어렸을 때 어떠했는지 떠올려보자. 이런저런 노래를 부르며 자기 인식과 자신감, 기쁨을 키워나가지 않았는가? 노래의 이점은 성인기에도 사라지지 않는다. 좋아하는 노래를 큰 소리로 부르면 호흡 요법과 요가, 놀이할 때와 아주 유사한 방식으로 미주신경을 단련할 수 있다. 다른 사람들과 함께 노래를 부를 때는 그 이점이 훨씬 커진다. 노래하는 사람들로 가득한 방에서 흘러나오는 공동조절력은 놀랄 정도로 대단하다. 샤워를 하면서 혼자 노래를 불러도 치유가 될 수 있다.

다들 기억하겠지만 미주신경은 후두와 성대 등 얼굴과 목구멍의 많은 근육과 연결되어 있다. 안정과 안전이 보장된 장소에 있을 때는 자신의 목소리가 달라지고, 보다 더 다양한 어조, 특히 사람들의 광범위한 어조를 감지할 수 있다. 노래할 때는 입과 목의 근육들을 이용해 평온함을 조성할 수 있다.

과학 저널리스트 세스 포지스Seth Porges도 중이 근육(행복한 사회적 참여 모드에 있을 때 활성화되는 근육)을 열어놓기 위해서 중주파수 음악을 들으라고 제안한다. 그렇다면 중주파수 음악을 상당히 효율적으로 찾아볼 수 있는 곳은 어디일까? 바로 디즈니 영화음악이다. 자, 그럼 〈라이언 킹〉 오프닝 송을 틀어놓고 큰 소리로 따라 불러보자.

실시간으로 정서적 활성화 통제하기

매일 나 자신과 한 작은 약속을 지켜나가자 치유를 향한 새로운 기반이 마련되었다. 그러한 기반 덕분에 내 신체와 모든 신체 기관들이 그토록 간절하게 원했던 균형을 되찾았다. 나는 내 몸에 에너지와 영양을 공급해주는 음식을 골라 먹기 시작했다. 또한 수면을 우선시했다. 그와 동시에 내 의식을 활성화하려고 색다른 운동을 했다. 매일 명상과 호흡 요법을 했고, 요가에 깊이 매진했으며, 놀이도 통합해 넣어 노래하고 춤추고 자연을 즐기기 위해 등산할 시간을 냈다.

이 모든 것을 통합하는 데 몇 년이 걸렸다. 공식적인 지침도 없이 색다른 기법들을 사용해서 내 장腸과 면역체계를 치유해 오랫동안 잃어버렸던 직관적 목소리를 따라 나만의 치유 여정을 시작할 수 있었다.

오랜 세월 끝에 내면의 목소리를 처음으로 들었는데, 내 고양이 조지를 잃어버렸을 때였다. 롤리와 함께 주말여행을 갔다가 집에 돌아온 날이었다. 조지를 찾을 수가 없었다. 우리는 집 안을 샅샅이 뒤졌다. 방마다 찾아다니는 동안 나는 점점 더 불안해졌다. 급기야는 불안감이 급격하게 치솟아 소리를 지르기 시작했다. "오븐을 열어봐! 오븐을 열어!" 그리고는 오븐을 활짝 열어젖혔다. 그 안에서 불에 타버린 조지의 시체라도 발견할 것처럼 말이다. 나는 그때 함께 데려왔던 다섯 살인가 여섯 살쯤 된 조카 앞에서 그 난동을 부렸다. 얼굴이 벌겋게 달아올랐고, 심장박동이 내 귓가에 들릴 정도였다. 나는 완전히 통제력을 잃어버렸다.

그로부터 5분 후, 나는 마음을 가라앉히고 조지를 어떻게 찾을지 생각해보고는 동네 사람들과 수의사에게 전화를 돌리다가 마침내 조지를 찾아냈다. 그 모든 일이 끝난 후, 롤리에게 이성을 잃어서 미안하다고 사과했다.

그러자 롤리는 이렇게 답했다. "그래, 이해해. 네가 일부러 그런 게 아니란 거 알아."

내가 그렇게 행동하려고 했던 건 아니었다는 말이 내 안의 뭔가를 건드렸다. 내 안의 일부분, 나의 진정한 일부분은 자신이 맞다는 사실을 알고 있었다. 내가 흥분해서 정신없이 날뛰었을 때 나는 내가 진짜로 정신을 잃었던 게 아니라는 사실을 어느 정도 감지할 수 있었다. 그보다는 맡은 역할을 연기하고, 조건화된 가족역동성(가족 간에 발생하는 상호작용—옮긴이)을 재연하고, 그냥 배웠던 대로 정신없이 움직이는 것 같았다.

하지만 나 자신의 진정한 일부분은 그것이 진정한 내 모습이 아니라는 사실을 알고 있었다. 물론 심장박동은 당연히 급격하게 빨라졌고, 부신에서는 코르티솔이 나왔다. 신체 기관들이 교감신경 반응으로 활성화되었기 때문이다. 하지만 내 안의 작은 일부분은 롤리의 말에 동의했고, 내가 진짜로 그러려고 했던 게 아니었음을 잘 알고 있었다.

이 사건으로 나는 훨씬 더 심각한 뭔가가 일어나고 있음을 알아차렸다. 그 이후로 통제력을 잃었을 때는 그 원인이 무엇인지, 내 신체가 어떻게 반응하는지를 더욱 유심히 살펴보기 시작했다. 이번에는 이런 치유 작업을 계속했던 몇 년의 세월을 빠르게 앞으로 감아보겠다. 내 고양이 클라크가 사라진 날이었다(내 고양이들은 진짜 모험심이 많았다!).

'강아지 같은' 고양이 클라크는 밖에 나갔다가 길을 잃은 게 분명했다. 하지만 이때는 걱정하며 고양이를 찾아다녔어도 신경계가 과도하게 활성화되지 않았다. 나는 차분한 마음으로 집중할 수 있었다. 거의 3주 만에 마침내 클라크를 찾았다. 그런데도 나는 그 과정에서 불평하거나 소리 지르며, 내가 사랑하는 사람들에게 상처를 주지 않았다.

오늘날 나는 통합되어 있다. 나의 신체적 자기physical self가 어떻게 느끼는지, 그 감각들이 어떻게 온몸으로 퍼져나가는지 잘 알고 있다. 초조해하거나 흥분했을 때는 속이 울렁거리고(불안과 흥분은 사실 서로 다른 감정이지만 그 느낌은 같다), 정말로 뭔가를 먹고 싶을 때는 심한 허기를 느끼고, 충분히 먹었을 때는 안도감이 든다. 그전까지만 해도 극히 분리된 상태라서 그러한 감각 메시지와 진정으로 연결되지 못했다.

게다가 자세도 덜 구부정해졌고, 전반적으로 긴장도 많이 풀렸다. 기운은 더욱 솟아났다. 새벽 5시에 일어나도 하루 종일 머리가 맑고 생산적으로 움직인다. 지금의 나는 단어를 기억하지 못했던 예전의 내가 아니다. 기절했던 내가 아니다. 장을 제대로 비우지 못할 정도로 억눌려 있었던 사람이 아니다.

그렇다고 트라우마 반응을 더 이상 경험하지 않는다는 소리는 아니다. 항상 밝게 빛나고 머리가 맑은 것은 아니다. 여전히 가끔씩 이성을 잃고 폭발한다. 그럴 때는 나 자신에게 자비와 연민을 베푼다. 그 반응들을 있는 그대로 바라본다. 자율신경계가 과도하게 움직였다가 위협을 느낀 결과라고 말이다.

인간의 신체는 믿을 수 없을 정도로 놀랍다. 가족이 병들었다고 나도 병들 '운명'은 아니라는 사실을 이제는 알았을 것이다. 인간의 세포는 수정된 그 순간부터 주변 환경에 반응한다. 아동기 트라우마부터 몸에 공급하기 위해 먹는 음식에 이르기까지 주변 환경이 한 인간을 어떻게 만들어놓는지, 특히 신경계와 면역체계, 체내 미생물 생태계, 스트레스와 트라우마에 반응하는 기관들에 어떤 영향을 미치는지 배웠다. 자율신경계가 어떻게 세상을 보고, 살아가는 방식을 형성해주는지, 뇌에서 전신의 모든 기관까지 연결된 미주신경이 얼마나 놀라운 역할을 하는지도 배웠다. 내가 이 모든 것을 공들여서 소개한 까닭은 그러한 과정을 이해해야 신체의 회복력과 변화의 가능성을 열어주는 창이 생기기 때문이다.

다음 단계는 의식의 역량이 강화된 상태와 변화에 대한 믿음을 정신에 적용하는 것이다. 다시 말해서 과거의 자신을 이해하고, 내면아이를 만나고, 자아와 친구가 되고, 끊임없이 세상을 만들어나가는 외상성 애착에 대해 배우는 것이다. 이러한 지혜를 얻으면 신체를 자유롭게 해주었듯이 정신도 자유롭게 풀어줄 수 있다.

그럼 다음 단계로 넘어가볼까?

호흡 요법을 돕는 감정 일기

내가 일상생활에서 새로운 호흡 요법을 실천하려고 매일 사용했던 미래의 나를 위한 일기는 다음과 같다. 나는 변하고자 하는 내 의도를 계속 되새기고, 새로운 선택을 하고, 새로운 습관을 들이기 위해서 아래 문장들과 비슷한 글을 매일 공책에 적었다.

- 오늘 나는 내 몸을 차분하게 가라앉히고, 안정과 평화를 얻기 위해서 깊은 복식호흡을 연습하고 있다.
- 나는 내 신체를 조절하는 새로운 방법을 배울 기회를 얻어서 감사하다.
- 오늘 나는 차분하게 내 몸에 집중하고 있다.
- 이 분야의 변화로 스트레스를 좀 더 잘 견뎌낼 수 있을 것 같다.
- 오늘 나는 스트레스를 받을 때 깊은 복식호흡을 하겠다고 다짐하는 연습을 하고 있다.

Chapter 06
자아를 만드는
유년기의 핵심믿음

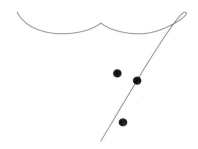

　　사람들은 살아가기 위해서 자신의 이야기를 한다고 한다. 그런 이야기들은 보통 자신의 실제 경험에 기초한 것이다. 예를 들자면 젊었을 때 자신을 좋아했던 사람이 있었으므로 자신이 매력적인 사람이라고 믿는 것이다. 이런 이야기들은 흔히 아동기에 만들어져서 절대 업데이트되지 않으며, 현재의 현실을 반영하지도 않는다. 나처럼 어렸을 때 수줍음을 많이 탔던 사람들은 더 이상 그렇게 생각하거나 행동하지 않아도 계속해서 자신을 '수줍음 많은 사람'으로 간주한다.

　　사람들은 종종 자기보호 수단으로 자기 이야기를 한다. 유년기에는 정신적으로나 정서적으로 부모에게 자신이 아는 것 이외의 삶이 있다는 사실을 이해하지 못한다. 어렸을 때는 인지적으로

나 정서적으로 발달연령에 걸맞게 이해할 수 있는 것이 제한되어 있다. 이러한 제약을 감안하면 자신에게 손을 들어 올리는 부모를 보고 자신이 나쁜 아이라고 믿을 수도 있다. 자신이 살아남기 위해서 의지하는 부모도 분노를 조절하기 힘든 사람이라는 사실을 알아차리지 못하는 것이다. 때때로 마주한 현실이 너무나 고통스러워서 이해하거나 처리하기 힘들어 그 어둠을 헤치고 나아갈 수 있게 도와주는 대안적 이야기를 만들어낸다. 무시당하는 것 같다고 느끼는 아이는 부모가 매우 '중요한 일'을 하고 있다는 이야기를 꾸며낼 수 있다. 그래야 진실을 좀 더 깊이 파헤치지 않고도 자기 곁에 있어 주지 않는 부모의 부재를 설명할 수 있기 때문이다.

다른 모든 사람처럼 나도 그런 이야기(혹은 핵심믿음)를 많이 꾸며냈다. '난 아기천사야. 난 감정적이지 않아. 난 불안정해.' 핵심믿음은 자기 자신, 인간관계, 자신의 과거와 미래, 살아온 경험을 토대로 쌓아 올린 수많은 주제들에 관한 이야기다. 내가 내 내면세계를 의식하고 주시하는 작업을 시작하자마자 나도 모르는 사이에 오랜 세월 동안 단단하게 뿌리내렸던 내밀한 이야기 하나가 선명하게 떠올랐다. '내 생각을 조금도 안 해줘.'

이러한 믿음은 거의 모든 내 연애 관계에서 문제가 되었다. 이뿐만 아니라 그러한 믿음 때문에 친구 관계와 직장생활에서도 내성적인 사람이 되었고, 병적으로 자급자족적이 되었다. 누군가가 내 앞에 끼어들었을 때, 내 머릿속에 '넌 중요하지 않아'라는 이야기가 들릴 때 그 믿음이 다시 고개를 쳐들 수 있다. 왜 그럴까? 그 순간에는 엄마가 그랬던 것처럼 완전히 낯선 사람은 내 생각을 조금도 해주지 않는다고 진심으로 믿기 때문이다. 나는 그냥 통과할 수 있는 유령과 같은 사람이다.

어느 날 명상 실습을 하던 중 과거의 기억이 떠올랐을 때 깨우친 통찰이었다. 그 기억 속에서는 엄마가 필라델피아의 집 주방에 있었다. 내가 네 살 때 일이었던 게 분명했다.

아빠는 매일 밤 항상 같은 시각에 귀가했다. 엄마는 아빠가 도착하기 한 시간 전에 저녁 식사 준비를 시작했다. 식탁을 차리고, 아빠의 도착 시각에 맞춰 따끈하게 음식을 준비해놓았다. 그렇게 식사 준비를 하다가 창가에 서서 아빠가 버스 정거장에서 집까지 걸어 들어오는 길을 내다보았다. 매일 밤 정확하게 같은 시각에, 집에 도착하기 최소 5분 전에 그 길을 걸어오는 아빠가 보였다.

엄마는 그 예측 가능하고 일상적인 나날 덕분에 안정을 얻었다. 그 덕분에 엄마는 부모의 전반적인 감정을 접하지 못했을 뿐만 아니라 아빠의 갑작스러운 죽음을 맞이했던 예측 불가능하고 결핍이 많았던 자신의 아동기 트라우마에서 벗어날 수 있었다. 아빠가 엄격하게 일정을 지키고, '함께하기'를 고집하며 엄마와 시간을 따로 보내는 일이 드물었기 때문에 엄마가 상당히 안정되었던 게 분명하다.

그런데 그날 밤에는 아빠가 집에 올 시간이 됐는데도 나타나지 않았다. 10분이 더 흘러갔지만, 아빠는 여전히 보이지 않았다. 15분, 20분, 30분이나 아빠가 늦었다. 식탁 아래에서 제일 좋아하는 자리를 차지하고 있었던 나는 점점 더 초조해하는 엄마를 지켜보았다. 나는 그 식탁 아래에서 몇 시간 동안 작은 스쿠터를 타고는 두 다리를 바쁘게 놀려 돌고 돌고 또 돌았다. 내게 그곳은 나를 둘러싼 (화목한 가정이라는 피상적인 모습에 숨겨진) 혼돈을 피할 수 있는 안전한 장소였다. 그 안전한 장소에서 스쿠터에 에너지를 쏟아부으면 거의 항상 지속되었던 내면의 혼란을 조금이나마 가라앉힐 수 있었다.

시간이 째깍째깍 흘러갔다. 이제 엄마는 아무렇지 않은 척하지도 않았다. 두 손을 비틀면서 창밖을 내다보았다. 엄마가 아무 말 하지 않아도 얼마나 걱정하는지 느낄 수 있었다. 내 두 다리는 엄마의 불안을 물리적으로 대변하기라도 하듯 점점 더 빠르게 움직였다. 엄마는 무언의 불안감이 점점 더 커지자 자신의 발아래에 있는 작은 생명체를 전혀 의식하지 못했다. 그 순간, 엄마는 정서적으로 내게 반응하지 못했고, 그 자리에 있지 않아서 나의 욕구나 두려움을 알아차리지 못했다. 아니, 그렇게 할 수가 없는 상황이었다. 엄마가 불안감과 트라우마 반응에 잠식당해서 당면한 위협에만 집중했을 때 나는 인정받지 못하는 보잘것없는 존재가 되었다.

인간의 진화적 경험을 이해할 만큼 지혜가 발달하지 못했던 나는 고통스러운 현실 속에 남겨졌다. 그와 같은 사소한 사건들을 겪으면서 나는 '아무도 내 생각을 조금도 안 해줘'라는 핵심믿음을 구축해갔다.

그러던 어느 순간, 갑자기 아빠가 언덕을 걸어 내려왔다. 그 즉시 거의 즉각적으로 방 안의 분위기가 달라졌다. 엄마는 다시 식사 준비를 계속했다.

나는 그런 순간들을 겪으면서 또 다른 교훈도 얻었다. 내적 동요는 오직 외적 요소로 가라앉힐 수 있다고 믿기 시작한 것이다. 엄마처럼 나도 안정감을 느끼고 싶어서 아빠를 대신해줄 누군가를 기다리는 것 같았다. 애인에게 문자메시지를 보냈다가 답장을 받지 못하면 불안해서 미칠 것 같았다. 혹은 누군가가 정서적으로 내 손아귀에서 벗어났다 싶으면 (극히 오싹한) 두려움이 온몸을 덮쳤다. 절망에 빠지고 비이성적으로 되거나 사랑받지 못할 때는 유년기의 그 집에 있는 것 같았다. 또다시 창가에 붙어선 엄마가 보였다. '내 생각을 조금도 안 해주는 사람이지만 내가 살아남으려면 저 사람이 필요해.'

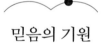

믿음의 기원

아빠가 늦게 퇴근한 것은 사소한 일이다. 하지만 그처럼 사소하고 일상적인 일이 지금의 우리를 만들어준 믿음에 깃든 메시지를 간직하고 있을 수 있다. 그렇다면 믿음이란 정확하게 무엇일까?

믿음은 살아온 경험을 토대로 쌓아 올린 생각이다. 수년간의 사고 패턴이 쌓여 형성된 믿음은 내외적으로 검증받아야 무럭무

력 자라난다. 우리 자신(우리의 개성과 약점, 과거, 미래)에 관한 믿음
은 세상을 바라보는 렌즈 위에 끼워진 필터와 같다. 특정한 생각에
몰두하면 할수록 두뇌는 사고 패턴을 기본값으로 삼는다. 그러한
사고가 스트레스 반응과 미주신경을 활성화할 때는 특히 그렇다.
결과적으로 쉽게 강박으로 변질될 수 있는 내적 혼란이 야기된다.
이것이 바로 감정 중독이라는 조건화된 트라우마 반응에 대한 정
의다.

특정한 생각을 곱씹고 또 곱씹는 습관은 뇌와 신경계, 온몸의
세포 화학작용을 바꿔서 나중에 기본값으로 쉽게 돌아갈 수 있도
록 한다. 다시 말해서 뭔가를 생각하면 할수록 그것을 믿게 될 가
능성이 높아지는 것이다. 이렇게 거듭 쌓아 올린 생각이 진실이 된
다. 조건화된 생리적 조절 장애 패턴이 있는 대부분의 사람들은 반
드시 신경계 균형 회복 작업을 먼저 해야 깊이 뿌리박힌 믿음을 진
정으로 바꿔놓을 수 있다.

믿음이 반복적으로 검증되면 핵심믿음이 된다. 핵심믿음은
자신의 정체성에 관한 뿌리 깊은 인식이다. 일곱 살 이전에 잠재
의식에 자리 잡은 핵심믿음은 자신이 누구인지를 말해주는 이야
기다. '난 똑똑해. 난 매력적이야. 난 활달해. 난 조용한 성격이야.
난 수학을 잘 못해. 난 야행성이야. 난 혼자 있는 게 좋아.' 이런 이
야기들이 '성격'의 틀을 잡아준다. 핵심믿음은 한 치의 의심도 없
이 자신이 쌓아 올린 것이기 때문에 자기 것처럼 느껴질 수 있다.
하지만 대부분은 부모와 가정, 공동체 환경, 인생 초창기 경험에서

얻은 것이다. 안타깝게도 대부분의 핵심믿음은 트라우마에 영향을 받아 만들어진다.

핵심믿음이 형성되자마자 확증 편향confirmation of bias이 시작된다. 자신의 믿음과 일치하는 정보를 얻기 위해 그렇지 않은 정보를 버리거나 무시하는 것이다. 자신이 가치 없는 사람이라고 믿으면 승진을 해도 뭔가 오류가 있었다고 생각한다. 직장에서 우연히, 혹은 자기파괴 행위로 실수를 했을 때는 필연성이라는 렌즈로 비춰보고 이렇게 생각한다. '당연히 내가 실수한 거야. 난 쓸모없어.' 사람들은 일반적으로 부정 편향negativity bias에 휩쓸리는 경향이 있어서 긍정적인 정보보다 부정적인 정보를 우선시한다(가치 있게 평가한다). 그래서 빛나는 실적 평가는 곧 까먹지만, 동료의 따끔한 비판은 절대 잊어버리지 못한다.

이러한 편견은 진화적으로 내장되어 있다. 인류의 초창기 시절에는 행복을 안겨주는 것보다는 죽음을 초래하는 것들에 집중해야 살아남을 가능성이 훨씬 높았다. 자율신경계의 투쟁-도피 반응처럼 이러한 편견은 생리학적 차원의 운영체계에 내장되어 있고 대개 의식으로 통제할 수 없다. 감각 정보를 걸러내고 우선시하지 못하면 밀려드는 정보의 맹공격에 속절없이 당하고 만다. 이 세상에는 항상 많은 일이 벌어지고 있다. 지금 당장 주변 세상 전체를 인정하려고 해보자. 모든 자극을 동시에 받아들이면 두뇌는 제대로 기능하지 못한다.

잠재의식적 여과는 망상활성계RAS의 작업이다. 뇌간에 위치한 신경섬유 다발인 망상활성계는 주변 환경을 걸러내서 필수적이라고 느끼는 것에 집중하도록 도와준다. 또한 뇌의 문지기 역할을 하기 때문에 인생 초창기에 형성된 믿음을 이용해 유입되는 정보를 추려내고 그러한 믿음을 뒷받침해주는 증거를 우선시한다. 이런 식으로 이미 진실이라고 믿는 것을 강화해주는 정보를 적극적으로 수집한다.

익숙하고 흔한 망상활성계 작업 사례를 하나 들자면 이렇다. 새 자동차를 사러 간다고 해보자. 자동차 판매 대리점에 가서 무척 갖고 싶은 모델을 찾아보고, 온라인에서 그 자동차에 관한 정보를 검색한다. 그런데 갑자기 많은 사람이 그 자동차 모델을 몰고 다니고 있다는 것을 알아차린다. 장담컨대 그전에는 거리에서 그 자동차를 본 적이 한 번도 없었는데 말이다. 망상활성계는 전 우주가 당신에게 메시지를 보내는 것처럼 느낄 수 있다. 어쩌면 그 우주란 것은 놀라운 당신의 두뇌가 창조해낸 당신 자신의 우주일지도 모른다.

자동차 쇼핑을 할 때 망상활성계는 확증 편향 그 이상의 작업을 수행한다. 지나친 단순화일지도 모르지만 한 우울증 이론에 따르면 우울증에 걸린 사람들은 부정적인 렌즈로 세상을 걸러본다. 가장 최근에 끔찍하게 나빴던 하루를 떠올려보자. 그날은 부정적인 일이 꼬리에 꼬리를 물고 일어났고, 당신 뜻대로 되는 일이 하나도 없는 것 같았다. 운이 지독하게 없는 것 같았을지도 모른다. 망상활성계도 그날 하루 동안 일어났던 긍정적이거나 중립적인 일들을 걸러내는 작업을 했다. 그로 인해 때로는 두려움의 안개 속에서 헤어나기 힘들다고 느꼈을지 모른다. 망상활성계가 당신을 놔두지 않기 때문이다.

두뇌는 가끔씩 망상활성계 필터를 방어기제로 사용할 수 있다. 실제로는 그렇지 않았음에도 장밋빛으로 물든 완벽한 어린 시절을 보냈다고 주장하는 사람들이 많다. 자신의 아동기를 이상적으로 바라보는 견해는 자기보호 차원에서 나오는 핵심믿음이 된다. 현실 세계에서 완벽한 아동기란 존재하지 않는다. 과거와 현재 경험 전체를 있는 그대로 주시하는 것이 치료의 기본이다.

생각이 우리 자신은 아니라고 2장에서 배웠듯이 핵심믿음도 우리 자신은 아니다. 이런 사실은 간혹 받아들이기가 더욱 힘들다. 핵심믿음이 정체성의 일부처럼 너무 깊이 각인되어 있어서 떨쳐내기 어렵기 때문이다. 아동기 두뇌뿐만 아니라 핵심믿음이 만들어지는 방법에 관해 배우면 배울수록 핵심믿음을 좀 더 잘 주시하고 의식할 수 있다. 궁극적으로는 간직하고 싶은 핵심믿음과 버리고 싶은 것을 적극적으로 고를 수 있다.

잠재의식의 프로그래밍

유년 시절 초창기는 순수한 정신적 정수가 모인 순간이다. 하지만 비행기 옆 좌석에서 시끄럽게 우는 아이를 만나거나 성질을 부리는 아이를 달랠 때는 그 사실을 떠올리기가 쉽지 않다. 아이처럼 천진한 경탄과 놀이, 진실을 말하는 행동은 진정한 자기의 표현이다. 아기는 아직 진정한 자기와 단절되는 삶의 경험이 쌓이지 않은 상태다. 핵심믿음이 아직 형성되지 않은 상태다.

아기의 두뇌는 스마트폰 운영체제처럼 작동한다고 볼 수 있다. 어떻게 걸어야 하는지부터 무엇을 믿어야 하는지, 얼마나 오래 울어야 먹을 것을 얻을 수 있는지 등 모든 것을 '다운로드'할지 말지는 아기에게 달려 있다. 아기가 세상을 말 그대로 눈을 크게 뜨고 행복감에 취한 것처럼 경이롭게 바라보는 것도 놀랄 일이 아니다. 아기는 지속적인 수용과 학습 상태에 살고 있다.

유아기는 끝없는 발명의 시간이다. 인간은 생존에 도움이 되는 언어와 동작, 사회적 상호작용, 인과관계를 배운다. 두뇌의 기초가 되는 신경세포는 뇌파라는 동시 발생 전기 자극을 통해 서로 소통한다. 이러한 뇌파는 인간의 자아를 형성하는 모든 것, 즉 행동과 감정, 생각, 심지어는 신체 역학까지 불러일으킨다. 이것은 갓난아기의 정신에서 일어나는 아름다운 교향곡이다. 이제껏 한 번도 연주된 적 없는 독특한 노래다.

자신과 이 세상에서 차지한 자신의 위치에 관한 핵심믿음이 언제 형성되는지 이제 알겠는가? 그렇다. 바로 엄마의 자궁에서 나오는 그 순간이다. 아기가 이 세상에 태어나자마자 낯선 새로운 세계와 그 세계에서 차지한 자신의 위치를 이해하려고 애쓰면서 두뇌의 중립적 통로가 과도하게 자극을 받아 형성되고 단련된다.

이 시기는 완벽한 의존 상태인 데다 미지의 세계가 무섭게 느껴지기 때문에 겁에 질릴 수 있다. 어린이들도 마찬가지다. 어린이의 두뇌는 그러한 의존성의 영향력을 완전히 파악할 정도로 성숙한 상태가 아니다. 그럼에도 여전히 자신의 취약성에 내재한 두려움을 느낄 수 있다. 직접적인 측면(음식과 주거지, 사랑 같은 기본적인 필수요소의 이용 가능성 여부)과 거시적 측면(개발도상국이나 억압적 체제 혹은 세계적 대유행과 같은 거주 환경)에서 주변 환경에 영향을 받기 때문이다. 강렬한 욕구가 들끓는 이 시기에 이러한 모든 요소가 안정감과 위안을 주거나 아니면 그 부족 상태를 낳고, 신체와 정신에 깊이 각인된다.

가장 깊은 각인을 새겨 넣는 사람은 바로 강한 유대감으로 연결된 부모다. 새롭게 등장한 신경과학에서는 부모가 아이의 두뇌에 어마어마한 영향을 미친다고 주장한다. 한 연구는 성인과 아기가 서로 시선을 맞출 때 두 사람의 뇌파가 실제로 일치하면서 '공동 네트워크 상태jointed networked state'가 발생한다는 사실을 밝혀냈다. 이러한 상태에서는 두 사람이 말하지 않아도 서로 연결된다.

부모가 없으면 신체적으로나 정서적으로 굶주리게 된다. 인간의 주요 목적은 사랑을 받는 것이다. 사랑받는 사람은 안전해지고, 배불리 먹고, 대체로 보살핌을 받을 가능성이 크다. 이러한 상태는 아동기의 두뇌 발달에도 이롭다. 이 모드가 바로 4장에서 배웠던 사회적 참여 모드다. 사회적 참여 모드는 안전하고 안정적이라서 뛰어놀고, 모험을 하고, 학습할 수 있는 평화로운 상태다. 이처럼 안전한 상태는 신경 발달과 행동 발달의 중요한 단계를 완성하는 데 필수요소다. 이러한 '학습형 두뇌'는 안정감을 느껴서 새로운 모험을 하도록 이끈다. 또한 넘어져도 다시 일어설 수 있게 해준다.

세상과 연결하고, 세상을 헤쳐 나가고, 스트레스에 대처하는 것을 공동조절(주방 창문에 관한 내 이야기 참조)이라고 한다. 이러한 공동조절 능력은 부모한테서 실마리를 찾아 배운다. 공동조절은 정신뿐만 아니라 신체의 학습 경험이다. 이는 부모한테서 감정적 반응을 누그러뜨리고 사회적 참여 모드 기저선으로 돌아가는 법을 배울 때 이루어진다. 이러한 조절 능력을 배우지 못하거나 안전하지 못하다고 느껴서 배우려는 시도조차 하지 않으면 투쟁-도피-경직 활성화 상태로 진입하고, 결과적으로 신경인지가 환경을 살펴보고 모든 곳에서 위협을 감지한다.

투쟁-도피-경직 모드에 갇혀 있을 때는 모든 자원을 스트레스 관리에 쏟아붓는다. 간단히 말하자면 아이의 두뇌가 고통받는다. 아동기는 취약성이 높은 시기다. 혼자서는 생존할 수 없는 이 시기에 부모가 생존에 방해가 되는 것을 알려주지 않으면 스트레스 신호가 아이의 온몸으로 퍼져나간다. 결과적으로 '생존형 두뇌'가 인지된 위협에 과도하게 집중하고, 세상을 흑백논리로 바라보고, 종종 강박과 공포에 사로잡히고, 악순환의 사고에 휩쓸리기 쉽다.

특히 두 살까지의 두뇌는 뇌파 주기가 가장 느리고 진폭이 가장 높은 델타 상태에서 기능하기 때문에 더더욱 그렇다. 이와는 대조적으로 성인은 깊이 잠들었을 때만 델타 상태로 진입한다. 델타 상태는 학습 및 암호화 모드다. 이 상태에서는 스펀지 같은 신생아의 두뇌가 흡수에 매진하기 때문에 비판적 사고 능력이 없다.

두뇌는 뇌파가 세타 상태로 변하는 두 살에서 네 살 사이에 한층 더 발달한다. 세타 상태는 성인의 최면 상태와 같다. 세타 상태에서는 아이가 내면에 집중한다. 이때 아이는 가장 깊숙한 내면의 상상력에 연결되고, 종종 꿈과 현실을 구별하지 못한다. 이 시기에 걸음마를 배우는 아이들은 비판적인 사고 기술도 습득하지만 여전히 자기중심적인 상태에 머문다. 이러한 발달 단계에서는 자신의 관점 이외의 관점으로는 보지 못한다.

'자기중심적'이라는 용어의 정의는 이기적인 성인과는 아무런 상관이 없다. 아동기의 자기중심주의는 자기와 타인의 차이를 이해하지 못하는 발달 단계를 말한다. 그래서 자신에게 일어나는 모든 일이 자기 탓이라고 믿는다. 두뇌 발달 과정에서 말 그대로 다른 사람의 관점에서 세상을 바라보지 못하는 것이다. 여기서 '다른' 사람에는 부모와 형제자매, 혹은 다른 친한 친척도 해당한다. 신체적·정서적·심리적 욕구가 충족되지 못한 아이는 소홀한 대우에 대한 책임을 잘못 떠안아서 흔히 잘못된 믿음(내가 나쁜 아이라서 아무도 날 도와주지 않는다는 믿음)을 내재화하고 나아가서 더욱 광범위하게 (세상은 나쁜 곳이라고) 일반화시킨다. 이러한 자기중심적 생각은 부모와 관계에서 정서적으로 고통스러운 경험을 이해하려고 할 때 나타날 수 있다. 사무실에서 스트레스를 잔뜩 받고 돌아온 아빠가 고함칠 때 아이는 그 분노의 원인이 자신이 아니라는 사실을 이해하지 못한다.

다섯 살쯤 되어 인지 발달과 정서 발달이 다음 단계로 들어서면서 분석적 사고가 생겨날 때까지 그러하다. 물론 이 시기에도 여전히 무엇이 진짜이고 가짜인지를 구분하기 어려워할 수 있다. 하지만 이성적 사고를 하고, 인과관계(이야기를 잘 듣지 않으면 생각의자에 앉아 있어야 한다)를 이해하기 시작한다.

이 단계 다음에는 뇌파가 가장 빠르고 진폭이 가장 낮은 베타 상태가 이어진다. 7세에 시작되는 베타 상태에서는 비판적이고 논리적인 사상가가 되어 현재에 더욱 몰입하게 된다. 이것은 발달 중인 성인 사고다. 하지만 이때쯤에는 이미 핵심믿음이 축적되고 잠재의식적인 프로그래밍이 끝나서 성인기의 일상적인 삶에 영향을 미친다.

유년 시절의 반복된 메시지

두뇌가 발달하면서 주거지와 음식, 사랑을 갈구하는 기본 욕구가 점점 더 복잡하고 미묘하며 광범위해져서 신체적·정서적·정신적 전체성 추구로 변해간다. 인간의 정신은 본질적으로 다음과 같은 세 가지 욕구를 지닌다.

1. 날 봐주기를 바라는 욕구
2. 내 말을 들어주기를 바라는 욕구
3. 진정한 자기를 독특하게 표현하고 싶은 욕구

이러한 모든 욕구를 항상 충족시킬 수 있는 사람은 거의 없다. 스트레스에 지친 부모는 두말할 것도 없고 가장 완벽한 깨우침을 얻은 가족들에게도 한계가 있다. 아이의 정서적 욕구가 적절하게, 혹은 지속해서 충족되지 못할 때 아이는 종종 자신이 그러한 욕구가 충족될 정도로 가치 있는 사람이 아니라는 잠재의식적 믿음을 갖게 된다. 정서적으로 부정당한 아이는 과잉보상 행동을 취한다. 부모가 타당하거나 가치 있다고 생각하는 것을 기준으로 자신의 일부분을 과장하고, 다른 일부분을 부인하는 것이다.

자신의 감정에 압도당해 불편해하는 부모는 아이가 고통스러워하는 모습을 보고 이렇게 말할지도 모른다. "넌 너무 예민해." 이때 아이는 사랑받는 게 최우선 목적이기 때문에 계속 사랑받기 위해서 자신의 인지된 민감성을 억누르거나 숨긴다. 이런 패턴이 계속되면 아이는 '강인해지거나' 자신과 분리되어 진정한 자기를 무시하고 거짓 자기를 내세울 수 있다.

이러한 행동은 자신의 정체성 일부가 받아들여지지 못한다는 핵심믿음에서 나온다. 나는 많은 남성 내담자들과 친구들한테서 그런 문제점을 자주 목격했다. 남자가 감정을 표현하면 수치스럽다거나 실망스럽다는 해로운 남성성 과잉 모델을 보고 자란 사람들이 있다. 이들은 자신들에게도 정서적 세계가 있다는 사실을 인정하는 것조차 힘들어할 수 있다. 이런 경우에는 부모와 가족뿐만 아니라 사회 전체의 조건화와 맞서 싸우는 셈이 된다.

이처럼 사소하나 반복된 메시지는 종종 핵심믿음으로 내재화된다. 예컨대 엄마를 도와서 형제자매를 돌보는 아이는 이런 이야기를 듣곤 한다. "네가 정말 큰 도움이 되는구나. 커서 아주 훌륭한 엄마가 되겠어." 이런 이야기를 충분하다 싶을 만큼 계속 들으면 '사랑받기 위해서는 다른 사람들을 돌봐야 한다'는 핵심믿음이 생길 수 있다. 시간이 지남에 따라서 자기 자신을 챙기거나 자신의 욕구를 인정하는 것조차도 이기적이라고 느끼게 된다.

또 다른 경우에는 "네 형을 좀 닮았으면 좋겠구나"라는 소리를 계속 들을 수도 있다. 이때는 자신이 형제자매만큼 훌륭하지 않다는 핵심믿음이 생겨나고, 결국에는 자존감이 낮아진다. 자신을 다른 사람들과 비교할 가능성도 커져서 자신이 있는 그대로도 매우 훌륭하다는 사실을 절대 믿지 못한다. 혹은 내가 그랬던 것처럼 그다지 열심히 하지 않고도 보상과 인정을 받을 때도 있다. 이 경우에는 '나는 내가 천부적으로 잘하는 일만 즐기고, 힘들거나 바로 능숙해지지 않는 일은 그만둔다'는 믿음이 생긴다. 이것은 내 핵심믿음의 중심 사상이었다. 나는 내가 이기는 놀이만 하고 싶었다.

핵심믿음의 상당 부분은 부모가 형성해주지만, 그 못지않게 커다란 영향을 미치는 요소는 좀 더 광범위한 환경이다. 우리의 교육 시스템은 아동에게 개별 맞춤 교육을 하지 못한다. 그 때문에 '일방적인 교수 모델'을 사용해서 아동에게 성취하고 검증받기 위해 더 큰 기관에 적응하라고 강요한다. 이러한 압력은 특정 행동과 유형, 혹은 일부 외양만 타당하다고 인정하는 또래들 때문에 더욱 심화된다. 그로 인해 때로는 무의식적으로 내재화한 자신의 정체성을 설명해주는 '멍청이', '잡년', 혹은 '운동광' 같은 범주에 자신을 넣기도 한다.

예컨대 자연과학 분야에서는 여성이 남성보다 뒤떨어진다고 믿는 문화권에 사는 경우 수학을 잘 못하는 젊은 여성은 자신에 관한 정확하지 못한 진실을 내재화할 수 있다. 자신이 예쁘고 날씬하지 못하다거나 충분히 똑똑하지 못하다는 믿음이 내재화되면 망상활성계는 사회에서 그 믿음을 확증해주는 정보를 찾으려고 한다.

성인기에도 '스펀지' 같은 아동기에 구축한 핵심믿음, 대개는 부정적인 믿음을 적용한 필터로 세상을 바라보는 경향이 있다. 그보다 더 정확하고 완벽한 최신판 이야기는 무시하면서 핵심믿음을 계속 강화하면 진정한 자기와의 단절은 심해진다. 바로 이 때문에 거의 모든 성인이 필사적으로 자신을 봐주고 자신의 말을 들어주기를 바라며, 외부에서 검증받으려고 한다.

이러한 검증받고 싶은 욕구는 공동의존성과 만성적인 비위 맞추기, 순교의 형태로 나타날 수 있다. 아니면 완전히 정반대로 불안과 분노, 적대감으로 표출될 수도 있다. 단절이 심해질수록 우울증과 무기력, 혼란, 갇히고 길을 잃은 느낌이 강해진다. 갇힌 느낌과 무기력이 강해질수록 자신의 감정을 주변 사람들에게 더욱 강하게 투사한다.

인간의 믿음은 놀랄 정도로 강력해서 잠재의식을 통해 일상적인 경험을 계속 만들어나간다. 이러한 믿음, 특히 핵심믿음은 하룻밤에 형성된 것이 아니고, 하룻밤 사이에 변하지도 않는다. 헌신적으로 끈기 있게 시도해야 그러한 믿음을 바꿀 수 있다. 진정으로 변하고자 한다면 자신이 진짜 어떤 사람인지 알아야 한다. 이러한 과정의 하나가 당신 안에 있는 내면아이를 만나는 것이다.

나의 핵심믿음 조사하기

자신의 핵심믿음을 성찰하고 기록하는 시간을 갖는다. 믿음이라는 단어가 부담스럽게 느껴지거나 자신의 믿음이 무엇인지 몰라도 상관없다. 믿음이란 단순하게 지금껏 쌓아 올린 생각이라는 사실을 명심하자. 당신은 자기 자신과 다른 사람들, 주변 세계, 미래, 그 밖에 많은 주제들에 관해서 핵심믿음을 갖고 있다. 하루 종일 당신의 마음을 차지하는 주제들과 이야기들을 주시하고 떠오르는 대로 기록해보자. 아래 문장을 사용해도 좋고, 다른 분야나 주제를 추가해도 좋다.

- 나 자신에 관한 생각: _____
- 다른 사람들이나 나의 인간관계에 관한 생각: _____
- 내 과거에 관한 생각: _____
- 내 현재에 관한 생각: _____
- 내 미래에 관한 생각: _____

새로운 핵심믿음을
만들어나가는 연습

믿음이란 생각이 쌓인 것이다. 그러므로 새로운 믿음을 형성하기 위해서 새롭게 생각하는 연습을 해야 한다는 사실은 전혀 놀라울 게 없다. 나의 핵심믿음을 조사하는 치유 작업에서 기록했던 주제와 이야기 중에서 바꾸고 싶은 것을 하나 골라본다. 어느 것을 선택해야 할지 잘 모르겠다면 맨 처음 떠오르는 직감을 따르자. 그래도 모르겠다면 당신의 믿음이 달라졌을 때 가장 크게 영향을 받는 것이 무엇일지 생각해본다.

바꾸고 싶은 믿음을 골랐다면 어떤 새로운 생각을 하고 싶은지 생각해본다. 간단하게 지금 현재의 믿음과 상반되는 것을 생각할 수도 있다. 예를 들어 '나는 충분히 훌륭하지 않아'라는 자신의 생각을 찾아냈다면 많은 사람이 그렇듯이 '나는 이대로 충분해'라고 믿고 싶을 것이다.

- 과거의 믿음: _____

- 새로운 믿음: _____

이 새로운 믿음은 당신의 새로운 일일 확인주문이나 만트라(기도나 명상 때 외우는 주문—옮긴이)가 된다. 이제 이 새로운 생각을 연습하고 싶어질 것이 다. 그것도 아주 많이. 이 새로운 확인주문이나 만트라를 어딘가에 혹은 모 든 곳에 써놓고 싶을 수도 있다. 만약 그렇게 한다면 그 새로운 생각이 눈 에 보일 때마다 암송해보자. 아니면 하루 중 특정한 시간, 아침이나 저녁에 일상적으로 그 새로운 생각을 연습하는 게 더 좋을 수도 있다.

이 새로운 생각을 진실로 받아들이기 힘들더라도 걱정하지 말자. 당신이 그 새로운 생각을 진실로 받아들일 거라는 생각은 한순간도 하지 마라. 적 어도 당장 그렇게 되지는 않는다. 연습이 필요하다. 시간이 지나면서 그 새 로운 생각이 언젠가는 아주 작은 부분이나마 진실이 될 수 있다는 가느다 란 가능성이 있다고 두뇌를 재교육할 수 있다. 그날이 언제 올까에 지나치 게 집착하지 않으면 언젠가는 어렴풋이 빛나는 그날을 맞이할 것이다. 나 도 그랬으니까.

Chapter 07
상처 입은 내면아이

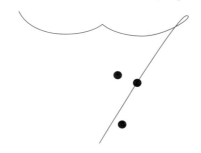

앤서니를 만난 사람이라면 누구든 제일 먼저 그의 굵직한 뉴욕 억양을 알아본다. 내가 브루클린 주변의 지하철을 타고 다니던 시절을 떠올리게 하는 억양이었다.

앤서니는 가족의 뜻을 따르려고 최선을 다했음에도 가톨릭교를 믿는 이탈리아 대가족의 '골칫거리'였다. 앤서니는 '악행은 지옥행 티켓'과 같다는 옳고 그름에 관한 일반적인 윤리를 배웠다.

어렸을 때조차도 자신이 형제들과 다르거나 형제들과 달리 나쁜 아이라고 생각했다. '나쁜 아이'라는 생각은 앤서니가 학령기에 접어들기도 전에 성추행을 당했을 때부터 시작됐다. 그 당시 앤서니를 성추행했던 동네 아이는 자기 집에서 당한 대로 남을 학대하는 연습을 하고 있었다. 앤서니는 자신이 사악한 사람임을 알려주려고 하나님께서 보내신 메시지가 성폭행일지도 모른다고 생각했다. 특히 다른 남자아이와 그런 일이 있었기 때문에 그런 생각은 더더욱 강해졌다. 게다가 앤서니의 아빠가 술을 마시면서 신체적으로나 언어적·정서적으로 앤서니를 학대하기 시작했다. 결국 앤서니는 자신이 선천적으로 나쁜 아이라고 확신하게 되었다.

이처럼 앤서니에게 가해진 학대는 형제들과 달리 다소 온순하고 감정적인 성격에 대한 반작용이었다. 집에서 지내기가 점점 더 불편해지자 앤서니는 10대 시절에 동네 형들과 더욱 많은 시간을 보냈다. 그러다가 그들 중 한 명이 앤서니를 성추행하는 사건이 또다시 발생했다. 앤서니는 자신이 '그 일을 원했다'고 여겼고, 가해자와의 만남을 즐겼다고 믿었다.

직관적으로는 그러한 성폭행이 잘못된 일이고, 자신이 원한 게 아니었으며, 오히려 그 일로 고통받고 있음을 알았다. 마침내 용기를 짜내어 가까운 가족에게 그 사실을 털어놓았는데, 오히려 사고뭉치 취급을 받았다. 한편 아빠의 신체적 학대와 음주가 점점 더 심해져서 결국 앤서니는 친척 집에 맡겨졌다. 집에서 쫓겨난 앤서니는 깊은 우울증에 빠졌고, 몰래 술을 마시기 시작했다.

머지않아 포르노 비디오테이프와 포르노 잡지를 강박적으로 수집했다. 결국에는 다른 사람들과 고립된 채 자신만의 성적 환상에 빠져 살았다. 한편 매주 친척 집 가족들과 함께 교회에 다니면서 섹스와 성생활은 죄악이며, 하나님의 의지에 반하는 것이라는 설교를 계속 들었다. 그 바람에 앤서니는 성적 망상과 충동 행동을 자주 하는 자신을 더욱 수치스럽게 느꼈다. 점점 커지는 성적 충동과 페티시를 누군가에게 털어놓을 수도 없었다. 결국 앤서니는 그러한 자신의 비밀이 죄악의 증거라고 생각했다. 치유는 오직 기도와 회개, 스스로에게 가하는 벌을 통해서만 가능하다고 배웠다. 물론 그 무렵에는 이미 자신을 '치유 불가능' 상태라고 체념했다.

앤서니는 교회와 가족들의 비난 어린 시선을 피해 대학에 진학해야만 이 끝없는 고통에서 벗어날 수 있다고 생각했다. 그래서 대학교 진학을 자신의 존재와 경험에서 달아날 기회로 삼았다. 하지만 그래봤자 학대와 수치심에 괴로워하는 내면아이를 다른 곳으로 보낼 뿐이라는 사실은 전혀 인지하지 못했다.

외양만 놓고 봤을 때 앤서니는 완벽해 보였다. 월스트리트에서 크게 성공한 증권 중개인에다 매력적인 몸매의 남성이었다. 덕분에 앤서니는 가장 좋은 것들에 둘러싸여 사치스러운 삶을 살았다. 그와 동시에 친한 친구들과 관계를 끊은 채 그림자 같은 존재로 살았다. 압박감이 높고 요구사항이 많은 직업상의 스트레스를 해소하려고 남몰래 술을 점점 더 많이 마셨다. 다른 사람들에게는 자신의 또 다른 나쁜 습관을 보여주고 싶지 않았기 때문이다.

이렇게 고립된 채로 몰래 술을 마시는 동안 포르노 자료 수집 수준에서 벗어나 자신의 내밀한 탐욕을 채워줄 성적인 경험을 찾아보기 시작했다. 색다른 성적 환상을 충족시켜주는 온라인 플랫폼을 돌아다니면서 여자들을 골라 의미 없고, 때로는 신체적으로 공격적인 성관계를 합의하고 가졌다. 그렇게 욕구를 풀고 나면 그 즉시 감당하기 힘든 자기혐오에 사로잡혔다. 앤서니는 그런 만남을 갖는 자신이 지독하게 수치스러웠고, 천장을 올려다보면서 용서와 평화를 간절하게 빌었다. 앤서니의 핵심믿음 가운데 하나는 '나는 성적으로 극히 나쁜 사람이야'라는 생각이었다. 앤서니는 그 믿음을 계속 강화해나갔다.

수년간 은둔 생활을 하면서 앤서니는 결국 신경 쇠약 상태에 빠져 남아 있는 친구들과 가족들과의 관계도 끊어버렸다. 몇 달간 집 안에서 커튼을 쳐놓고 나오지 않았다. 자신이 결코 헤쳐 나갈 수 없는 세상과 단절해버렸다. 앤서니는 점점 짙어지는 우울증에 빠져들어 '정상'이 될 수 있다는 희망을 버렸다. 그러다 마침내 내면의 깊은 갈등을 해결하려고 자궁과도 같은 집에서 빠져나왔다.

그전에는 자신의 성적 충동과 중독에 관한 진실을 누구에게도 털어놓지 않았다. 쇠약 및 고립 상태에 이르기 전까지는 그 사실을 털어놓겠다는 생각만 해도 정신이 무너지는 것 같았다. 그랬던 앤서니가 든든한 트라우마 치료사의 도움을 받아 자신의 숨겨진 성적 충동과 성적 중독에 관한 걱정을 처음으로 털어놓기 시작했다. 마치 앤서니의 내면에서 댐이 터진 것만 같았다. 이제 앤서니는 자신이 가해자들에게 사육당하고 희생당했음을, 자신이 그러한 학대를 자초한 것이 아니었음을 깨달았다. 하지만 자신의 비밀을 밝히고 난 후에도 여전히 크나큰 고통 속에서 살았다.

바로 그때 그는 자신의 내면아이를 만나기로 마음먹었다.

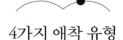

4가지 애착 유형

'내면아이inner child' 개념을 소개하기 전에 초기 아동기의 유대가 얼마나 중요한지를 설명하고자 한다. 간단하게 말하자면 주 보호자인 부모와의 관계가 성인기에 경험하는 모든 관계 역학의 기반이 된다. 이를 일컬어 '관계 애착relatonships attachment'이라고 한다.

1952년에 영국의 정신분석가 존 볼비John Bowlby는 런던 병원에서 부모와 아동의 관계를 연구한 후에 애착 이론을 제시했다. 아이들은 부모의 관심을 끌려고 울거나 미소 짓는 등 다양한 애착 행동을 사용했다. 볼비는 아이들의 강한 반응이 생존 본능에서 나온다고 결론지었다. 볼비가 '인간의 지속적인 심리적 유대'라고 정의한 엄마와 아이 사이의 애착은 양쪽 모두에게 '진화적으로 유익'하다. 특히 타인에게 완전히 의지해서 살아가는 아이에게는 더더욱 그렇다.

볼비는 애착이란 아기의 사회적·정서적·인지적 발달에 필수요소라고 결론 내렸다. 발달심리학자 메리 에인스워스Mary Ainsworth는 볼비의 연구를 계속 이어가서 낯선 상황 분류strange situation classification 기법을 개발했다. 이러한 기법은 엄마가 잠시 방을 나갔다가 돌아왔을 때(때로는 아이가 낯선 사람과 함께 남았을 때) 아이의 반응을 관찰해서 각기 다른 애착 유형을 평가하는 것이었다. 부모가 아이 곁에서 안전한 지지 기반이 되어줄 때가 가장 이상적이다. 이때 아이는 부모와 잠시 떨어져도 안정을 찾자마자 자유롭게 돌아다니고 놀고 탐색한다. 물론 항상 그렇지는 않다. 에인스워스와 그녀의 동료들은 생후 18개월 동안 나타나는 네 가지 애착 유형을 관찰해서 요약했다.

∞

1. **안정 애착**: 안정적으로 애착 형성이 잘된 아기는 엄마가 방을 떠난 후에 잠시 당황하지만 빠르게 안정을 되찾는다. 엄마가 돌아오면 마음을 활짝 열고 엄마와의 재회를 받아들인다. 이때 엄마는 아이가 탐색하고 상호작용할 수 있는 안정적인 집과 같은 긍정적이고 안정적인 환경을 제공하는 것 같다(앞서 배운 용어로 설명하자면 안정 애착은 아이가 신경계의 사회적 참여 모드로 진입하게 해준다).

2. **저항 애착**: 저항 애착이 형성된 아기는 엄마의 부재로 무척 고통스러워하고 스트레스를 받아서 엄마가 없는 동안 내내 불안해할 수 있다. 엄마가 돌아와도 아이는 쉽게 안정되지 않고, 엄마한테 달라붙어서 떨어지지 않으며, 심지어는 자리를 떠난 엄마에게 벌을 줄 수도 있다. 이것은 일반적으로 아이의 욕구와 부모의 관심이 일치하지 않아서 생기는 결과다.

3. **회피 애착**: 회피 애착이 형성된 아기는 엄마가 떠날 때 스트레스 반응을 거의 보이지 않고, 엄마가 돌아와도 거의 아무런 반응을 하지 않는다. 이런 아기는 엄마한테서 위안을 받으려고 하지 않는다. 엄마를 적극적으로 피하는 아기도 있다. 단절된 부모가 아기 혼자서 자신의 감정을 헤쳐 나가도록 내버려뒀을 때 이런 상황이 발생한다. 이런 아기는 자신의

정서적 상태에 관한 문제를 해결하려고 부모에게 도움을 요청하지 않는다. 부모가 그런 상황에서 자신을 지지해준 적이 없었기 때문이다.

4. **혼란 애착**: 이 유형의 아기는 예측 가능한 반응 패턴을 보이지 않는다. 때로는 극도의 고통과 스트레스를 표출한다. 또 어떤 때는 아무런 반응도 보이지 않는다. 이 유형은 네 가지 애착 유형 중에서 가장 희귀하고, 전형적으로 심각한 학대와 방치처럼 ACE 테스트의 아동기 트라우마와 연관되어 있다. 아기를 둘러싼 세상은 극히 예측 불가능해서 몸이 어떻게 반응해야 하는지, 어떻게 안정감을 찾아야 하는지를 모른다.

부모와의 안전하고 안정적인 유대가 깊어질수록 아이는 이 세상에서 좀 더 안전하고 안정적인 느낌을 받는다. 유아기에 안정 애착을 형성한 사람들이 성인기에도 안정 애착을 형성한다는 연구 결과가 반복해서 나오고 있다. 이는 유아기에 부모와의 긴밀한 유대가 아이의 인생에 평생 영향을 미친다는 사실을 보여주는 놀라운 결과다.

뇌 스캔 결과에서도 생후 15개월 동안 안정 애착을 형성한 아동의 회백질(세포와 신경섬유를 포함한 뇌의 일부분)이 그렇지 않은 아이의 회백질보다 훨씬 더 커서 뇌가 더욱 건강하게 기능한다는 사실을 보여준다. 게다가 유아기에 안정 애착이 형성되지 못하면 사회적 불안, 행동 장애, 그 밖에 다른 심리진단을 받을 가능성으로 이어진다.

최근에는 몇몇 연구학자들과 임상의들이 애착 이론의 개념을 직계 부모에서 대가족 단위로 확대했다. 한 예로 애착 이론을 형제자매와 가까운 친척들을 포함한 가족 단위로 확대한 머레이 보웬Murray Bowen 박사의 가족체계 이론family system theory이 있다. 이는 우리 인간 존재의 관계망을 개개인과 직접적인 환경보다 더 큰 공동체와 세계 전반으로 확대한 이론이기 때문에 아주 중요하다고 생각한다.

물론 누구는 어떻고 나는 어떻다는 꼬리표가 중요하다는 말은 아니다. 하지만 자신이 어떤 애착 유형과 유사한지를 알면 큰 도움이 된다. 전 세계 결혼과 부부 상담자들이 늘 하는 소리가 있지 않은가? 특히 연인 관계에서 애착이 우리 내면에 존재한다고 말이다. 사실 성인기에 내면아이가 입은 상처는 종종 애착에 기반한 것이다. 그래서 애착은 앞으로 진행할 치유 작업의 경험적 기반이 된다.

내면아이란 무엇인가?

어렸을 때 나는 당혹스러워하는 모습을 보인 적이 없었다. 내 신경을 건드릴 수 있는 게 아무것도 없는 것처럼 보였다. 표정은 먼 곳을 향한 채 마치 내가 방을 나간 것처럼 보였지만 사실 내 몸은 여전히 그 자리에 있었다. 온몸의 모공은 곧 터져나갈 것 같은 격한 감정을 품고 있었다. 하지만 그 강렬한 감정을 어떻게 처리해야 하는지 몰랐다. 그래서 생존기제로 그러한 감정과 거리를 두는 법을 터득했다.

내가 감정과 거리 두기를 강화해갈수록 내면세계를 부정하기가 더욱 쉬워졌다. 나는 내 몸과 감각, 느낌 등 나의 자기와 분리되었다. 감당하기 힘든 끝없는 경험들로부터 나 자신을 보호하기 위해서 '우주선'에 올라탔다. 남들은 그런 나를 보고 무심하고 냉담하다고 했다. 나는 그런 평가를 내재화했다. 내가 감정적이지 않은 사람이라고 진심으로 믿었고, 무슨 일이 있어도 아무런 영향을 받지 않는 내가 내 핵심 존재의 일부가 되었다. 하지만 내 내면 깊숙한 곳에는 불이 활활 타올랐다. 나는 거기에 다가가기는커녕 그 존재를 인지하지도 못했다. 그냥 분리되고 멀어진 느낌을 받았고, 무엇을 해도 즐겁거나 기쁘지 않았다.

나는 10대 초반에 플라스틱 물파이프로 마리화나를 처음 흡입했고, 처음으로 위스키를 마셨다. 그 후부터 외적으로 현실에서 분리되려고 약물을 이용했다.

나 자신이 정서적으로 상당히 수용적인 사람이라고 아무리 믿어도 사람들과 연결되는 것 같지 않았다. 연인에게 (그날 창가에서 아빠가 집에 돌아오지 않을까 봐 겁에 질렸던 엄마처럼 나도 연인이 나를 떠날까 봐 두려워서) 사납게 화를 폭발시킬 수도 있었지만 대부분은 분리와 회피, 무반응으로 대응했다. 진심으로 뭔가를 사랑했다가는 빼앗길 수도 있어서 그 무엇에도 지나치게 사랑하지 않는 법을 배운 사람처럼 행동했다. 단순히 누군가를 잃고, 누군가에게 버림받을 것 같아서 그런 게 아니었다. 특정한 사람이 없으면 살아남지 못할 것 같다는 두려움 때문이었다. 그래서 나는 누구도 뚫고 들어올 수 없는 단단한 껍질로 나를 감쌌다. 자신의 욕구를 모를 뿐만 아니라 그런 욕구가 아예 없는 사람이 되어갔다.

그러다가 자신을 직시하는 실습을 하면서 내 생각을 알아차렸고 단절 상태임을 깨달았다. 그 과정에서 반복되는 이야기, 아동기에 부엌 식탁 아래에 숨어서 '내 생각을 조금도 안 해줘'라고 느꼈던 것과 유사한 이야기에 계속 빠져들었다. 그러한 믿음은 사라지지 않았다. 무슨 일을 경험하든 거의 매번 그 존재를 느낄 수 있었다. 정서적 반응을 보일 때, 분노에 가득 차고 분리될 때도 마찬가지였다. 물론 들어봐야 하는 이야기도 있었지만 나는 들을 준비가 되어 있지 않았다.

우연히 치료사 존 브래드쇼John Bradshaw 의 작업을 알게 됐다. 브래드쇼는 약물남용 문제가 있는 사람들의 내면아이를 연구하는 데 온 힘을 쏟았다.

알코올의존증인 아버지 밑에서 자란 브래드쇼는 자신의 아동기 경험을 이야기했다. 약물남용 문제가 있는 부모 밑에서 자란 많은 아이처럼 브래드쇼도 술을 마시기 시작했다. 브래드쇼는 자신이 결혼해서 이룬 가족의 내력뿐만 아니라 자신이 태어난 원가족의 내력을 점점 더 깊이 연구했다. 그 결과 가족 구성원 중에서 깊이 상처받은 내면아이를 마주하지 않은 사람이 한 명도 없다는 사실을 깨달았다. 저서 『상처받은 내면아이 치유』를 통해 많은 사람이 아동기 트라우마를 해소하지 못해서 '유독한'(브래드쇼의 용어) 관계에 빠져든다는 흥미로운 개념을 제시했다. '과거에 상처받고 방치당한 내면아이가 인류 불행의 주요 원인이다.' 브래드쇼는 이렇게 기록했다.

나는 광범위한 훈련과 실습 과정에서 브래드쇼가 언급한 것과 유사한 패턴들을 목격했고, 모든 사람이 아이 같은 부분을 지니고 있음을 알았다. 그 아이 같은 부분은 자유롭고, 경이와 외경심으로 가득 차 있으며, 진정한 자기의 내적 지혜와 연결되어 있다. 신경계의 사회적 연결 지대에서 안전하게 지내고, 자발성과 개방성을 느낄 수 있을 때만 그 아이 같은 부분에 접근할 수 있다. 이 아이 같은 부분은 놀기 좋아하고 자유롭거나 시간이 흐르지 않는 것 같은 순간에 충실하다. 이와 동일한 내면아이 같은 부분이 인정받지 못할 때 종종 충동적이고 이기적인 반응을 보이면서 성인기에 영향을 미친다.

이러한 반응은 내면아이가 아동기 트라우마에 대한 반응으로 안고 살아가야 하는 핵심 상처에서 비롯된다. 내면아이는 잠재의식을 통해 표현된 아동기의 정서적·신체적·심리적 욕구가 계속 충족되지 못할 때 상처를 입는데, 현재의 자기에게 지속적인 영향을 미친다. 다른 사람의 욕구를 모두 충족시켜주는 것은 거의 불가능하다. 특히 쌍방이 모두 각자의 해소되지 못한 트라우마를 안고 있을 때는 더더욱 그렇다. 대다수 사람들은 아무도 자신을 봐주지 않고, 자신의 말을 들어주지 않고, 사랑해주지 않는 것 같다고 느낀다. 이러한 고통을 평생 안고 살아간다. 심지어는 나르시시스트도 진정으로 극한 자기애 상태를 유지하며 살지 못한다. 그보다는 깊이 고통받는 내면아이에게 반응하는 '어른아이' 같은 사람들이다.

누구나 상처를 건드리면 정서적으로 활성화될 수 있다. 그런 상처를 가장 극심하게 활성화시키는 사람은 연인이다. 연인이나 친구와 큰 소리로 싸우다가 문을 꽝 닫거나 발을 쿵쿵 구를 수 있다(기본적으로 성질을 부릴 수 있다). 말 그대로 '장난감'을 집어 들고 '모래놀이터'를 떠날 수 있다(직장에서 성공을 나누지 않으려 하고, 식당에서 적게 먹었는데 음식값을 똑같이 나눠 내는 게 짜증 날 수 있다). 내면아이는 정서적 대응 능력이 제한되었을 때 형성되는 겁에 질린 정신의 일부분이다. 그렇기 때문에 많은 사람이 위협을 받거나 기분이 안 좋을 때 아이처럼 행동하고 아이 같은 상태에 갇혀 있다. 성인의 몸에 깃들어 있는 어린아이는 정서적으로 무지하다.

전형적인 내면아이 상태를 설명해주는 공통적인 성격 유형이 있다. 많은 사람이 그중 하나 이상의 유형에 속한다고 생각할 것이다. 이 유형들은 다양한 내면아이 반응을 파악하는 데 유용하다. 그중에서 내가 자주 목격한 유형은 남을 돌보면서 자기 가치를 찾는 돌보미 유형부터 자신만만하고 행복해 보이지만 지속적으로 외부의 검증을 받아야 온전함을 느끼는 파티 스타 유형에 이르기까지 총 일곱 가지가 있다. 이러한 유형들의 공통점은 자신을 봐주고 자신의 말을 들어주기를 바라고, 사랑받기를 바라는 내면아이의 욕구에서 나온다는 것이다. 그러한 욕구들이 충족되지 못한 결과가 다음과 같은 유형들이다.

내면아이의 7가지 유형

1. **돌보미 유형**: 전형적으로 동반의존codependency(자신의 정서적 욕구나 자존감을 상대방에게서 찾으려고 하는 일방적 관계—옮긴이)적 역학에서 나오는 유형이다. 자신의 욕구를 무시하면서 자신의 정체성과 존재가치를 찾는다. 사랑받는 유일한 방법이 다른 사람들을 만족시켜주고 자신의 욕구를 무시하는 것이라고 믿는다.

2. **과잉성취 유형**: 성공과 성취를 통해 누군가가 자신을 봐주는 것 같고, 자신의 말을 들어주는 것 같고, 가치 있게 봐주는 것 같다고 느낀다. 낮은 자존감에 대응하려고 외부의 검증을 받으려고 한다. 사랑을 받는 유일한 방법이 성취라고 믿는다.

3. **저성취 유형**: 비판을 두려워하거나 실패를 부끄럽게 생각하기 때문에 움츠러들고, 눈에 띄지 않으려 하고, 자신의 잠재력을 양껏 발휘하지 못한다. 감정적 게임에는 애초에 발을 들여놓지 않는다. 사랑받는 유일한 방법은 보이지 않는 것이라고 믿는다.

4. **구조자/보호자 유형**: 특히 아동기에 자신의 취약성을 치유하기 위해서 주변 사람들을 열성적으로 구조하려고 한다. 다른 사람들을 무기력하고 무능하고 의존적인 사람으로 보고, 힘 있는 자리를 차지해서 그들로부터 사랑과 존재가치를 얻어낸다. 사랑받는 유일한 방법은 다른 사람들

의 바람과 욕구에 집중해서 그들을 도와주고, 그들의 문제 해결을 돕는 것이라고 믿는다.

5. **파티 스타 유형:** 항상 행복하고 활기차고 재미있는 유형이다. 고통과 약점, 취약성은 절대 드러내지 않는다. 이 유형의 내면아이는 자신의 감정적 상태를 수치스럽게 여길 가능성이 크다. 괜찮다고 느끼고 사랑받는 유일한 방법은 주변의 모든 사람을 행복하게 해주는 것이라고 믿는다.

6. **예스맨 유형:** 다른 사람들을 위해서 모든 것을 그만두고 모든 욕구를 소홀히 한다. 아동기에 자기희생을 모델로 삼았고, 돌보미 유형처럼 깊은 동반의존 패턴에 빠졌을 가능성이 크다. 사랑받는 유일한 방법은 착하고 이타적인 사람이 되는 것이라고 믿는다.

7. **영웅숭배 유형:** 본받을 사람이나 지도자가 필요한 유형이다. 실수한 번 하지 않는 슈퍼인간으로 인식된 양육자로 인해 상처받은 내면아이한테서 나타날 가능성이 크다. 사랑받는 유일한 방법은 자신의 욕구와 소망을 거부하고, 다른 사람들을 모델로 삼아 살아가는 법을 배우는 것이라고 믿는다.

아동기에 환상을 덧씌우는 사람들

아동기 욕구가 충족되지 못한 고통을 방어하기 위해 가장 흔히 쓰는 방법은 이상화理想化다. 때로는 장밋빛 망상활성계 필터로 주변을 둘러보고 부정적인 것을 모두 차단해 불가능에 가까운 낙관적 결론을 도출한다. 예를 들자면 '우리 가족은 완벽해!', '내 아동기는 행복하기만 했어!'라고 말이다. 자신의 가족이 완벽하다는 결론을 합리적으로 도출해낼 수 없을 때는 대안적이고 상상을 발휘한 대응 방식을 사용한다. 그중 하나는 누군가, 혹은 뭔가가 나타나 자신을 구해주기만 하면 인생이 달라질 거라는 영웅 기반 환상이나 꿈을 꾸는 것이다.

내가 운영하는 온라인 자기치유자 공동체 회원인 낸시는 어렸을 때 듀란듀란Duran Duran 밴드에 관한 백일몽을 꾸었다고 했다. 듀란듀란 밴드가 리무진을 타고 나타나 불행했던 집에서 그녀를 데리고 떠난다는 꿈이었다. 낸시는 그 일이 어떻게 일어날지, 그 순간 기분이 얼마나 좋을지, 집을 떠나면 인생이 어떻게 바뀔지, 자신이 어떻게 그토록 간절히 바랐던 사랑받는 사람이 될 수 있을지에 관한 생각을 오랫동안 했다.

훗날 낸시는 듀란듀란이 찾아올 거라는 환상을 버렸다. 하지만 영웅이 나타나기를 간절히 바라는 현실도피 소망은 버리지 못했다. 커서는 자신이 반한 상대에게, 더 나중에는 남자친구에게 책임을 전가해 그들이 자신의 소망을 이뤄주기를 바랐다. 낸시는 그들을 쉬이 도달할 수 없는 곳까지 높이 떠받들어 모셨지만 그들은 언제나 그 기대에 부응하지 못했다. 결국 그들이 어쩔 수 없이 낸시를 저버렸을 때 그녀는 자신의 환상을 이뤄줄 또 다른 상대를 찾아냈다. 결국에는 정확하게 똑같은 결말을 맞이하는 감정적·육체적 관계를 지속적으로 찾아다니는 꼴이 되곤 했다. 언제나 불행해지고 만족하지 못한 채 또 다른 탈출구를 갈망하는 식이었다.

백일몽을 꾸는 것 자체는 잘못된 게 없다. 현재와 다른 삶을 상상하는 것은 생산적인 사고 연습이라고 생각한다. 하지만 낸시의 환상은 절대 생산적이지 않았다. 변화에 대한 모든 희망을 외부 인물에게 걸었기 때문이다. 낸시에게 연애 관계는 탈출구였고, 그 밖에 다른 집착도 마찬가지였다. 사람들은 근사한 직장, 근사한 집, 혹은 아이가 생기자마자 '구원'받거나 만족할 거라고 생각한다. 그러나 모든 목표를 다 달성해도 여전히 불행하다. 이 때문에 중년의 위기감이 팽배해 있다.

상처받은 내면아이는 그 모든 강박을 성인기까지 안고 간다. 이러한 무력감을 안고 살아가는 사람들은 빠른 해결책을 표면화시키고 대안 현실을 꿈꾸면서 다른 사람들이 자신들의 환경을 바꿔주고, 행복을 가져다주기를 바란다. 다른 사람들한테서 인정을 받아야 자기 자신에 대한 느낌이 좋아진다. 순간의 즐거움을 맛보려고 고통을 둔화시켜주는 약물과 알코올, 섹스 같은 빠른 해결책을 선택한다.

하지만 실질적이고 장기적인 목표는 내면에서 안정성을 찾는 것이다. 다른 사람에게 의지하지 않아도 괜찮은 상태, 이대로 충분히 좋다는 느낌을 내재화해야 한다. 그 상태에 도달하려면 어떻게 해야 할까? 이것이 바로 내면아이 치유 작업의 핵심 과제다.

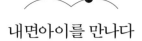

내면아이를 만나다

내면아이 치유 작업을 시작하는 첫 단계는 성인기에도 내면아이가 존재한다는 사실부터 인정하는 것이다. 나처럼 어린 시절의 대부분을 기억하지 못한다고 내면아이에게 접근할 수 없는 것은 아니다. 당신이 매일 느끼고 생각하는 것이 과거의 경험을 보여주는 살아 있는 복제품일 가능성이 크기 때문이다. 그러한 일상적인 경험을 통해서 내면아이에게 접근할 수 있다.

　다음 단계는 내면아이가 상처 입었다는 사실을 인정하는 것이다. 간단한 일처럼 느껴지지만 실제로는 상당히 어려울 수 있다. 3장에서 배웠듯이 '전과 후'를 딱 꼬집어 말할 수 없다고 트라우마를 경험하지 않은 것도, 내면에 상처가 생기지 않은 것도 아니다. 이렇게 말하는 사람이 있을지도 모른다. "제 어린 시절은 그렇게 나쁘지 않았어요. 그러니 불평해서는 안 되죠." 이런 이야기는 많이 들어봤다. 하지만 이 점을 명심하라고 말해두고 싶다. 당신은 모든 것을 적절한 관점에서 적절하게 정렬해 바라볼 수 있는 인식과 성숙도를 갖춘 성인의 두뇌로 과거를 돌아보고 있다는 점이다. 하지만 아이의 두뇌는 그런 능력을 지니고 있지 않다. 어린아이였던 당신에게는 모든 것이 성인이 된 당신이 상상할 수 있는 것보다 훨씬 더 크고, 더 심각하고, 더 극단적으로 보였다. 당신의 내면아이에게 그러한 상처를 인정하는 힘을 선물해주자.

내면아이가 상처받았다는 사실을 인정하면, 변하지 못한 채 '갇혀' 있어도 수치스러워하거나 실망하지 않는다. 앞으로 나아가지 못하거나 변하지 못하는 것이 당신 탓이 아니기 때문이다. 그보다는 아동기에 조건화된 패턴과 핵심믿음의 연장선에서 그 원인을 찾아봐야 한다. 당신의 상처받은 내면아이는 여전히 고통받고 있다. 이것은 심장박동처럼 엄연한 사실일 뿐이지, 수치스럽게 여길 일이 아니다.

내면아이가 존재한다 해도 당신의 일부분에 불과하다는 사실을 인정하는 것도 중요하다. 내면아이는 당신의 본질적이고 직관적인 자기가 아니다. 상처 입은 마음자리에서 반응할 때는 호기심이란 마음자리에서 상황을 주시해보자. 이때 목표는 정보를 수집하는 것이다. 새롭게 바꾼 헤어스타일을 흥보는 엄마한테 마음을 닫아버렸을 때 내면아이는 뭐라고 말했나? 출근길에 당신 앞에 끼어든 사람에게 욕설을 퍼부을 때 내면아이는 뭐라고 하는가? 내면아이가 하려는 말을 존중해주자. 그 아이의 경험을 존중해주자.

그 아이의 말에 대답해줘야 하는 것은 아니다. 그냥 들어주기만 해도 좋다. 그렇게 경청하면 할수록 현재에 더욱 단단하게 발을 디디고 인식을 키워나갈 수 있다. 이렇게 실재감과 인식이 커지면 커질수록 내면아이 반응과 진정한 자기의 차이를 구별하는 능력이 발달한다. 그 둘의 차이를 잘 구별할수록 어떻게 행동할지를 선택할 수 있다. 당신이 반응하고 싶은 방식을 선택할 기회가 생기는 것이다.

앤서니의 내면아이

내면아이 치유 작업은 내면아이를 제거하는 것이 아니다. 과거의 상처를 완전히 치유하는 것도 아니다. 앤서니가 자기치유자 공동체에 합류했을 무렵에는 존 브래드쇼의 내면아이 치유 작업에 대해 조사를 좀 해본 상태였고, 내면아이에 관한 나의 몇몇 견해는 유용하다고 판단한 후였다.

앤서니는 내면아이가 자신에 관한 핵심믿음을 걸러내는 방식들을 종합해보기 시작했다. 그러자 자신의 성적 행동과 좀 더 최근의 음주습관을 둘러싼 수치심 중심의 이야기가 드러났다. 오랫동안 아이의 머리로 자신의 아동기 성폭행 경험을 바라보면서 자신이 자발적으로 그에 응했다는 믿음을 사실로 받아들였다. 앤서니는 마침내 그러한 믿음을 떨쳐냈다. 내면의 현명한 부모의 논리를 적용하자마자 성인의 관점에서 과거 경험의 실체를 볼 수 있었다. 자신이 아동 포식자에게 사육당했다는 사실을 깨달은 것이다.

앤서니는 내면아이(과거에 겪었던 다른 고통스러운 경험들 전부)가 존재하고 있을 뿐만 아니라 이루 말할 수 없이 상처 입었다는 사실을 인정했다. 그러자 자신이 그 상처 때문에 어떻게 자신에게 이롭지 않은 이야기들을 실행해왔는지 알 수 있었다.

그와 동시에 자신의 내면아이가 과잉성취 유형임을 파악했고, 성취와 사랑을 얼마나 깊이 연관시켜 생각했는지를 깨달았다.

결국 앤서니는 중책을 맡고 있던 일을 그만두었다. 성공에 집착하는 바람에 자신의 정서적 세계와 분리되고, 아동기에 그랬던 것처럼 단절되었다는 사실을 깨달았기 때문이었다.

앤서니의 이야기는 여기서 끝나지 않는다. 만사가 그렇게 쉽게 해결될 리가 있겠는가? 앤서니는 내면아이를 그냥 포장해서 치워버리지 않았다. 이쯤에서 책을 덮고 이렇게 말하고 싶을지도 모르겠다. "나의 내면아이를 만났어. 이제 훨씬 나아졌어. 그만 앞으로 나아가야 할 때야." 하지만 이 작업은 결코 끝나지 않는 일이다.

앤서니에게 진정한 변화가 일어난 것은 자신의 내면아이가 언제나 자신의 현재 자기와 계속 대화를 나눌 거라는 사실을 받아들였을 때였다. 앤서니는 자신의 성적 강박 증상과 약물 사용 문제에 대해 좀 더 솔직하게 이야기하면서 내면아이가 몇 년 동안 반복해온 수치심과 대처 행동(약물을 복용해 무감각해지는 행동이나 성적 행동)의 악순환을 확인했다.

앤서니가 어렸을 때였다. 어느 날 왜 기분이 안 좋아 보이는지 묻는 아빠에게 학교 운동장에서 아이들에게 괴롭힘을 당했다고 말했다. 그때 앤서니의 아빠는 "별것 아닌 일을 크게 떠벌린다"고 앤서니를 나무랐다. 그뿐만 아니라 앤서니가 친구들 앞에서 울면서 어떻게 반응했는지 듣고는 당혹한 표정을 지었다. 앤서니는 아빠와의 그러한 상호작용을 통해서 아빠가 자신뿐만 아니라 자신의 감정도 수치스럽게 생각한다는 사실을 깨달았다.

앤서니는 치료 중에도 계속 떠오르는 그 기억을 어떻게 떨쳐내야 할지 알 수 없었다. 그러다가 내면아이를 인정하고 나서야 아빠와의 상호작용으로 내면에 상처가 생겼고, 훗날 학대를 당하면서 그 상처가 더욱 깊어졌음을 깨달았다. 학교에서 유독 힘들었던 날에도 아빠에게 솔직하게 속마음을 털어놓거나 자신의 약점을 보여서는 안 된다는 사실을 배웠다. 그러지 않으면 가장 사랑하는 사람에게 부끄러운 존재가 되기 때문이었다. 가장 가까운 사람조차도 앤서니의 성적 학대 사실을 부인하고 별것 아닌 일로 치부했다. 그러자 앤서니는 자신의 점점 더 많은 부분을 숨겼다. 뿌리 깊은 수치심에 대응하려고 순간의 불편함을 덜어주는 것이라면 뭐든지 찾아서 남몰래 쌓여가는 고통을 무감각하게 만들었다.

마음속 깊은 곳에서는 자신이 가치 없는 인간이라고, 나쁜 사람이라고 느꼈다. 앤서니는 자신이 아는 유일한 방법으로 대처해 나가기 시작했고, 결국에는 수치심을 불러일으키는 행동들만 점점 쌓여갔다. 시간이 지남에 따라서 그러한 감정을 떨쳐내는 유일한 방법은 내면아이가 입은 핵심 상처에 접근해서 포용하는 것임을 깨달았다. 앤서니는 수치심이 활성화됐을 때 자신의 일부에게 안전하게 목소리를 낼 수 있는 장소를 제공하는 것이 최상의 전략임을 배웠다. 그래야 지속적으로 수치심을 드러내고 그간 문제가 많았던 대응의 순환 고리를 끊어낼 수 있기 때문이다.

앤서니와 나처럼 당신도 내면아이와 다시 연결될 수 있기를 바란다. 당신에게 가장 부합하는 내면아이 유형과 대화를 나눌 때 사용할 수 있는 문장 몇 가지를 마음 치유 연습에서 소개하겠다.

자신의 내면아이에게
편지 쓰기

1단계: 자신의 내면아이를 성찰하고 주시한다

하루 종일 당신의 내면아이를 관찰하면서 가장 자주 활성화되는 내면아이 유형을 기록한다. 몇 가지 유형이 나올 수도 있지만 처음에는 한 가지만 고르는 게 좋다. 당신의 본능이 가리키는 대로 가장 적합한 유형을 선택한다. 아니면 가장 자주 나타나거나 지금 현재 활동 중인 유형을 고른다. 장담컨대 여기에 오답은 없다. 시간이 지나면 그러한 유형들을 각각 만나서 당신의 아이 자기child self의 상처받은 부분을 천천히 인정할 수 있다.

2단계: 자신의 내면아이에게 편지를 쓴다

- **돌보미 유형:** 전형적인 동반의존적 역학에서 나오는 유형이다. 자신의 욕구를 소홀히 하면서 자신의 정체성과 존재가치를 찾는다. 사랑받는 유일한 방법이 다른 사람들을 만족시켜주고 자신의 욕구를 무시하는 것이라고 믿는다.

사랑하는 어린 니콜에게

네가 주변의 모든 사람을 돌봐주고, 기분 좋게 해주고, 행복하게 해

줘야 한다고 생각하는 거 잘 알아. 그래서 네가 진짜로 피곤해하는

거 알아. 네가 항상 사람들을 기분 좋게 만들어줄 수 있는 것도 아

니란 거 알아. 더는 그럴 필요 없어. 이제는 너 자신을 돌봐도 돼. 장

담하건대 그래도 넌 사랑받을 거야.

언제나 널 사랑하는 성인 니콜이

- **과잉성취 유형:** 성공과 성취를 통해 누군가가 자신을 봐주는 것 같
  고, 자신의 말을 들어주는 것 같고, 가치 있게 봐주는 것 같다고 느낀
  다. 낮은 자존감에 대응하려고 외부의 검증을 받으려고 한다. 사랑받
  는 유일한 방법은 성취라고 믿는다.

사랑하는 어린 니콜에게

네가 다른 사람이나 너 자신에게 행복과 자부심, 사랑을 선사해주

고 싶어서 무엇이든 완벽하게 해야 한다고 생각하는 거 알아. 그래

서 있는 그대로의 너로는 충분하지 않다고 느끼는 것도 알아. 하지만 더는 그럴 필요 없어. 이제는 무엇이든 완벽하게 해내려고 너 자신을 너무 몰아붙이지 마. 장담하건대 지금 네 모습 그대로도 충분히 차고 넘쳐.

언제나 널 사랑하는 성인 니콜이

• **저성취 유형:** 비판을 두려워하거나 실패를 부끄럽게 생각하기 때문에 움츠러들고, 눈에 띄지 않으려 하고, 자신의 잠재력을 양껏 발휘하지 못한다. 감정적 게임에는 애초에 발을 들여놓지 않는다. 사랑받는 유일한 방법은 보이지 않는 것이라고 믿는다.

사랑하는 어린 니콜에게

다른 사람들의 감정을 해치지 않으려고 네가 잘하는 일도, 네가 성취한 일도, 그 밖에 다른 좋은 부분들도 숨겨야 한다고 생각하는 거 잘 알아. 그래서 마땅히 칭찬받아야 하는 좋은 일들을 좋게 받아들이지 못하고 오히려 나쁘게 생각한다는 것도 알아. 이제 더는 그럴 필요 없어. 네가 얼마나 훌륭한 사람인지 다른 사람들에게 보여줘도 돼. 장담하건대 너의 좋은 점을 내보여도 여전히 사랑받을 거야.

언제나 널 사랑하는 성인 니콜이

- **구조자/보호자 유형**: 특히 아동기에 자신의 취약성을 치유하기 위해서 주변 사람들을 열성적으로 구조하려고 한다. 다른 사람들을 무기력하고 무능하고 의존적인 사람으로 보고, 힘 있는 자리를 차지해서 그들로부터 사랑과 존재가치를 얻어낸다. 사랑받는 유일한 방법은 다른 사람들의 바람과 욕구에 집중해서 그들을 도와주고, 그들의 문제 해결을 돕는 것이라고 믿는다.

사랑하는 어린 니콜에게

문제가 생기고 도움이 필요하거나 슬퍼하는 사람을 보면 주저 없이 도와줘야 한다고 생각하는 거 알아. 그래서 지치고 다른 사람들에게 실망하고, 게다가 항상 그 사람들의 기분을 좋게 해줄 수 없다는 것도 잘 알아. 이제 더는 그럴 필요 없어. 다른 사람들의 문제를 해결해주는 일을 그만둬도 돼. 장담하건대 너 자신에게 집중해도 여전히 사랑받을 거야.

- **파티 스타 유형**: 항상 행복하고 활기차고 재미있는 유형이다. 고통과 약점, 취약성은 절대 드러내지 않는다. 이 유형의 내면아이는 자신의 감정적 상태를 수치스럽게 여길 가능성이 크다. 괜찮다고 느끼고 사랑받는 유일한 방법은 주변의 모든 사람을 행복하게 해주는 것이라고 믿는다.

사랑하는 어린 니콜에게

항상 행복해야 하고, 다른 사람들의 기운을 북돋아야 하거나 '강해야' 한다고 생각하는 거 잘 알아. 그래서 네가 슬퍼하고 화내거나 겁에 걸린 모습을 다른 사람들에게 보여주기 두려워하고, 그런 감정을 '나쁘게' 생각하는 것도 알아. 이제 더는 그럴 필요 없어. 네가 느끼는 그대로 느껴도 괜찮아. 장담하건대 네 모든 감정을 다 느껴도 안전하고, 여전히 사랑받을 거야.

언제나 널 사랑하는 성인 니콜이

- **예스맨 유형**: 다른 사람들을 위해서 모든 것을 그만두고 모든 욕구를 소홀히 한다. 아동기에 자기희생을 모델로 삼았고, 돌보미 유형처럼 깊은 상호의존 패턴에 빠졌을 가능성이 크다. 사랑받는 유일한 방법은 착하고 이타적인 사람이 되는 것이라고 믿는다.

사랑하는 어린 니콜에게

누가 같이 놀자고 하거나 네가 좋아하는 셔츠를 빌려달라거나 도와달라거나 하는 부탁을 할 때마다 '그래'라고 대답하며 다 들어줘야 한다고 생각하는 거 알아. 사실은 '안 돼'라고 말하고 싶지만 그랬다가는 나쁜 사람이 될 것 같다고 느끼는 것도 알아. 이제 더는 그럴 필요 없어. 네 기분이 어떤지, 뭘 하고 싶은지 생각해보고 '그래'나 '안 돼'라고 대답해도 돼. 장담하건대 네가 '안 돼'라고 거절해도 여전히 사랑받을 거야.

언제나 널 사랑하는 성인 니콜이

- **영웅숭배 유형**: 본받을 사람이나 지도자가 필요한 유형이다. 실수 한 번 하지 않는 슈퍼인간으로 인식된 양육자로 인해 상처받은 내면아

이한테서 나타날 가능성이 크다. 사랑받는 유일한 방법은 자신의 욕구와 소망을 거부하고, 다른 사람들을 모델로 삼아 살아가는 법을 배우는 것이라고 믿는다.

사랑하는 어린 니콜에게

너보다 다른 사람들이 더 많은 것을 알고 있다고 생각하고, 항상 다른 사람들에게 의지해서 결정을 내리는 거 잘 알아. 그래서 네가 그다지 영리하지 않다고 생각하고, 네 스스로 선택할 수 있다고 믿지 않는다는 것도 알아. 이제 더는 그럴 필요 없어. 다른 사람들에게 답을 구하지 않고도 네 스스로 생각하고 결정을 내릴 수 있어. 장담하건대 너 자신을 믿어도 여전히 사랑받을 거야.

언제나 널 사랑하는 성인 니콜이

Chapter 08

자아는
그냥 자아일 뿐이다

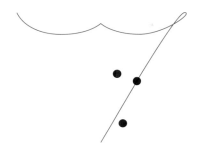

　　나는 언제나 '뼛속까지 히피족'이라는 소리를 들을 정도로 스트레스를 받지 않고 느긋하게 사는 사람이 되고 싶었다. 사실 어떤 면에서는 그런 사람이다.

　　그런데 언제나 그 망할 설거지가 문제였다. 싱크대에 쌓여 있는 그릇이나 더러운 냄비와 팬을 보기만 하면 근본적으로 이성을 잃어버렸다. 갑자기 걷잡을 수 없는 분노에 사로잡혔다. 너무 강하게 반응해서 조리대를 꽝 내리치고, 고함을 지르고, 발을 쿵쿵 구르며 성질을 부릴 때도 있었다. 온몸에서 스트레스 반응이 이어졌다. 미주신경이 내 신경계 스트레스 반응을 활성화시켜서 투쟁-도피-경직 메시지를 몸에 전달했다. 생리학적으로는 숲에서 곰과 마주쳤을 때처럼 더러운 그릇들의 공격에서 나 자신을 '구출'하려고 몸부림쳤다.

때로는 완전히 다르게 반응하기도 했다. 물건을 던지거나 화를 내는 대신 돌처럼 침묵했고, 오랫동안 사라지지 않는 내적 동요 상태에 빠져들었다. 나는 회피적이고 냉담한 사람으로 돌변했고, 그 바람에 내 인생의 동반자한테서 질문 공세를 받기 일쑤였다.

"너 괜찮아?"

"응." 나는 덤덤하게 반응했다.

"진짜 괜찮아?"

"그래, 괜찮아."

어떤 반응(투쟁 혹은 경직 반응)을 보이든 결과는 똑같았다. 결국은 말다툼으로 끝이 났으니까.

아마도 많은 사람이 이렇게 생각할 것이다. 맙소사, 설거짓거리가 좀 쌓였다고 너무 과민 반응하는 거 아냐?(물론 나 같은 사람이 있을지도 모른다!) 하지만 현실은 설거짓거리가 나 자신도 모르는 내 마음 깊은 곳의 뭔가를 건드려서 내 정서 상태를 조절 불능으로 만든다는 것이었다. 이것은 나의 무의식적 마음이 내가 듣기 싫어하든 말든 상관없이 나와 소통하려고 한다는 증거였다.

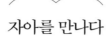

자아를 만나다

지금은 싱크대에 쌓인 그릇들이 내게 이야기를 들려주려고 했다는 사실을 안다. 내 배우자가 내 생각을 조금도 안 해준다고 말이다. 이 이야기(내 생각을 조금도 안 해줘)는 아동기에 형성된 나 자신에 관한 핵심믿음 가운데 하나다. 또한 나의 친구들이자 나의 자아 이야기다.

자아는 한 사람의 인생에 크나큰 영향을 미친다. 그런데도 대부분의 사람들은 자아 인식이 없고, 자아가 어떻게 행동을 이끌어 내는지도 모른다. 내면아이를 지켜주는 위대한 보호자인 자아는 '나'라는 정체성이다. '나'라는 단어가 붙는 것은 모두 자아의 확장이다. '나는 영리해. 난 지루해. 난 섹시해. 난 유행에 뒤처져. 난 착해. 난 나빠.' 이러한 자아는 자기감sense of self 이자 개인적 정체성, 자기 가치다. 자아는 뛰어난 이야기꾼이라서 자신이 어떤 사람이라고 믿는지에 관한 이야기를 지어내서 유지해나간다(내 배우자가 싱크대에 지저분한 그릇들을 쌓아두면 내 생각을 조금도 하지 않는다는 뜻이다). 자아 자체는 좋거나 나쁜 것이 아니다. 자아는 그냥 자아일 뿐이다.

아동기에 발달한 자아는 부모와 친구, 가까운 공동체, 보다 더 넓은 환경이 심어준 믿음과 사상을 통해 형성된다. 이러한 믿음과 사상은 무의식 속에 살고 있는 개성 혹은 자아 정체성self-identity이라고 한다. 자아 믿음은 난데없이 툭 뛰어나오는 것이 아니다. 살면서 쌓은 경험에 기반한다.

　사람들은 살면서 경험한 것들을 바탕으로 이야기를 만들어 낸다. 이 이야기에는 자신의 정체성과 의견, 믿음이라는 것들이 깃들어 있다. 자아는 종종 고통스럽더라도 예측할 수 있어서 익숙한 이야기에 둘러싸여 살아가는 삶을 유지하려고 한다. 자아의 핵심 목적은 무슨 일이 있어도 항상 정체성을 보호하는 것이다. 이러한 엄격성은 자아의 방어태세에 속한다.

　자아는 한층 부드럽고 무방비한 일부분(다시 말해 내면아이)을 안전하게 지키기 위해서 완강한 보호자가 되어야 한다. 그렇기 때문에 자아는 매우 방어적이고 두려움에 기반을 두고 움직인다. 자아는 모든 것을 엄격한 이분법이라는 잣대로 비추어본다. 좋고 나쁘거나 옳고 그른 것으로 나누는 것이다.

　자아는 또한 자기의 견해에 깊은 애착을 갖고, 그러한 견해가 바로 자신이라고 믿는다. 자아는 불화나 비판을 자기 존재에 직접적인 위협으로 해석한다. 자아 상태egoic state에서는 자신의 믿음과 생각이 바로 자기 자신이 되기 때문이다. 그 이야기에 의문을 제기하는 것은 전부 적대시한다. 자아는 누군가가 자기 의견에 의문을 제기하면 자신의 핵심 자기가 위협받는다고 믿는다.

　이런 자아를 주시하는 연습을 하지 않으면 자아가 자기주장을 내세우고 지배권을 얻으려고 싸운다. 결과적으로는 자아가 '우리 자신'을 방어하려고 과도하게 노력하면서 불안감이 생기고 자존감이 낮아진다. 무슨 말인지 감이 오는가? 동료 직원한테서 살짝 기분 나쁜 말을 들었다고 피가 끓어오르지는 않았는가? 자신을 방어하고 상대를 비난하고 이기고 싶지는 않았나? 어떤 대가를 치르더라도 당신 자신이 옳아야 한다거나 결정적 발언을 해야 한다고 생각하지는 않았는가? 너무 빨리 남을 판단하고 폄하한 적이 있지는 않나? 비교하고 대조하고 싶지는 않았나? 당신이 뭔가를 하기에 충분하지 않다고 느끼지는 않나? 이것이 바로 반응형 상태reactive state 의 자아다.

자아가 활성화되면 모든 것이 개인적으로 변한다(아동기의 자기중심적 상태egocentric state 에서는 모든 것이 자신에 관한 문제가 되듯이 말이다). 자신에게 일어나는 일은 모두 자기 때문에 일어난다고 생각한다. 그래서 많은 사람이 남의 기분을 맞추거나 남에게 깊은 인상을 남기려고 집착하는 것이다. 이것이 '갇혀' 있다고 느끼는 중요한 이유 가운데 하나다.

이러한 상태는 다음과 같다.

1. 정서적으로 활성화됐을 때 화가 난다.

2. 배우자가 내 문자에 바로 답장을 안 할 때 정서적으로 활성화된다.

3. 배우자가 내 문자에 재깍 답하지 않는 것은 나를 생각할 가치도 없는 사람으로 취급하기 때문이다. 그래서 화가 난다.

4. 화가 나면 사랑하는 사람들에게 고함치거나 소리를 지른다. 아니면

그들을 무시한다. 내 자아는 무가치한 존재라는 핵심 상처를 입고, 고통스러운 그 감정을 경험하기보다는 외부로 투사시켜서 다른 사람들에게 떠넘기기 좋아한다.

5. 결론적으로 나는 무가치하고 화를 잘 내는 사람이다.

상황이 이렇게 전개되지 않더라도 자아에 귀를 기울일수록 자아의 이야기들이 점점 더 현실로 변해간다. 예컨대 일기를 쓰고 싶은데 자아는 실패의 두려움이나 알 수 없는 두려움에서 자신을 구하려고 이렇게 말한다. "그건 시간 낭비야. 그보다 더 중요한 일들이 많아." 아니면 자격이 차고 넘치는데도 거부당할지도 모르는 상황을 피하려고 승진 신청을 하지 않을 때도 있다. 수치심을 크게 느낄수록 자아는 더 큰 수치심이나 더 깊은 고통을 경험할 수 있는 미래의 상황을 더욱더 피하고 싶어 한다. 다시는 상처받지 않으려고 장벽을 세운다. 모든 긍정적인 변화의 기회 속에는 실패의 고통을 겪을 가능성이 있기 때문이다.

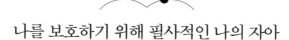

나를 보호하기 위해 필사적인 나의 자아

초경계 상태일 때 자아는 언제나 경호원처럼 행동한다. 엄격하고, 종종 반대 의견에 적대적이며, 협상을 거부하거나 심지어는 연민도 베풀지 않으려고 한다. 거의 항상 방어태세로 언제든지 반대에 부딪히기만 하면 곧장 행동할 준비를 한다. 자아 자기ego self에 대한 위협은 다음과 같이 나타날 수 있다.

∞

- '모두 총동원 상태'나 강한 정서적 반응(방어적인 상처에서 나옴)
- 거짓 자신감(나르시시즘이라고도 함), 대체로 진정한 자기와의 연결 부족으로 인해 느끼는 불안감에서 나오는 허세와 동일함
- 이분법적 사고-모든 것이 옳거나 아니면 그름. 회색 지대가 없음
- 극한 경쟁(다른 사람의 성공이 자신의 성공을 갉아먹거나 자신의 성공과 충돌한다고 믿음)

이러한 반응들은 자신의 의견과 생각, 믿음이 뒤섞일 때 나타난다. 그렇기 때문에 자아 이야기는 생사가 걸린 문제가 된다. 누군가와 의견이 일치하지 않거나 누군가의 비판을 받을 때 자신의 의견이 특정한 주제에 국한되는 것이 아니라 근본적으로 난 누구인가 하는 문제로 귀결된다. 누군가가 당신이 좋아하는 영화를 싫어할 때(어리석지만 이기적으로 반응하면 짜증이 날 수 있는 상황)처럼 믿음이 위협당할 때는 당신의 존재 전체가 위협받는다.

불화가 생길 때는 종종 공유한 진실에 더욱 가까이 다가가지 않고, 그 대신 각자의 현실을 없던 일처럼 치부하고, 다른 사람을 무너뜨려서 자신의 가치와 힘을 얻으려고 한다. 바로 이 때문에 불

화는 아주 빠르게 악화한다. 또한 아무도 남의 말을 듣지 않게 된다. 자신이 믿는 것이 바로 자기 자신이 되면 대화나 숙고의 여지가 없어지기 때문이다. 확장이나 적응의 여지도 없어진다. 가끔씩 토론을 지켜보다 보면 자아의 보호적 태세protective stance 만 보인다. 아동기의 상처와 그로 인한 정서적 활성화 상태만 무대 위에 올라와 활개를 치는 것 같다.

사랑받기 위해 자아를 억압하는 사람들

자아는 '난 누구인가'라는 인식을 보호하려고 과도하게 노력한다. 착하거나 바람직한 사람이 되고 싶고, 가능한 한 사랑을 많이 받고 싶어서 나쁘거나 잘못됐다고 느끼는 감정을 부인하거나 억누른다. 나쁘거나 잘못된 자신의 일부분을 종종 '그림자 자기shadow self'라고 한다.

　어른이 아이에게 어떤 것을 숨겨야 하고, 무엇을 칭찬받아야 할지 말해줄 때 그러한 감정 억압을 초래할 수 있다. 우리는 아동기의 극심한 의존성으로 인해 그들과의 연결과 생명줄을 유지하려면 용인될 만한 모습을 보여야 한다는 사실을 배운다. 이것이 바로 생존기제이자 세상과 상호작용하는 방법을 이해하고 성숙하는 데 진화적으로 유리한 부분이다. 사랑받기 위해서 진정한 자기를 일부분이라도 지속적으로 억압한다. 이러한 억압 행동이 자아 이야기가 되면 자신이 어떠해야 한다고 믿는 바로 그 사람이 되어버린다.

잘 알겠지만 이러한 과정은 무의식에서 이루어진다. 그림자 자기의 일부분을 부인하면 할수록 수치심이 더욱 극심해지고, 직관과의 단절이 더욱 심화된다. 이러한 수치심과 단절은 다른 사람들에게 투사된다. 자기 자신에 대한 비판과 자신의 단점이라고 생각하는 것을 갑자기 다른 사람들에게 전가해버리는 것이다. 자신과 단절되면 될수록, 자신을 수치스럽게 생각할수록 남들도 자신과 똑같다고 생각한다.

가치 있는 존재가 되고 싶고, 안전하다고 느끼고 싶어서 마치 자신이 좋은 사람이라도 되는 것처럼 자신에게 이렇게 속삭인다. '난 저 사람들과 달라.' 말은 이렇게 하지만 사실 자기 자신도 그 사람들과 정확하게 똑같은 '단점'을 지니고 있다. 커피를 사려고 줄을 서 있다고 가정해보자. 한 여자가 당신 앞으로 끼어든다. 당신은 화가 폭발한다! '자기가 뭐라도 되는 줄 아는 오만한 멍청이 같은 인간! 자기밖에 모르는 무례한 여자야! 나쁜 사람이야! 나랑은 전혀 달라!'

이것이 자아 이야기다. 다른 사람들의 마음속을 들여다보는 재능을 타고난 사람은 아무도 없다. 새치기한 여자가 무슨 생각을 하는지는 알 길이 없다. 하지만 자신의 과거 경험으로 거의 완벽하게 윤색한 이야기는 쉽게 지어낼 수 있다. 자아 투사는 다른 사람과의 직접적인 상호작용 없이 무의식적으로 재창조되는 패턴이다. 예컨대 자기주장을 내세웠다가 부모한테서 오만하다는 소리를 듣고는 자신의 욕구를 억누르고 다른 사람들의 욕구를 돌보기 시작하는 예도 있다.

자아 이야기는 불확실성이 두렵기 때문에 자연스럽게 생겨난다. 누군가가 왜 내 속을 긁어놓고 화를 돋우거나 나를 불편하게 만드는 행동을 하는지 모를 때 자아 이야기가 그 이유를 알아내려고 초고속으로 움직이기 시작한다. 또한 자신은 절대 그렇게 끔찍한 짓을 하지 않는다고 주장해서 자신의 안전을 도모하려고 한다. 그 나쁜 사람이 나쁜 짓을 했지만 나는 착한 사람이라서 절대 그런 짓을 하지 않는다고 주장하는 것이다. 그래서 남을 재단하는 행동은 매우 중독성이 강하다. 수치심과 씨름하는 자아의 내적 투쟁을 완화해주기 때문이다. 다른 사람들의 단점을 파악했을 때는 자신의 단점을 무시하고, 자신이 훨씬 더 월등하다고 확신할 수 있다. 사실 이것은 잘못됐거나 나쁜 것이 아니다(그냥 자아의 이야기일 뿐이다!). 그냥 인간의 일부일 뿐이다.

자아와 함께 시작하는 치유 작업

이제 자아의 역할이 무엇인지 배웠으니 자아 작업 과정을 시작할 때다. 이 작업의 목적은 세상에 대한 자아의 반응을 따라가는 게 아니라 인식하고 의식하는 것이다. 이 작업의 첫 단계는 그냥 주시하는 것이다. 자동조정 상태에서는 자아가 통제권을 쥔다. 그래서 적극적으로 의식적 마음을 끌어들이면 일상생활을 꽉 거머쥔 자아의 통제를 느슨하게 만들 수 있다.

자아의 반응을 인식하고 의식하자마자 자아의 사고 패턴과 두려움을 꿰뚫어 볼 수 있고, 자아의 투정과 방어를 비판 없이 바라보려고 시도할 수 있다. 자아의 방어적 태도와 취약성은 내면아이의 그것과 유사하다. 둘 다 비판 없이 자신을 봐주고, 자신의 말을 들어주는 사람을 필요로 한다. 자아는 정착할 공간이 필요하다. 긴장을 풀고 부드러워질 수 있는 공간이 필요하다.

1단계: 자아가 스스로 드러나게 하라

이 단계의 목표는 자아를 당신 자신한테서 분리해보고, 중립적으로 주시하는 연습을 하는 것이다. 다음의 문장을 이용해 분리를 시작할 수 있다. 시간은 1~2분 정도 걸린다.

1. 방해요소가 없는 조용한 장소를 찾는다. 아마도 예전에 의식 연습을 했던 곳일 것이다.
2. 눈을 감고 숨을 과하다 싶게 깊이 들이마신다.
3. 이렇게 자기암시를 되풀이한다. '나는 안전하다. 내 자아와 분리된

나 자신을 경험하기 위해서 새로운 방식을 선택한다.'

경고하는데 이 첫 단계는 빠르고 간단해 보이지만 보통 가장
어렵다. 자아는 주시당하는 걸 좋아하지 않는다. 그렇기에 초기 관
찰 단계에서는 상당히 불편해질 수 있다. 과민성이나 욕지기 같은
신체 증상을 느낄 수도 있다. 자아는 너무 어리석어서 그러한 치유
작업을 하면 안 되는 이유를 늘어놓을지도 모른다. 이는 이 과정의
정상적인 부분이다. 그러므로 계속 치유 작업을 진행하자. 그러한
불편함을 견뎌내려는 노력이 필요하다. 당신 자신에게 인내심을
발휘하자.

2단계: 자아와 친밀하게 조우하라

'나'로 시작되는 말을 주의 깊게 살펴보기 바란다. 입 밖으로 나오
거나 머릿속에 떠오르는 '나'라는 말은 다음에 따라 나올 패턴을
예고해주는 신호다. 예컨대 이런 생각이 따라 나온다. '난 항상 늦
어.' '난 기억력이 끔찍하게 나빠.' '난 항상 패자들에게 끌려.' 이때
판단하지도, 격분하지도, 실망하지도 말자. 그냥 자신의 생각을 마
음속에 새겨둔다. 아니면 공책이나 휴대전화에 기록해둔다. 자신
에 관한 이야기를 얼마나 자주 하는지 살펴본다. 대화의 주제를 얼
마나 자주 당신 자신에 관한 이야기로 돌려놓는가? 자신의 감정에
관한 이야기를 회피하는가? '나'라는 단어 다음에 얼마나 부정적
인 말들이 따라 나오는가?

이것은 자아의 이야기다. 이런 이야기는 아주 오랫동안 반복되어왔기 때문에 알아차리지 못할 수도 있다. 심지어는 그 이야기들의 진실 여부에 의문을 품지도 못한다. 이 단계는 친숙한 패턴의 안전지대에서 벗어나게 도와준다. 자신의 자아 반응을 의식하기 전에는 그러한 패턴들과 조건화, 아동기 상처에 무의식적으로 휘둘리며 살아간다. 자아 작업은 새로운 이야기를 선택할 기회를 선사한다. 이런 실습을 반복할수록 더 잘할 수 있게 된다(나는 아직도 활성화된 것 같을 때마다 이런 실습을 한다). 반복은 두뇌에 새로운 경로를 열어주고, 주시 작업을 더욱더 쉽게 할 수 있게 한다.

3단계: 자아에 이름을 붙여라

뚱딴지같은 소리로 들릴지도 모르지만, 자아에 이름을 붙이는 것은 자아와 분리되는 강력한 조치다. 자아를 발견하고 이름을 붙이자마자 직관적 자기를 자아 반응과 분리할 수 있다. 아니면 적어도 그러한 목적 달성에 한 걸음 더 가까이 갈 수 있다.

나는 내 자아를 '제시카'라고 부른다. 제시카가 왔다가 가는 것을 지켜본다. 제시카는 가끔 자기 멋대로 몇 시간씩 사라졌다가 불쑥 다시 나타난다. 제시카가 유난히 예민하게 굴 때도 있지만 그래도 괜찮다.

가끔씩 내가 활성화되는 느낌을 받을 때가 있다. 자아가 내 정신을 지배하기 시작한다는 사실을 알아차릴 때가 있다. 짜증을 부리거나 뭔가 퉁명스러운 소리를 내뱉고 싶을 때가 있다. 그때는 그냥 다 받아들인다. "제시카가 또 성질을 부리네"라고 말하고 만다. 이런 말을 입 밖으로 내뱉으면 놀랍게도 큰 도움이 된다. 잠시 숨을 가다듬고 제시카를 제지할지, 아니면 제시카가 마음대로 날뛰게 내버려둘지 선택할 수 있다.

자신의 자아에 정말 웃기는 이름을 지어주었다는 메시지를 많이 받았다. 당신의 자아 이름은 무엇인가?

4단계: 활성화된 자아를 만나라

의식의 수준을 넓힐 때 자아 이야기가 당신 자신이 아니라는 사실을 알아볼 수 있다. 누구나 생각을 한다. 하지만 생각은 당신 자신과는 아무런 상관이 없다. 생각은 단지 당신의 정체성을 방어하고 고통을 막으려고 시도하는 자아에 불과하다.

이러한 자기를 주시하는 자아 상태에서는 자아의 안정감에 대한 공격을 받아들이고 심지어는 견뎌낼 수도 있다. 다음번에 세상에 나가 정서적으로 활성화될 때는 그 경험을 기록해두자. 이는 1단계의 확장이다. 다음에는 불편해지거나 화가 날 때를 모두 기록한다. 무슨 소리가 들렸는가? 어떤 부분이 자아 이야기를 활성화했는가?

다음은 이에 관한 실례다.

∞

"피곤해 보여." 여동생이 이렇게 말한다. "당연히 피곤해 보이겠지. 일주

일에 60시간씩 일하면서 아이를 키우니까. 자유 시간이 엄청 많으면 좋겠다. 걱정하지 마, 다음번에는 완벽해 보일 거야!" 당신은 빈정거리는 투로 대꾸한다.

여동생은 객관적으로 이렇게 말했다. "언니가 피곤해 보여."

당신의 자아는 이렇게 들었다. "넌 항상 그렇게 무례하고 잘난 척해. 내가 얼마나 힘든 일을 헤쳐 나가고 있는지, 내가 살아남기 위해서 얼마나 열심히 일하는지 인정하려고 들지 않아."

여기서 자아는 핵심 감정(무가치성)을 느꼈다. 그것은 고통스러운 감정이었다. 당신이 감정을 처리하는 법을 배우지 못했기 때문에 자아는 그 감정을 여동생에게 투사시켰다. 자아는 고통스러운 감정을 끌어안기보단 다른 사람들에게 전가하기 좋아한다.

위의 실례에서 나온 여동생의 말에 대응하는 한 가지 방법은 당신의 상처를 묻어버리지 않고 인정하는 것이다. 예컨대 이렇게 반응할 수 있다. "아, 그런 말을 들으니까 마음이 아프다. 넌 그럴 생각이 아니었겠지만 네 말이 나의 아픈 곳을 건드린 것 같아."

좀 더 역량을 강화하는 방식으로 자아를 탐색해나가면 이의나 의문을 마주할 때도 위협을 느끼지 않고 까다로운 대화를 이어갈 수 있다. 이러한 인식을 연습하면 할수록 자아는 점점 더 부드러워지고, 자신감이 점점 커질수록 자아는 훨씬 잘 정착하고 통합될 수 있다. 이 장에서는 이러한 단계들이 깔끔하게 나열되어 있지만 실제로는 순차적인 것과는 거리가 멀다. 당신은 이러한 단계들을 들락날락하면서 처음에는 진전이 있는 것 같다가도 다시 퇴보할 수도 있다. 그러나 당신의 자아는 언제나 그 자리에 있다는 것을 기억하자.

자기 진실self-truth

주의 통제력attentional control을 키워나가고, 자기 주시 실습을 할 때는 자신의 행동을 좀 더 객관적으로 바라볼 수밖에 없다. 자기 주시 그 자체만으로는 충분하지 않다. 그 밖에도 자신이 관찰하고 있는 것에 관해서 솔직해져야 한다. 자기 내면에 존재하는 그림자 자기를 솔직하게 받아들이고 자신에 대한 진실을 마주하는 것이 이롭다.

그림자 자기는 자신의 좋지 못한 모든 부분, 즉 수치스럽게 여겨서 부인하려고 하는 인간관계와 과거, 부모에 관한 것들로 이루어져 있다. 자아는 이런 그림자를 알아보지 못하게 하려고 무진 애를 쓴다. 자아에 의문을 제기하는 방법을 배우면 당신 자신의 일부분이 분명하게 드러난다. 때로는 다른 사람들에 대한 당신의 판단과 투사를 통해 드러나기도 한다. 당신이 자아와 분리되면 될수록 멀리서 상황을 바라보는 능력이 향상된다.

투사 혹은 다른 사람들한테서 표면화되는 내적 감정은 그림자 자기의 메시지다. 다음번에 비판이나 판단의 목소리가 불쑥 들릴 때는 반드시 기록해놓기 바란다. 그 목소리가 당신에 관해서 뭐라고 하는가?

나의 자아 이야기를 발견했던 초창기 시절에 있었던 일이다. 당시에 나는 인스타그램에 올라온 춤추는 동영상을 보자마자 거의 자동으로 짜증을 내곤 했다. 춤추는 동영상을 올려놓는 사람들 때문에 화가 났다. 자기집착이 강하다느니, 주목받으려고 안달한다느니 하는 이야기를 지어내며 그 사람들을 비난했다. 이런 내 반응에 의문을 품기 시작하자 그 실체가 드러났다. 사실 나는 사람들 앞에 나서지 못해서 어렸을 때 이후로 대중 앞에서 춤을 추지 않았다. 그래서 그 동영상 속에서 춤추는 사람들의 자유와 기쁨을 질투했던 것이다.

　　자아가 주도권을 잡으면 마음은 억누르거나 회피하거나 무시하거나 짓밟는 등 상당히 놀라운 재주를 부린다. 당신이 자아의 존재를 허락하면 자기 자신을 더욱 객관적으로 솔직하게, 궁극적으로 더욱 연민 어린 눈빛으로 바라볼 수 있다.

자아의식ego consciousness

자신의 생각과 패턴, 행동을 의식하지도, 인식하지도 못한 채 살아가는 사람들은 자신을 정의해주는 자신의 자아 개념과 완전히 일치한다. 이러한 상황에서 나오는 자동적 반응은 불편한 감정을 외부로 돌려서 다른 사람을 비난하고 에너지를 밖으로 방출하는 것이다. '자아의식'이라고도 하는 이러한 의식 상태는 스스로 선택하는 힘을 앗아간다. 책임감과 내적 지식도 없이 환경의 변덕에 휘둘리게 된다.

내가 설거짓거리를 볼 때가 딱 그랬다. 더러운 그릇들이 가득한 싱크대를 보면 분노가 치솟는다. 이때 나는 주시 과정을 시작한다. 내 신체 반응을 살펴본다. 심장박동이 빨라지고, 피가 얼굴로 쏠리고, 몸이 뜨거워지는 것 같고, 조바심이 나고, 당장 터져버릴 것 같다. 이러한 내 반응들을 주시하면서 '과잉반응'으로 치부해버리지 않고 그러한 반응들이 숨 쉴 공간을 마련해준다. 그리하여 그 반응에서 가르침을 얻는다. 나는 나의 반응이 들려주는 이야기에 귀를 기울인다. 내 심장이 쿵쾅거리며 뛰고 있다. 피가 머리로 쏠리고 있다. 마음이 불안해진다. 이 모든 반응을 좀 더 멀리 떨어진 곳에서 지켜본다. 분노나 차단의 악순환에 즉각 빠져들지 않고 나의 내면세계를 들여다보는 통찰력을 발휘하는 것이다.

잠시 좀 더 깊숙한 곳까지 들여다본다. 내 위장 깊숙한 곳에서 두려움이 느껴진다. 어린 시절에 경험했던 그 느낌이다. 친숙한 트라우마 반응으로 회귀하려는 끌림이다. 나의 무의식은 아동기의 스트레스 순환을 갈구한다. 더러운 그릇이나 나의 배우자 때문만이 아니라 엄마 때문에 격분과 분노가 치솟는다. 엄마의 정서적 거리감과 산만함이 그 원인이다. 아무도 나를 봐주지 않는 것이 그 원인이다. 더러운 그릇은 일종의 타임머신처럼 나를 과거로 돌려보낸다.

필라델피아에서 엄마가 창밖을 내다보며 퇴근하는 아빠를 기다리고 있었을 때 식탁 아래에서 장난감 자동차를 가지고 놀았던 그 시절로 나를 돌려보낸다. 더러운 그릇을 보는 순간 나는 아무도 날 봐주지 않고 내 말을 들어주지 않았던 그 시절, 그 장소로 돌아간다. 기억되지 못하거나 무시당하는 것 같았던 시절, 두려움에 사로잡혀 있어서 내게 위안이나 안정감을 주지 못했던 엄마와 함께 살았던 시절로 돌아간다.

나의 자아는 그 고통을 다시 느끼지 않도록 이야기를 지어냈다. 그러므로 이기적으로 행동한다는 것은 다른 사람을 가능한 한 요란하게, 심지어는 공격적으로 점점 더 멀리 밀어낸다는 뜻이다.

이런 결론에 도달하기 전까지는 나 자신을 분명하고 솔직하게 보지 못했다. 그제야 더러운 그릇과 나의 관계를 바꾸기 위해서 적극적으로 노력할 수 있었다.

몇 년간의 노력 끝에 이제는 즐겁게 설거지를 한다. 더는 더러운 그릇을 나의 무가치를 증명해주는 증거로 보지 않는다. 이러한 변화는 하룻밤 사이에 일어나지 않았다. 먼저 더러운 그릇에 대해 새로운 생각을 하기 시작했다. 나의 무의식이 눈을 뒤룩뒤룩 굴리며 튀어나올 틈을 노렸다. 하지만 나는 따뜻한 물을 틀어놓고 내 손 안에 든 부드러운 그릇들을 뒤덮는 거품 물을 느끼면서 이렇게 말했다. "다들 네 생각을 하고 있어. 넌 소중한 존재야." 진짜로 그렇다고 믿지 않아도 이렇게 말했다.

그러고 나서 행복해지는 설거지 의식ritual 을 만들어냈다. 설거지를 끝내고 나서 나만을 위한 뭔가를 하는 것이었다. 30분 동안 내 방에서 혼자 책을 읽을 수도 있었다. 아니면 강아지를 데리고 산책하러 갈 수도 있었다. 오랜 시간 동안 이런 생각을 실천하면 할수록 나의 무의식은 조용해졌고, 그러한 생각은 믿음이 되었다. 나는 지금도 여전히 정서적 활성화 문제를 다루고 있고, 우리가 모두 앞으로도 항상 그럴 가능성이 크다. 지난 세월 동안(아주 오랜 시간 동안) 나는 나의 정서적 활성화를 사려 깊은 의도적 행동으로 바꾸었다.

나는 더는 환경의 희생자가 아니다. 다른 사람들이 자기 그릇을 씻을지 말지는 내가 통제할 수 있는 문제가 아니다. 하지만 그에 관한 이야기를 내가 개입해서 바꿀 수 있다. 내가 느끼는 방식을 바꾸려고 외부의 뭔가에 의지할 필요도 없다. 더러운 그릇들 덕분에 내 역량이 강화된 것 같다. 설거지할 때 시간을 갖고 나 자신을 존중하기로 선택할 수 있었기 때문이다.

수년 동안 자아 작업을 진행했지만 나는 여전히 활성화된다. 특히 나의 자아가 오랫동안 동면에 들어간 것 같을 때가 그렇다. 아니면 나의 신체적·정서적 자원이 요즘 자주 나타나는 삶의 스트레스와 수면 부족으로 바닥을 드러낼 때도 그렇다. 치유 작업의 다른 모든 측면처럼 이 자아 작업 과정도 끝없이 계속된다. 절대 끝낼 수 없는 과정이다. 탈바꿈에 성공하는 길은 실습뿐이다. 자아 인식이 깊어질수록 자기 자신과 궁극적으로는 주변 사람들한테서 기품과 유머, 공감을 더욱 많이 찾아낼 수 있다.

궁극적 목적, 즉 자아 작업의 최종 목적은 역량 강화 의식이나 자아 이해와 자아 수용을 키워내는 것이다. 이러한 의식 상태는 반사적인 자아 반응을 초월해 선택할 수 있는 인식 공간을 마련해준다. 계속 새로운 선택을 하다 보면 미래의 탈바꿈을 향해 나아가는 길이 열린다. 일반적인 믿음과는 달리 우리의 목표는 '자아 사망'이 아니다. 자아는 언제나 당신과 함께한다. 자아를 완전히 길들였다(이런 생각 자체가 자아의 주장) 싶을 때도 마찬가지다. 사실 자아는 종종 당신이 전혀 예상하지 못할 때 불쑥 튀어나와 깜짝 놀라게 한다.

여기서 분명히 말해두는데, 역량 강화 의식을 함양하고도 억압적인 환경에 살고 있어서 구조적 변화나 객관적 변화를 이끌어낼 수 없는 사람들이 많다. 많은 사람이 가난이나 인종차별주의의 지속적인 위협 속에서 살아가며 그 어디에도 탈출구가 없다. 자아 작업을 통해 억압받는 체제적 환경에서 벗어날 수는 없다. 하지만 주변 환경이 어떠하든 살아남기 위해서 도구로써 자신의 역량을 강화할 수는 있다. 오래전에 이루어졌어야 마땅한 구조적 체계 변화를 위해 노력하는 동안 아무리 작은 것이라도 선택의 힘으로 우리 자신의 역량을 강화할 수 있기를 바란다.

자신의 그림자를 만나는
치유 작업

그림자 자기를 만나려면 아래 질문들을 고심해보고 답을 써보기 바란다.

- 질투심을 느낄 때 이렇게 자문해본다. 나한테 부족한 것을 다른 사람이 '갖고' 있는 것 같을 때 기분이 어떤가?

- 다른 사람들에게 얼마나 자주 조언해주는가? 그 이유는 무엇인가? (여기 에는 명확한 패턴이 있을 것이다.)

- 다른 사람들에게 당신 자신에 관해서 어떤 이야기를 하는가? (당신 자신의 자기 이야기와 제한적인 믿음을 파악하는 데 도움이 된다.)

- 당사자가 없는 자리에서 다른 사람 이야기를 어떻게 하는가? (당신의 관계 이야기와 애착, 혹은 정신적 트라우마를 이해하는 데 도움이 된다.)

자아나 자기에 관한 이야기가 위협받으면 언제든지 정서적으로 반응해서 자기주장을 펼치고, 다른 사람을 비난하고, 성질을 부리거나 분리될 수 있 다(속상할 때는 대체로 무슨 일을 하든 그 일과 분리될 수 있다). 이러한 반응을 유발하는 보다 더 깊은 믿음을 탐색해서 찾아내기 시작하면 그러한 믿음이 하룻밤에 사라지지 않는다는 사실을 깨닫게 된다.

이 책에서 배웠듯이 매일 반응을 유도해내는 자아 이야기는 그림자 자기와 마찬가지로 무의식 깊숙한 곳에 저장되어 있어서 즉각적으로 바꿀 수 없다. 이 작업을 시작하면서 당신 자신의 자아, 그와 연관된 반응들, 심지어는 과거의 대응 방식으로 회귀하고 싶은 충동까지 계속 인식되고 자주 일어나겠지만 그래도 괜찮다.

자신의 역량을 강화하기 위한
감정 일기

본능적으로 과거의 자아 반응으로 회귀하기 전에 자아의 조건화된 습관과 패턴에서 벗어나기 위해서 자신의 역량을 강화할 공간을 마련하고 싶을 것이다. 아래 문장들을 이용하면(혹은 비슷한 문장들을 직접 만들어서 사용하면) 이 작업에 도움이 된다.

- 오늘 나는 과거의 정서적 반응 습관을 버리는 연습을 하고 있다.
- 나는 일상생활에서 새로운 반응을 선택할 기회를 얻어 감사하게 여긴다.
- 오늘 나는 차분하게 현재에 발을 디디고 있다.
- 이 분야의 변화로 내 선택들을 더욱 잘 통제할 수 있게 된 것 같다.
- 오늘 나는 호흡을 통해 내 반응을 억제하고 새로운 의식적 선택을 할 수 있도록 연습하고 있다.

Chapter 09
외상성 애착 관계

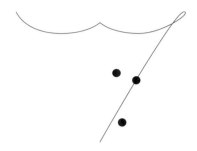

자라면서 내가 가장 자주 내뱉었던 말은 '지루해'였다. 나는 언제나 중독성 높은 코르티솔 롤러코스터를 타고 있었다. 심지어는 집 밖이나 집 안에서도 그러한 스트레스 순환을 재창조할 수 있었다. 가끔씩 잠이 오지 않을 때는 온갖 상황을 나열하면서(익숙하고 편안한 스트레스 순환 속으로 나 자신을 던져 넣으면서) 나 자신을 진정시켰다. '불이 나면 어떡하지, 홍수가 나면 어떡하지, 강도에게 가족들이 죽임을 당하면 어떡하지' 하는 생각이 머릿속에 맴돌았다.

나중에는 연인과의 관계에서도 그와 같은 스트레스 순환에 빠져들었다. 정서적으로 거리를 두었고, 대체로 쉽게 곁을 내어주지 않았다. 이것은 유년기에 엄마한테서 배운 패턴이었다. 사실은 내가 연인과의 단절과 거리감 형성에 일조했음에도 그 모든 책임을 연인에게 전가하면서 점점 더 화를 키워갔다. 연인이 가까이 다가오려고 할 때마다 그 친밀감이 낯설어서 밀어냈다. 그러다가도 연인이 떠나면 공황 상태에 빠져 아동기에 겪었던 것과 유사한 스트레스 순환('언제나 무슨 일이 터졌던 시절')으로 회귀했다.

여자 친구가 어떤 식으로(문자메시지를 무시하고, 성의 없는 선물을 던져주고, 이따금 반감이 어린 말을 던지며) 날 저버렸던가 하는 생각을 곱씹었다. 어떤 상황에서도 나는 스트레스 받을 거리를 찾아낼 수 있었다. 가장 평화로운 순간에도 내 마음은 계속 징징거렸다. '뭔가가 잘못됐어. 이 사람한테 진심으로 끌리지 않는 건지도 몰라. 이 관계를 끝내야 할까 봐.' 나는 뭔가를 느끼기 위해서 그런 스트레스 반응이 필요했다. 스트레스 반응 없이는 아무것도 느끼지 못했다. 지루했다! 결국에는 '난 언제나 혼자야'라는 믿음을 확인하면서 다른 사람을 밀어내거나 떠나버리고 말았다.

돌이켜보면 나는 처음에 롤러코스터처럼 격하게 오르내리는 불확실성을 느낄 수 있어서 여자 친구 사라에게 끌렸던 것 같다. 사라와 함께 있으면 내가 어디에 서 있는지 전혀 알 수 없었고, 그런 불편함에서 흥분을 느꼈다(내 신경계 조절 장애가 익숙하게 느껴졌다). 그런 관계를 몇 년 동안 이어가던 어느 날, 사라가 우리 둘이 함께 아는 친구와 바람을 피우는 것 같아서(뭔가가 잘못됐다는 직관적 느낌이 들어서) 그 진의를 다그쳐 물었다. 그러자 사라는 절대 아니라고 부인했다. 당시에 나는 내 직관적인 목소리를 따라갈 만큼 신뢰하지 못했기 때문에 사라가 아무것도 아니라고, 다 피해망상이라고 하는 소리를 듣고 그냥 넘겼다.

　나중에 사라가 진짜로 그 친구와 바람을 피우고 있었다는 사실을 알아냈을 때 내 내면아이는 커다란 바윗덩이에 깔린 것만 같았다. 가장 마음 아픈 것은 사라가 바람을 피웠다는 사실이 아니었다. 사라가 내 현실을 부정했다는 사실에 가장 속이 쓰렸다. 그것은 내 성관계를 비롯한 모든 문제를 양탄자 아래에 숨겨버렸던 내 어린 시절의 상처 중 하나였다. 나 자신의 현실을 조금도 신뢰하지 못했던 나는 사라의 말을 믿어버렸다.

　지금 돌이켜보면 내가 어떻게 단절 상태에 들어가 그 관계의 종말을 초래했는지 알 수 있다. 이제는 내가 그 당시에 얼마나 지독하게 분리되어 있었는지 잘 안다. 그때 나는 피해자 역할을 연기하고 있었지만, 사실은 그 순간에 존재하지 않았다. 사라를 비난하는 내내 정서적 거리를 두면서 우리 관계에 분화구만 한 구멍을 냈다. 자기 자신과 연결된 사람만이 다른 사람과도 연결될 수 있는 법이다.

　사라와의 관계가 필연적으로 끊어졌을 때 나는 나보다 몇 살 더 많은 여자와 함께 방 세 개짜리 아파트로 옮겼다. 우리 두 사람 사이에 빠르게 우정이 싹텄고, 깊어진 우정은 끌림으로 변해갔다. 우리 두 사람의 관계는 마음을 달래주는 따뜻한 욕조에 몸을 담그는 것과 같았다. 지금에서야 알게 된 사실이지만 그러한 안전감은 내 아동기의 인식 가능한 패턴에서 나온 것이었다.

　우리 두 사람은 불안이라는 경험을 공유하면서 점점 더 많은 시간을 함께 보냈고 정서적 유대를 맺었고, 그 과정에서 즉각적으로 서로 연결되었다. 하지만 그 친숙한 유대관계 이외의 관계에서는 정서적으로 거리를 유지했다. 항상 그랬듯이 나는 모든 사람의 기분을 맞춰주려고 애썼다. 하지만 그들이 가장 간절하게 원하는 진정한 연결은 불가능했다.

몇 년이 흐르자 결혼 문제가 거론되었다. 결혼은 마땅히 밟아야 하는 다음 단계인 것 같았다. 우리는 즉시 뉴욕주를 벗어났다. 뉴욕에서는 합법적으로 결혼할 수 없었기 때문이다.

결혼한 직후에는 우리의 일상과 유독 활동적이었던 사회생활을 뒤로한 채 뉴욕에서 필라델피아로 이사했다. 방해요소가 훨씬 적은 새 보금자리에 정착하자 우리의 뿌리 깊은 단절이 불빛 아래 훤히 드러나는 것 같았다. 나는 거의 언제나 단절 상태에 있어서 그녀가 원하는 감정 교류를 할 수 없었고, 나 자신도 만족시킬 수 없었다.

오랜 세월 충족되지 못한 욕구를 그녀에게 투사시켰고, 점점 격하게 치솟는 분노는 지속적인 분리 패턴으로 진정시켰다. 게다가 자꾸 확인하는 나의 습관 때문에 그녀의 불안감이 활성화되어 그녀는 점점 더 연결을 통해 안정감을 추구하려고 했다. 결과적으로 나는 조절 장애와 거리감을 점점 더 키워갔다. 한바탕 절망감에 몸부림치다가 깨달았다. 이혼에 이르는 많은 부부를 치료하면서 목격했던 악순환에 내가 빠져 있었던 것이다.

유난히 감정적이었던 일과를 끝낸 후 집으로 돌아간 날이었다. 진짜로 몸이 아프기 시작했다. 심장이 빠르게 뛰었고, 한순간 땀이 날 정도로 더웠다가 다음 순간에는 얼어붙을 듯 추워졌다. 나는 병원에 가야겠다는 생각에 스니커즈를 신고 묵직한 겨울 점퍼를 걸쳤다. 심장마비가 분명하다고 생각했지만 사실은 불안발작이 일어난 것이었다. 그때는 임상의인 나조차도 그 사실을 깨닫지 못했다. 나는 폭신한 다운점퍼에 파묻힌 채 공처럼 몸을 말고서 앞뒤로 흔들며 아파도 숨을 크게 쉬라고 되뇌었다.

다행스럽게도 심장마비는 아니었다. 그보다는 마음이 보낸 긴급한 메시지였다. 내 정신은 내 몸이 받아들인 진실을 너무 오래 회피했다. 나는 내가 사랑할 사람들을 무작위로 고른 것이 아님을 깨달았다. 거기에는 일정한 패턴이 있었다. 유아기의 내 애착 유대에서 시작된 보다 더 깊은 이야기가 있었다. 현재의 내 관계도 그러한 패턴의 일부였고, 내 결혼생활은 진정한 연결이라는 단단한 기반 위에 놓여 있는 것이 아니었다.

몇 달 동안 새로운 진실에 귀 기울이는 고통스러운 시간을 보내고 난 후, 나는 내 인생에서 가장 힘든 결정을 내렸다. 처음으로 진정한 내 안의 목소리에 귀를 기울였고, 그 말대로 행동했다. 그녀에게 이혼을 요구한 것이었다.

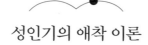

성인기의 애착 이론

생존과 번영을 위해 다른 사람들에게 의존하는 것은 아동기에 끝나지 않는다. 성인이 되어서도 주로 연인 관계에서 애착을 갈구한다. 1980년대에 연구학자 신디 하잔Cindy Hazan 박사와 필립 셰이버Phillip Shaver 박사는 애착 이론을 연인들에게 적용했다. '러브 퀴즈love quiz'를 이용해서 연구 참여자들의 성인기 관계가 유아기에 경험한 관계와 비교해서 얼마나 안정적인지 평가한 것이었다.

이 연구 결과로 심리학계에서 오랫동안 의심해왔던 사실이 진실로 입증되었다. 그것은 영유아기와 아동기 애착이 성인기 연인 관계의 기반이 된다는 사실이었다. 절대 바뀌지 않는 것은 아니지만 일반적으로 유아기에 애정과 지지, 사랑이 넘치는 유대관계를 맺었다면 성인기에도 그런 유대관계를 맺을 가능성이 훨씬 크다. 반면 아동기에 거리를 두거나 변덕스럽고 학대를 당하는 관계를 맺었다면 성인기에도 그와 똑같은 관계를 맺을 확률이 높다.

『배반적 유대The Betrayal Bond』의 저자 패트릭 카네스Patrick Carnes 박사는 불안정한 애착을 지닌 두 사람의 관계를 일컫는 '외상성 애착traumatic bonding'이라는 용어를 창시해서 애착 이론을 계속 연구해나갔다. 외상성 애착은 보상(사랑)과 벌(사랑을 거둬감)이라는 신경화학적 표현으로 강화되는 문제 있는 유대관계다. 카네스 박사는 가정폭력과 근친상간, 아동학대, 심지어는 납치와 광

신교, 인질극 사건들에서 나타나는 '스톡홀름 증후군stockholm syn-drome'에 이르기까지 훨씬 더 극단적인 외상성 애착을 집중적으로 연구했다.

카네스 박사가 정의한 바에 따르면 사람들은 트라우마의 원천, 즉 자신을 학대하거나 괴롭히는 사람에게 의존하고 위로를 받으려고 할 때 외상성 애착 관계를 맺게 된다. 자신이 의존하는 사람이 트라우마의 원천일 때는 그 유대 속에 자신을 매몰시켜서 대처하는 방법(이 경우에는 사랑받는 방법)을 배운다. 카네스 박사는 이러한 현상을 일컬어 '다른 사람을 얽어매려고 두려움과 흥분, 성적 느낌, 성적 생리학을 잘못 사용하는 것'이라고 했다.

나는 그 정의를 좀 더 확장해서 외상성 애착이란 진정한 자기의 표현을 지지해주지 않는 역학에 가둬두는 관계 패턴이라고 정의한다. 외상성 애착은 주로 아동기에 습득하고 조건화됐다가 성인기 관계(또래 관계, 가족 관계, 연인 관계, 직업적 관계)에서 반복적으로 나타난다. 또한 흔히 충족되지 못한 욕구를 기반으로 형성되는 관계 패턴이다.

외상성 애착은 연인 관계에서만 유일하게 나타나는 것은 아니지만 연인 관계에서 가장 명확하게 드러나는 경우가 흔하다. 거의 모든 사람이 외상성 애착 관계를 맺으며, 개개인의 신체적·정서적·심리적 욕구가 항상 충족되지 않았을 가능성이 크다.

대체로 외상성 애착을 보면 다음과 같은 공통적인 징후가 나타난다.

1. 문제 있는 장기적 결과가 나올 가능성이 크다는 걸 알면서도 특정한 관계에 집착하거나 강박적으로 끌린다. 종종 외상성 애착과 연관된 강렬한 감정을 사랑으로 혼동한다. 밀고 당기는 역학에서 이런 일이 생겨나고, 버림받을까 두려운 감정이 흥분을 일으키는 '화학반응'처럼 느껴진다. 이러한 역학은 정반대로 지루함으로 나타날 수도 있다. '안전'한 관계가 상실의 위협이라는 스릴을 잃어버릴 때가 그렇다. 흥분은 많은 사람에게 과거로 회귀하게 만드는 강력한 동기부여 요소다.

2. 특정한 관계에서 자신의 욕구를 거의 충족시키지 못하거나 어떤 관계를 맺어도 자신의 욕구가 무엇인지 모른다. 모든 아이는 신체적·정서적 욕구를 지니고 있다. 그러한 욕구들을 충족시키는 방법은 주 양육자인 부모를 통해 배운다. 하지만 부모가 자신의 욕구를 충족시킬 수 없어서 아이의 욕구도 충족시켜주지 못할 수 있다. 이 경우에 아이는 성인이 돼도 부모와 비슷하게 자신의 욕구를 충족시키지 못한다. 결국에는 두렵거나 부끄러워서 '안 돼'라고 말하지 못하거나 뭔가를 요구하지 못하는 사람처럼 보일 수 있다. 평생 자신의 욕구를 충족시키지 못하면 끊임없이 분노를 느끼고, 성취감을 느끼지 못하거나 애정에 굶주릴 수 있다.

3. 특정한 관계에서 자신의 욕구를 충족시키기 위해 끊임없이 자신을 배반하고, 그와 관련된 자기 신뢰 부족에 시달린다. 자신을 믿지 않는 사람은 다른 사람들을 통해 자신의 가치를 찾는다. 자신의 가치

를 외부에서 찾을 때는 자신에 대한 다른 사람들의 인식에 계속 의존하게 된다. 자신의 내적 지식을 기반으로 결정을 내리거나 선택하기보다는 다른 사람의 관점에서 결정을 내리고, 자신의 현실 검증도 다른 사람에게 맡겨버린다. 결국에는 계속 불안정해져서 진정한 자기의 내적 길잡이와 계속 단절되는 악순환이 일어난다.

외상성 애착은 자기 이야기에 뿌리를 둔 관계 역학의 결과물이다. 아동기에 형성된 외상성 애착은 성인이 된 후의 인간관계에서 드러난다. 또한 내적 욕구가 충족되지 못한 상태에서 적응하는 (혹은 대응하는) 방법의 확장이기도 하다. 자아를 보호하는 이야기들은 (내 생각을 조금도 안 해준다는 내 이야기처럼) 다루기 힘든 감정을 달래고 트라우마에 대처하는 인생 초창기의 적응 전략이다. 이러한 대처 전략들 덕분에 주요 애착 대상과의 문제 상황에서 살아남을 수 있다. 그렇기 때문에 성인기에 진입해 다른 유대관계에서 인지된 '위협'을 마주했을 때 그러한 적응 전략에 깊이 의지하는 것이다. 내면아이가 입은 상처가 다시 일어나지 않도록 그러한 적응 전략을 이용해 자기보호라는 갑옷을 단단하게 두르는 것이다.

무의식적으로 이러한 패턴에 끌리는데, 이 끌림이 무척이나 강렬해서 외상성 애착에 기반을 둔 관계를 유지하기 위해서라면 못할 것이 거의 없다. 사랑받기 위해서 자기배반 행위를 하는 경우도 잦다. 이는 아동기에 습득한 배반 행위와 동일하다. 아동기에 자신의 특정한 일부분이 '나쁘거나' 사랑받을 가치가 없다는 소리를 들으면 진정한 자기의 그 부분들을 억압하거나 무시한다. 애착이 바로 생존과 직결되기 때문에 언제나 사랑받는 것이 목적이다. 사랑은 생명과 직결된다.

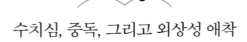

수치심, 중독, 그리고 외상성 애착

트라우마를 경험한 사람들은 정신적·육체적 활성화 상태의 감정을 진정한 연결이라고 혼동하기 쉽다. 잠재의식이 스트레스 반응을 항상성 상태의 '집'으로 인지하면, 위협과 스트레스 신호를 성적 매력과 화학반응으로 혼동할 수 있다. 결과적으로 상대가 누구든 항상 동일한 관계 역학에 갇혀버리는 고조된 상태에 정서적으로 중독되는 것이다. 이러한 외상성 애착은 다른 실질적이고 소모적인 중독처럼 그와 유사한 생화학적 롤러코스터를 타게 만드는 중독이다.

특정한 친밀감과 거부의 순환은 대부분 초창기 관계의 일부로, 유아기 때부터 시작된다. 그래서 성인기에도 유아기에 조건화된 순환을 반영하는 관계에 끌린다. 아이에게 이러한 관계는 사랑 표현이 일관적이지 못해 한순간 관심을 보였다가 다음 순간 관심을 끊어버리는 부모와의 관계로 인해 나타날 수 있다. 인간은 사랑을 갈구한다. 그렇기 때문에 아이의 두뇌는 적응하는 법을 배운다. 그릇된 행동을 할 때 부모의 관심(부정적인 관심)을 끌 수 있다면 일부러 더욱더 관심을 끄는 행동을 할 수도 있다. 하지만 이런 식으로 부모의 관심을 받고 눈에 든다 해도 자신의 욕구, 아동기의 핵심 욕구는 충족되지 않을 수 있다. (아무리 불완전하고 비인격적이고, 심지어는 자기배반적인 부모라도) 부모를 통해 자신의 신체적·정서적·심리적 욕구를 충족시키려는 아동기의 시도는 성인기의 관계에서 그와 동일한 욕구를 충족시키는 방법의 기반이 된다. 누구나 결과에 상관없이 익숙한 역학에 끌리게 마련이다.

그러므로 스트레스와 혼돈이 가득한 환경에서 태어난 아이가 커서도 그와 유사한 환경을 찾는 것은 놀랄 일이 아니다. 두려움에 빠진 상태(신체적 손상, 성적 학대, 혹은 버려짐을 두려워하는 상태)에서는 신체가 분자 차원과 신경화학적 차원, 생리학적 차원에서 달라진다. 스트레스 호르몬 분비에서 느끼는 감정과 신경계 반응은 '사랑'이라는 경험과 연관되도록 조건화된 경우에 중독성을 지닐 수 있다. 이것이 항상성 상태가 되어 두뇌의 중립적 경로 형성 및 발화로 이어진다. 인간은 편안함을 추구하는 동물이라서 언제나 잠재의식적으로 과거를 재현하려고 한다. 또한 설령 고통스럽고 비참하거나 심지어는 끔찍하더라도 미래를 예측할 수 있기를 바란다. 모르고 있는 것보다 훨씬 안전하기 때문이다.

성적 화학반응은 강력한 생리학적 효과도 지니고 있다. 연인 관계가 극심한 기복을 보일 때는 종종 그에 상응하는 성적 기복도 극심하고, 바로 이 때문에 자신이 살아 있음을 극히 생생하게 느낄 수 있다. 성관계에서 분비되는 호르몬은 매우 강력하다. 옥시토신은 유대감을 높여주고, 진통제 역할을 해서 정서적·신체적 상처가 있다면 뭐든지 일시적으로 둔화시킨다. 도파민dopamine은 기분을 좋게 바꿔주고, 에스트로겐estrogens은 여성의 전반적인 기운을 북돋는다. 이렇다 보니 이런 관계를 더욱 간절하게 원하는 것은 놀랄일이 아니다. 특히 아동기에 조건화된 역학과 얽혀 있을 때는 더욱그렇다. 매우 강력한 파도가 몰아칠 때는 물 위로 머리를 내밀기가 더없이 어려운 법이다.

그래서 성관계에 몰입하는 신혼이 지나고 나면 문제가 불거지는 것이다. 그 단계가 지나자마자 종종 지루하다고 불평하거나 배우자의 단점을 인지하고 지나치게 집중해서 스트레스를 받기 시작한다. 사랑을 트라우마 반응과 연관 짓도록 조건화되어 있다면 트라우마 반응 없이는 지루하고 따분하다고 느낀다. 나도 그러한 순환에 빠져 살았다. 평화로운 관계, 임박한 위기가 없는 관계에서는 짜증이 났고 불안했다. 결국은 몇몇 스트레스를 자초했다. 과거에 중독되어 과거를 미래로 만들었다. 그래놓고는 똑같은 실수를 계속 반복하는 나 자신을 수치스럽게 여겼다.

더 잘해야 했다는 생각에 수치심이 일었다. 하지만 비논리적이면서 강력하기까지 한 잠재의식은 더욱 합리적이고 나은 길을 가로막는다. 내가 치료했던 많은 내담자가 외상성 애착에 내재한 끌림과 수치심 순환에 빠져 있었다. 사람들은 종종 자신에게 그런 이력이 있고, 그러한 패턴에 몰입하고 있음을 인지하고 있다. 이런 사실은 보통 잊히지 않는다. 위험 신호는 거의 언제나 명확하게 보인다. 설령 당신 자신에게는 위험 신호가 보이지 않더라도 위험 신호를 알아보고 친절하게(가끔씩 그다지 친절하지 않게) 일부러 경고해주는 친구들과 가족이 있다.

외상성 애착을 맺고 있을 때는 이성적 마음 상태에서 반응하지 않는다. 과거의 잠재의식적 상처에 이끌려 뿌리 깊은 친숙한 자동적 패턴에 따라 살아간다. 이렇게 조건화된 패턴을 인식하지 못하는 한, 위험 신호가 전혀 없는 '완벽한'(완벽의 의미가 무엇이든 간에) 배우자를 찾아낸다 해도 필수적인 뭔가가 빠진 관계 같다고 느낀다. 여전히 외상성 애착 상태에 갇혀 있고, 아무리 좋은 감각을 발휘해도 거기서 빠져나갈 수 없어서 어떠한 연결도 이루어지지 않는다.

하지만 외상성 애착은 수치스럽게 여길 것이 아니다. 그보다는 온몸을 훑고 지나가며 당신을 원래 자리로 정확하게 되돌려놓는 생리학적 반응이다. '그냥 자리를 떠나라'나 '더 잘했어야지' 하는 충고는 도움이 되지 않는다. 트라우마의 역학을 고려한 충고도 마찬가지다. 외상성 애착은 폐기되어야 하는 과정이다. 그러자면 시간과 헌신이 필요하다. 치유 작업이 필요하다.

외상성 애착의 6가지 유형

이 책에서 소개한 다른 모든 성장 가능성과 마찬가지로 외상성 애착 패턴을 깨는 첫 단계는 주시하는 것이다. 여기서는 3장에서 소개했던 아동기 트라우마가 성인기의 인간관계에 미치는 영향을 살펴보겠다. 깔끔하게 딱 맞아떨어지는 체크리스트를 기대하지는 말기 바란다. 여러 유형 중 몇 가지가 자신과 일치할 수도, 일치하는 유형을 단 하나도 찾아내지 못할 수도 있다. 사람들의 트라우마 반응은 이 유형들과 딱 맞아떨어지지 않을 수 있다. 인생에서 그렇게 아귀가 딱딱 맞아떨어지는 일은 일어나지 않는다. 여기서 목적은 자신에게 이런 질문을 던져보는 것이다. 그 옛날에 무슨 일이 언제 어떻게 일어나서 내가 상처를 입었나? 지금 나는 인간관계에서 어떻게 대처하고 있는가?

아이의 현실을 부정하는 부모

자신이 생각하거나 느끼는 것, 혹은 경험하는 것이 타당하지 않다는 말을 들을 때마다 아이 마음에는 공허가 생겨난다. 이런 상처를 받은 사람들은 종종 조화를 유지하기 위해서 자신의 현실을 부정한다. 또한 자신의 욕구를 인정하지 않거나 병적일 정도로 태평해질 수 있다. 이들은 자신에게 해가 되더라도 이타적으로 행동하는 순교자가 될 수 있다. 전형적인 충돌 회피 유형으로 '네가 괜찮으면 나도 괜찮다'는 만트라를 따른다. 현실을 부정당한 상처를 지닌 사람들은 오랫동안 자신의 직관과 단절된 채 직관을 불신했기 때문에 자신의 현실을 혼동할 수 있다. 이들은 자신들의 결정과 욕구를 계속해서 주변 사람들에게 맡긴다. 이런 상처에 노출된 사람들은 욕구가 지속되고 분노가 커지면서 자신의 선택에 대한 책임을 주변의 모든 사람에게 떠넘길 수 있다.

아이의 말을 들어주지 않는 부모

자신을 봐주고 자신의 말을 들어주길 바라는 핵심 욕구를 부모가 무시하거나 소홀히 한다고 느낄 때 아이는 사랑받기 위해서 자신의 진정한 본성을 숨겨야 한다고 일찌감치 배운다. 정서적으로 미성숙한 가족들과 함께 성장한 사람들(종종 '외면하기'와 '침묵 요법'을 벌로 사용하는 사람들)한테서 이와 유사한 반응을 찾아볼 수 있다.

할 수 있는 한 뭐라도 받아내려고 자신의 욕구와 요구를 거의 완전히 지워버리는 환경에서는 무조건적인 사랑이 싹트거나 사랑이 부족해진다. 종종 행동모델링(관찰의 결과로 나타나는 특정 행동의 모방과 수행—옮긴이)도 발생한다. 외면당한 사람들은 종종 위협받을 때 다른 사람들을 외면한다. 이러한 상처는 '큰 인물'을 배우자로 고르는 형태로 드러날 수도 있다. 한 내담자는 가끔 자신이 말 그대로 방 안의 '공기를 모조리 빨아들이는' 강렬한 고성취자에게 끌린다는 사실을 깨달았다. 이런 사람들은 핵심 상처, 즉 아무도 날 봐주거나 내 말을 들어주지 않는다는 상처를 지니고 있어서 자신의 핵심 상처를 끌어안고 살게 해주는 배우자를 고른다. 그리하여 보잘것없거나 보이지 않는 존재가 된 것 같은 익숙한 상태로 다시 빠져든다. 하지만 이런 상태에서는 관련된 모든 불편한 감정이 활성화된다. 이 여성은 큰 인물을 고를 때마다 애초에 그 사람에게 끌렸던 바로 그 이유로 화를 내기 시작하고, 결국에는 그와의 관계도 어김없이 실패로 돌아간다.

아이를 통해 대리만족하려는 부모

부모가 직접적으로나 간접적으로 아이의 믿음과 바람, 욕구에 관한 편애를 드러내면 아이는 진정한 자기표현을 하기가 힘들어진다. 이는 다양한 방식으로 드러날 수 있다. 종종 인생의 크고 작은 모든 결정에 대한 정보나 피드백을 얻으려고 부모, 친구, 심지어 멘토와 같은 외부의 지도에 의존하는 형태로 나타나기도 한다.

이들은 자신들이 어떻게 '느끼는'지 알아내려고 항상 이야기해야 하는 사람들이다. 때로는 여러 사람과 수차례 이야기를 나눠야 한다. 항상 넌 이렇게 느끼고 생각한다거나 그래야 한다는 말을 들어왔기 때문에 자기 안의 직관적 길잡이와 연결되지 못한다. 이렇다 보니 끊임없이 권위자나 안내자를 찾아다니고, 혹은 새로운 아이디어나 집단을 '무조건 들이마시듯' 맹목적으로 받아들인다.

경계를 보여주지 못하는 부모

많은 아이가 명확한 경계가 없는 부모 밑에서 자라지만 직관적으로 경계를 이해한다. 몇몇 부모들은 '예의 바르거나 착한' 아이가 되려면 불편한 일도 해야 한다고 말하면서 무의식적으로 아이들의 경계를 침범한다. 결국 아이는 직관과 내적 한계가 짓밟혀서 자신의 내적 메시지에 의문을 품는다. 시간이 지남에 따라 이러한 욕구 부정은 분노나 격분으로 변해갈 수 있다. 이는 경멸이라고도 알려져 있고, 유명한 부부관계 치료사 존 가트맨John Gottman 박사의 확장 연구에서는 '관계 살인자relationship killer'라고 알려진 개념이다. 사람들은 분노를 느끼고 이런 의문에 휩싸인다. '왜 사람들이 날 이용하는 걸까?' '왜 사람들이 날 인정해주지 않는 걸까?' 이것은 경계 침범에 대한 정상적인 반응이다. 하지만 사람들은 이러한 행동이 다른 사람들에게 쏟아붓는 시간과 에너지, 정서적 자원의 한계나 경계를 제대로 정하지 못하는 것과 연관되어 있다는 사실을 이해하지 못한다.

외모를 지나치게 중시하는 부모

신체적 외양(몸무게, 헤어스타일, 옷차림)이나 공동체 내에서 가족 전체가 어떻게 인식되는지에 지나치게 신경 쓰는 부모들이 있다. 이런 부모 밑에서 외양에 관해서 직간접적인 평가를 받으며 자라난 사람들이 많다. 성인이 되면 정서적 웰니스가 표면적인 외양보다 훨씬 더 깊이 있는 것임을 이해하지 못한 채 자신이 피상적 수준에 도달하는지 알아보려고 자신과 다른 사람들을 비교하는 습관이 생길 수 있다. 이처럼 외양에 의존하다 보면 외적으로 드러나는 자신의 이미지에 지나치게 집중할 수 있다. '완벽한' 외양을 유지하기 위해서 자신이 경험하는 고통스럽거나 어려운 문제들을 부인하거나 일부러 숨길 수도 있다. 예쁘게 나온 사진과 설명을 올릴 수 있는 소셜미디어는 그 문제를 더욱 악화시킬 수 있다. 완벽한 겉모습을 한 많은 사람이 내면 깊숙한 곳에서는 고통받고 있다.

감정을 조절하지 못하는 부모

부모가 폭발하거나 안으로 침잠하는 방식으로 자신의 감정을 드러내면 그 모습을 지켜보는 아이는 정서적으로 감당하기 힘든 느낌을 받는다. 성인기에도 적응적인 정서적 대처 기술과 전반적인 정서 회복력 부족을 겪는다. 많은 사람이 부모가 보여주는 정서적 반응성이나 억제를 모델로 삼는다. 어떤 사람들은 다른 사람들에게 소리를 지르거나 집 안에서 문을 꽝꽝 닫으며 돌아다니는 식으로 감정을 폭발시킨다. 거리를 둠으로써 격한 감정을 다루는 사람들도 있다. 이들은 회피형이나 충돌 혐오형 인간처럼 보일 수 있다. 좀 더 극단적일 때는 분리 상태에 진입한다. 어떤 사람은 외적인 도움을 받아 자신을 분리시킨다. 약물과 알코올로 감각을 무디게 만들고, 소셜미디어로 집중을 흐트러뜨리고, 음식으로 자신을 진정시키는 것이다. 유대감 자체가 감각을 마비시키는 요소가 될 수도 있다. 어떤 관계에 푹 빠져 있을 때는 좀 더 깊숙한 곳에 자리한 뭔가로 인해 불행해지는 것은 아닌지 자문할 필요가 없어지기 때문이다.

이러한 일반적인 유형들을 유념하면서 당신의 몸이 주변 사람들 곁에서 어떻게 반응하는지 살펴보자. 인간관계는 정신적 웰니스 상태를 결정지을 수 있게 도와주는 안내 시스템이다. 잠시 시간을 내서 당신과 가까운 관계를 맺고 있는 사람들의 이름을 적어보자. 각각의 이름 아래에 그 사람과 상호작용할 때 어떤 느낌이 가장 자주 드는지 기록한다. 긴장되고, 불안해지는가? 아니면 자유롭고 안전하다고 느끼는가? 이렇게 하면 아동기 경험을 통해 습득했던 몇몇 인간관계 패턴을 인식할 수 있다.

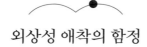

외상성 애착의 함정

개개인은 인간관계를 맺으며 자신의 유일무이한 어린 시절 트라우마 후유증과 씨름하고 있다. 그와 동시에 인간관계의 양 당사자는 함께 살아가고, 사랑하고, 번영하려고 애쓴다. 이런 관계가 쉽다고 말하는 사람은 아무도 없다.

치료사로 활동 중인 한 내담자는 널뛰듯 이랬다저랬다 하는 남편과의 상호작용 때문에 도움을 받으려고 날 찾아왔다. 모든 외상성 애착이 그렇듯 매우 독특한 측면과 그보다 훨씬 일반적인 측면이 있다. 조슈아와 쉬라의 관계는 개인적인 것이 어떻게 보편적인 것으로 변할 수 있는지를 보여준다.

조슈아와 쉬라는 정통 유대교 공동체의 적극적인 일원이다. 이들 두 사람에게는 가족과 의식, 전통이 가장 중요했다. 이 두 사람은 공동의 가치를 지니고 있다는 사실만 제외하면 달라도 그렇게 다를 수가 없었다. 쉬라의 부모님은 두 분 다 특별한 욕구를 지니고 있었고, 대체로 쉬라를 돌봐줄 수가 없어서 대가족 구성원들, 그러니까 쉬라의 조부모님과 고모나 이모에게 그 책임을 떠넘겼다. 쉬라의 부모는 자신들에게 특별한 욕구가 있다는 사실을 쉬라에게 숨기지도 않았다. 쉬라의 마음 깊숙한 곳에서는 부모가 주지 않았던 유대감을 간절하게 바라고 있었다. 이러한 정서적 유기에 상처받은 쉬라는 영원히 사랑받지 못할 거라고 느꼈다. 결국 그에 대응하기 위해서 남의 기분을 맞춰주는 사람이 되었고, 언제나 자신이 사랑받을 가치가 있다는 사실을 외부에서 인정받으려고 애썼다.

이와는 반대로 조슈아는 8남매 가정에서 태어났다. 조슈아의 어머니는 자신의 감정을 조절하기 힘들어했고, 매우 자기중심적이어서 자식의 욕구보다 자신의 욕구를 우선시했다. 장남이었던 조슈아는 살아남기 위해서 엄마를 안정시켜야 한다고 믿었다. 그러기 위해서는 자신의 정서적 세계를 침묵시키고 억누르는 것이 가장 좋은 방법임을 배웠다. 이미 짐작하고도 남겠지만 그 결과는 해리解離였다. 조슈아의 이런 가정환경은 '남자는 감정적으로 굴면 안 된다'는 문화적 메시지와 더불어 성취와 성공을 통해 바깥세상에서 '사랑'을 찾으라고 조슈아를 내몰았다. 조슈아는 의학을 공부

했고, 전국에서 손꼽히는 의과대학에 들어가 마침내 외과 의사가
되었다.

쉬라가 나를 찾아왔을 때 조슈아는 신체적 통증으로 허약해
졌고, 좌절감에 시달리고 있었다. 때로는 진료를 하기도 무척이나
힘들어했다. 신체적 통증이 생겨난 이후로 인간관계에서 발생하
는 모든 문제가 더욱 악화되었다. 조슈아는 스트레스와 갈등 상황
과 거리를 두면서 감정을 드러내지 않았다. 그 바람에 정서적 유기
를 겪었던 쉬라의 옛 상처가 다시 벌어졌고, 쉬라는 절망감과 두려
움을 느꼈으며 사랑에 굶주렸다. 조슈아는 힘든 하루 일을 끝내고
기진맥진해서 집에 돌아가면 자신을 분리하고 차단했다. 이에 연
결 부족을 실감한 쉬라가 따지고 들었다.

"뭐가 문제예요? 나한테 화났어요?" 이렇게 애정을 갈구하는
추격전이 시작되었다.

그러다가 급기야는 비난을 퍼부었다. "당신은 날 사랑하지 않
아! 바람피우고 있는 거야!"

공황 상태와 깊은 외로움에 사로잡힌 쉬라는 실제로 조슈아
를 쫓아다녔다. 연이어 50번씩 남편에게 전화를 걸어댔고, 남편
진료소를 찾아갔고, 남편의 행동을 그의 가족들에게 일러바쳤다.
쉬라가 진정으로 안전하다고 느끼려면 남편과의 거리를 줄여나가
는 방법밖에 없었다.

한편 조슈아는 안정감을 되찾기 위해서 자신의 감정을 더욱
더 강하게 억눌렀다. 친밀감을 갈구하는 쉬라의 시도가 위협적으

로 느껴졌기 때문이다. 엄마의 감정에 짓눌렸을 때 느꼈던 감정과 비슷했다. 쉬라와 조슈아의 관계는 전형적인 접근과 침잠 패턴이다. 조슈아가 자신의 사랑을 억누르면 쉬라는 버림받은 느낌에 깊이 상처받고, 자신의 성적 안정성을 되찾으려고 조슈아에게 더욱 가까이 다가간다. 하지만 쉬라가 가까이 다가올수록 조슈아는 더욱더 거리를 두고, 쉬라의 불안은 점점 더 깊어진다. 둘 중 어느 쪽의 욕구도 채워지지 않고, 서로가 서로에게 상처를 입힌다. 이것이 외상성 애착 역학의 핵심이다. 욕구가 계속 충족되지 않으면 분노가 뒤따른다. 분노는 관계 살인자다.

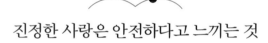

진정한 사랑은 안전하다고 느끼는 것

외상성 애착 관계를 맺고 있다고 해서 그 관계가 끝날 운명인 것은 아니다. 그것과는 거리가 한참 멀다. 외상성 애착은 스승과 같아서 항상 반복했던 관계 패턴과 바꿔나갈 수 있는 영역들을 대략적으로 보여준다. 다행스럽게도 이러한 패턴에 관해서 결정된 것은 아무것도 없다. 지금까지 배웠던 다른 것들처럼 이러한 패턴을 인식하자마자 변화는 일어난다.

조슈아와 쉬라가 외상성 애착을 완전히 치유했다고 말할 수는 없다. 하지만 두 사람이 어릴 때 맡았던 역할을 받아들이면서 그들 자신과 그들의 관계에 관한 치유 작업을 시작하는 데 동의한 것만은 분명하다. 밀고 당기는 외상성 애착의 함정이 나타날 때 쉬라는 자신의 당연한 정서적 반응에 연민을 갖고 대처하는 방법들을 배웠다. 또한 반응하려고 하는 본능적인 충동과 거리를 두려고 호흡 요법과 명상을 배웠다.

한편 조슈아는 정서적으로 분리되기 시작할 때 자신을 표현하는 법을 배웠다. "내가 지금 거리를 두려는 것 같아", "이 상황에 압도당하는 것 같아"라고 아내에게 말하기 시작했다. 외부 사람에게는 큰 의미가 없는 말일지도 모르지만 쉬라에게는 그렇지 않았다. 쉬라는 자신의 내면세계를 설명해주는 남편의 이야기를 듣자 정서적으로 연결된 것 같았고, 버림받는 위협에 반응하려는 신경계를 비활성화시킬 수 있었다. 남편이 자신의 마음을 표현하자 쉬라는 그토록 바라던 연결에 성공해서 남편에게 정서적으로 필요한 공간을 마련해줄 정도로 안정되었다.

한때 나도 롤리와 외상성 애착 관계에 빠져든 적이 있다. 이혼 후 내가 마침내 다시 데이트할 준비가 됐을 때 만난 사람이 롤리였다. 나는 자신감 넘치는 롤리에게 즉각적으로 끌렸다. 롤리는 철철 흘러넘치는 자신감과 지극히 매력적인 에너지를 뿜어내는 사람이었다.

무척 안정적으로 보이는 사람들에게도 상처가 있게 마련이다. 롤리도 트라우마를 안고 있었다. 조슈아처럼 고조된 정서적 환경에서 아동기를 보냈기 때문이었다. 그러한 환경에 대응하기 위해서 롤리는 회피 애착을 선택했다. 그런 탓에 연애 관계에서는 그 사람이 자기를 떠날까 봐 무섭다거나 그 사람이 자기 곁에 머물까 봐 무섭다는 식으로 두려움에 떨었다.

하루는 적극적이고 열정적인 태도를 보이다가 다음 날에는 갈등 앞에서 달아나려고 했다. 당연히 나는 롤리의 그런 반응에 정서적으로 극심하게 활성화되었다. 초창기에는 감정이 롤러코스터를 타는 것처럼 롤리와의 관계가 아동기에 겪었던 스트레스와 혼란과 너무나 유사해서 그 관계에 사로잡혔다. 상황이 나빠지면 다시 상황이 좋아질 때까지 온갖 감정들에 뒤흔들렸고, 불안감의 파도에 휩쓸렸다. 상황이 끝날 무렵에는 또 다음에 덮쳐올 파도를 기다렸다. 그러다가 우리 둘 다 자신도 모르는 사이에 한통속이 되어 다양한 방법으로 또다시 상황을 악화시키려고 했다. 우리는 스트레스 기차에 중독되어 있었지만 그러한 역학을 인지하지 못했다.

롤리는 언제나 변화의 주체가 되고 싶어 했다. 정체되는 것은 끔찍하게 싫어했고, 관계가 번창하기 위해서는 끊임없이 발전해야 한다고 믿었다. 롤리는 현 상태에 편안하게 머무는 것이 아니라 성장하고 발전하고 싶어 했다. 나도 과거의 관계 패턴을 새로 인식하면서 교훈을 얻어 나 자신을 성장시키려고 했다.

나는 고향 필라델피아에서 가족들과 많은 시간을 보내던 시절에 롤리를 만났다. 가족을 자주 만났기 때문에 과거의 많은 패턴이 수면 위로 떠올랐다. 내가 그 사실을 적극적으로 인정하고 싶어 하는지 아닌지는 별개의 문제였다. 롤리는 내 가족들과 자주 시간을 보내면서 자신이 관찰한 것을 조심스럽게 이야기했다. 내가 가족들을 만나기 직전에는 불안해하고 안으로 침잠해 있다가 그 후에는 고조된 정서적 상태에서 싸울 태세를 갖추고 며칠 동안 안절부절못한다는 사실을 알아차린 것이었다. 이런 나의 정서적 에너지를 롤리에게 흘려보냈기 때문에 롤리도 불안해했다.

사실 처음에는 그 사실을 알아차리지 못했다. 롤리에게 그런 문제점을 지적당하면 오히려 적개심을 불태웠다. 시간이 지남에 따라 의식과 자기 신뢰가 깊어지면서 나는 그제야 조건화된 반응들을 명확하게 볼 수 있었다. 롤리는 내가 그 깨달음의 빛을 볼 수 있게 도와주었다. 나를 밀어내거나 벌하는 대신 긍정적인 변화의 선동자가 되었다.

우리 두 사람의 성장 욕구는 치유 작업에 깊이 빠져들수록 더욱더 커져만 갔다. 롤리와 나는 매일 치유 작업을 함께하기로 약속했다. 우리는 함께 잠자리에 들었고, 함께 운동을 했다. 아침 일과를 지켰고 일기를 썼다. 우리의 영양 상태를 바꾸었고, 화학물질에 지배당한 몸을 해독했다. 처음에는 그 모든 의식과 변화가 감정적이었다. 가끔씩 우리는 바닥에 누워 울음을 터뜨렸다. 그 정도로 감당하기 벅찬 감정이었다. 우리가 함께 경험한 벅찬 감정이었다. 이러한 함께하기 togetherness 덕분에 우리의 치유 여정은 탈바꿈의 여정에 더욱더 가까워졌다. 나는 진짜로 치유 작업을 하기 싫은 날에도 롤리 때문에 계속할 수 있었다. 시간이 지나자 이제는 나 자신을 위해 치유 작업을 하기 시작했다.

관계를 풍요롭게 발전시키려면 이러한 작업을 부모가 준 공허감이나 상처를 치유하는 수단으로 사용해서는 안 된다. 건전한 관계는 상호 진화의 장을 마련해준다. 이것이 진정한 사랑의 핵심이다. 진정한 사랑이란 두 사람이 서로에게 자유와 지지를 온전히 보여주고, 들려주고, 자기표현을 허락하는 것이다. 정서적 롤러코스터를 타는 것과는 완전히 다르다. 서로가 상호 존중과 존경의 장소에 서기로 선택했음을 알고 평화를 느끼는 것이다. 진정한 사랑은 안전하다고 느끼는 것이다. 사랑하는 사람은 소유해야 하는 소유물도, 당신의 부모도, 당신을 고쳐주거나 치유해줄 수 있는 사람도 아니라는 인식에 뿌리를 둔 것이다.

이것은 '로맨틱 코미디' 버전의 사랑이 아니다. 진정한 사랑은 항상 기분 '좋게' 느껴지지도, 심지어는 낭만적으로 느껴지지도 않는다. 진정한 사랑에서는 주로 연애와 연관되어 나타나는 감정 중독의 순환이 활성화되지 않는다. 그래서 버림받거나 사랑과 지지를 잃을지도 모른다는 두려움에 흥분하는 일도 없다. 진정한 사랑은 현실에 발을 디딘 상태다. 사랑받기 위해서 특정한 방식으로 실적을 올리거나 자신의 일부분을 숨길 필요가 없다.

여전히 지루해하거나 불안을 느낄 수는 있다. 여전히 다른 사람들에게 끌리고, 심지어 독신 생활의 끝을 슬퍼할 수도 있다. 의식적인 관계는 동화가 아니다. '당신이 날 완벽하게 채워준다'는 공식은 없다. 미소도 없고, 짜잔 하고 '오래오래 행복하게 살았습니다'로 끝나는 결말도 없다. 지금까지 경험했던 다른 모든 일처럼 진정한 사랑도 치유 작업이 필요하다. 자신의 외상성 애착에 영향을 미치는 자기배반의 역할뿐만 아니라 자신의 욕구를 존중하기 위해서 할 수 있는 자신의 역할을 의식하는 것이 앞으로 나아가는 길이다.

자신의 외상성 애착 수준
파악하기

시간을 들여서 다음 문장들을 이용해 과거를 성찰해보자. 그러면 아동기 상처나 억제된 감정이 어떻게 당신과 당신의 성인기 관계에 영향을 미치고 있는지 인식할 수 있다. 3장에서 소개한 일기 작성 활동을 떠올려보고, 당신이 경험했던 아동기 상처를 기록해본다.

아이의 현실을 부정하는 부모

누군가가 당신의 생각과 감정, 혹은 경험을 부정한다고 인지할 때 어떻게 반응하는지 성찰해보고 기록하자. 당신 자신을 주시하고, 그러한 감정을 활성화하는 경험들을 탐색하고, 당신의 반응을 기록해본다. 다음 문장을 이용해 성찰해보자.

- 오늘 _____(당신의 현실을 부정당하는 것 같은 경험)
  상황에서 기분이 _____ 했고,

내 반응은 _____ 했다.

아이의 말을 들어주지 않는 부모

인정받지 못하는 것 같은 경험들을 주시한다. 성인기에 당신을 봐주거나 당신의 말을 들어주기를 바라는 마음에 어떻게 행동했는지 기록한다. 예 컨대 그 소망을 이루려고 필사적으로 노력하는가? 아니면 대체로 자신이 인정받지 못하고 있다는 뿌리 깊은 느낌에 사로잡혀 있는가? 관계에서 검 증받으려고 노력하는가? 아니면 당신의 일부분이 타인에게 인정을 받지 못할 것 같은가? 성인기에 인정받지 못하는 느낌에 어떻게 반응하는가? 다음 문장을 이용해 성찰해보자.

- 오늘 _____(아무도 당신을 봐주지 않고

  당신 말을 들어주지 않는 것 같은 경험) 상황에서

  기분이 _____했고,

  내 반응은 _____했다.

아이를 통해 대리만족하려는 부모

실질적인 열정이나 개인적인 목적 없이 움직이는 것 같은 순간과 관계, 혹은 경험을 주시한다. 수치심과 혼란, 혹은 만족감의 결핍을 느끼는가? 이러한 감정은 종종 자신의 본질과 목적을 벗어난 생활을 반영한다. 다른 사람들이 표현한 소망과 다른 사람한테서 받은 칭찬, 혹은 가상의 두려움(예컨대 내가 변하면 다들 날 사랑하지 않을 거라는 두려움) 같은 외적 요소들을 토대로 선택하는 당신의 각기 다른 방식들을 살펴본다.

당신에 대한 다른 사람들의 평가를 어떻게 받아들이고, 그것에 어떻게 의지하고, 그것을 토대로 어떻게 변해가는지를 유심히 살펴본다. 그러한 평가를 바탕으로 인정받을 수 없다 싶은 부분은 억누르고, 그렇지 않은 일부분만 표현하는 많은 방식을 눈여겨본다. 당신이 실제로 어떤 사람인지 아직 모르더라도 걱정할 것 없다. 많은 사람이 어릴 때부터 '넌 이런 사람이다'라는 소리를 듣고 자랐기 때문에 자신이 실제 어떤 사람인지 잘 모른다. 다음 문장을 이용해 성찰해보자.

- 오늘날 나는 외적인 요소들에 좀 더 의지해서 일상적인 선택을 계속하고, 다른 사람들을 위해 살아가고 있다. 예를 들자면 이렇다. _____
- 오늘날 나는 현재의 행동을 형성해주는 메시지들을

계속 받아들이고 있다. 그러한 메시지들은 예를 들자면
이렇다. _____

경계를 보여주지 못하는 부모

다른 사람들과 관계를 맺은 자신의 모습을 재단하거나 비판하지 말고 있는
그대로 주시한다. 다음 문장을 이용해 그러한 관계에서 나타나는 당신의
경계를 의식할 수 있다. 경계가 전혀 없을 수도 있다. 한때는 나도 그랬다.
자신의 경계를 점점 더 날카롭게 의식할수록 경계에 관한 새로운 선택을
할 수 있고, 다른 사람들의 경계에 어떻게 반응할지도 선택할 수 있다. 자신
의 한계를 편안하게 받아들이고 자신감 있게 전달하려면 연습이 필요하다.

- '안 돼'라고 마음 편하게 말할 수 있는가? 아니면 그렇게
  말하는 게 두렵거나 그 일로 죄책감을 느끼는가?
- 당신의 한계와 상황에 대한 진정한 감정을 마음 편하게
  밝힐 수 있는가?
- 다른 사람들에게 당신의 관점이나 의견을 받아들이라고
  무의식적으로 강요하는가?

외모를 지나치게 중시하는 부모

자신의 외양에 관한 생각을 재단하거나 비판하지 않고 있는 그대로 주시해본다. 자기 몸에 대한 생각은 당신 자신은 물론이고 다른 사람과의 관계에 반영된다. 자신의 신체적 외양에 관한 이야기는 대부분 무의식적으로 나온다. 그렇기에 그러한 이야기를 의식하면 당신의 현재 이야기를 이해해서 새로운 이야기를 만들어낼 수 있다. 당신 자신에게 친절과 연민을 베풀어야 한다는 사실을 명심하면서 다음 질문들을 성찰해보자. 여기서 목적은 평가하는 것이 아니라 객관적인 태도를 유지하고, 내 몸에 호기심을 갖는 것이다.

- 내 몸에 관해서 나 자신에게 뭐라고 이야기하는가?
- 내 몸에 관해서 친구들에게 뭐라고 이야기하는가?
- 신체적으로 나 자신과 다른 사람들을 얼마나 자주 비교하는가?
- 다른 사람들의 외양에 대해 뭐라고 이야기하는가?

감정을 조절하지 못하는 부모

성인기인 지금 현재 자신의 감정을 어떻게 조절하고 있는지 주시한다. 자신이 경험하는 감정과 그에 대처하는 방식들을 주시한다. 특히 일상생활의 많은 영역에서 특정한 감정을 어떤 식으로 계속 부인하고 있는지 살펴본다. 항상 긍정적으로 되려고 하는가? 아니면 파티 스타가 되려고 하는가? 당신이 느끼는 바를 친구와 배우자에게 솔직하게 전하지 못하는 것같은가? 몇몇 감정은 숨기고 다른 감정은 완전히 표출하는가? 다음 문장을 이용해 성찰해보자.

- 격한 정서적 경험을 할 때 어떻게 반응하는가?
- 당신의 감정 때문에 스트레스를 받을 때 대처 전략을 갖고 있는가? 있다면 어떤 것인가?
- 격한 정서적 경험을 할 때 그 경험을 주변 사람들에게 어떻게 전하는가?
- 격한 정서적 경험을 한 후, 자기 돌봄 연습을 하는가? 아니면 당신의 반응을 수치스럽게 여기는가?
- 오늘날 나는 내 감정을 계속 부인하고 있다. 예를 들자면 이렇다. _____

Chapter 10
경계를 세우다

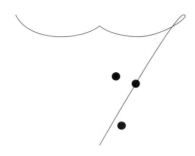

　　나를 찾아왔던 내담자 수잔은 '가족이 전부'라는 '전형적인' 중산층 가정에서 태어나 자랐다. 나와 비슷한 가정환경에서 자란 것이다. 치유 여정 초기에 수잔은 자신의 가족을 이상화했다. 자신의 부모가 얼마나 크나큰 지지와 사랑을 베풀어주었는지 이야기하면서 과잉보상을 하려고 했다. 길을 잃은 것 같고, 성취감을 느끼지 못할 때마다 수잔은 이렇게 말했다. "제가 왜 이러는지 모르겠어요. 원하는 것은 모두 갖고 있는데 말이죠." 수잔의 부모님은 안정적인 결혼생활을 유지했다. 수잔의 학교 행사에도 꼬박꼬박 참석했다. 그뿐만 아니라 수잔에게 애정을 쏟아부었다.

　　수잔은 특히 엄마를 이상화해서 거의 영웅에 가까운 존재로 숭배했다. 내면아이 치유 작업에 관해서 처음 들었을 때는 '헛소리'로 치부해버렸다. 자신의 트라우마를 인정하기 두려웠던 수잔은 과잉보상적 숭배에 빠져서 자신의 과거에 관해 조금이라도 불편한 이야기가 나올 여지를 주지 않았다. 하지만 자신을 좀 더 솔직하게 주시하기 시작하자 생각보다 훨씬 더 위태로운 자화상이 드러났다.

수잔의 엄마는 종종 고압적이고 지배적이었다. 게다가 자신이 이루지 못했던 삶을 딸이 이뤄주기를 바랐다. 그런 탓에 무의식적으로 어린 수잔을 자기 뜻대로 만들려고 했다. 이러한 역학 관계는 수잔이 동반의존적 둥지를 떠나자마자 심화하는 것 같았다. 수잔의 엄마는 하루에도 몇 번씩 수잔에게 전화를 했다. 수잔이 전화를 받지 않거나 원하는 만큼 빠르게 답신을 주지 않으면 수잔에게 죄책감을 심어주었다.

특히 수잔은 예고도 없이 수시로 찾아오는 엄마 때문에 괴로워했다. 수잔의 엄마는 불쑥불쑥 찾아와서는 수잔이 하던 일을 모두 중단하기를 바랐다. 그때마다 수잔은 머리 꼭대기까지 화가 났다. 어렸을 때 엄마가 자신의 방에 들어와 일기를 훔쳐 읽었던 일도 떠올랐다. 그런데도 수잔은 불평 한마디 하지 않았다. 엄마가 그보다 더한 짓을 해도 잠자코 있었다. 내면아이 유형 중에서 돌보미 유형에 속하는 수잔은 항상 엄마의 기분을 맞춰주려고 노력했다. 모성 역할을 맡아서 엄마와의 역학 관계에서 받지 못했던 인내와 무한한 사랑을 다른 사람들에게 베풀었다.

흥미롭게도 수잔은 수년 동안 다른 사람들과 연결되지 못한 채 절망에 빠져 허우적거린 끝에야 치유 여정을 시작했다. 자신은 친구들의 '동네북' 같다고 생각했고, 실제로 자신을 그렇게 묘사했다. 수잔은 주변 사람들의 모든 스트레스와 문제를 반영해주는 공명판에 불과했다(내가 '감정 떠넘기기emotional dumping'라고부르는 이 문제는 이 장 후반에서 다시 설명하겠다). 수잔의 순응적이고 인내하는 태도를 한껏 이용했던 한 친구는 혼란스러운 연애에 실패할 때마다 수잔에게 전화했다. 한밤중에 전화해서 하소연하는 것도 개의치 않았다. 수잔은 친구의 그런 행동이 부적절하다고 생각하면서도 항상 다 받아주었다. 친구의 전화를 받지 않으면 죄의식과 수치심에 시달리고 몸까지 아플 것 같았기 때문이었다. '친구가 날 필요로 하잖아.' 이 생각이 수잔을 지배했다.

수잔은 항상 '좋은 친구', '훌륭한 사람', '곁에 있어주는 사람'이었다. 이것이 수잔의 이야기였고, 수잔은 그 이야기에 집착했다. 그래서 친구의 전화를 받았다. 받은 만큼 돌려주지 않는 사람들에게 자신의 시간과 정서적 자원을 계속 빌려주었다. 소모적인 관계에 계속 빠져들었고, 상호작용이 공평하게 이루어지지 않고 얄팍하기까지 하다고 느꼈다. 친구들이 나에 관해서 진정으로 아는 게 있기는 할까? 수잔은 이런 생각마저 들었다. 자신이 보이지 않는 것 같았다. 수잔은 상담 도중에 자주 울었다. "진정으로 저를 아껴주는 사람을 만날 수 있을까요?" 수잔은 이렇게 물었다.

세월이 흐르면서 수잔은 엄마와의 관계에서 계속 스트레스를 받았다. 그 과정에서 자신이 엄마 때문에 불안해한다는 사실을 인식했다. 수잔은 엄마의 바람을 들어주려고 자신의 소망을 계속 무시했기 때문에 자신의 진정한 감정을 마음껏 표현하지 못했다. 엄마를 자주 찾아뵙고 싶지도 않았지만 죄책감과 수치심, 두려움 때문에 어쩔 수 없이 엄마를 찾아갔다. 도움을 청하는 친구들의 전화를 항상 받아주었던 것처럼 말이다.

수잔은 다른 사람들의 기분을 맞춰주는 데서 자신의 정체성을 찾았다. 게다가 자신을 보호해주는 경계가 없었기 때문에 다른 사람들에게 지나치게 봉사하는 삶을 살았다. 그 과정에서 진정한 자기와의 연결은 모두 끊어져버렸다.

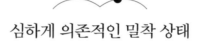

심하게 의존적인 밀착 상태

많은 사람이 경계라는 개념을 처음 접할 때 종종 놀라운 사실을 깨닫는다. 자신(자신의 생각, 믿음, 욕구, 감정, 신체적·정서적 공간)과 다른 사람들을 분리하는 명확한 한계, 즉 경계는 진정한 관계를 발전시키고 유지해나가는 데 필수요소라는 것이다. 명확한 한계를 정해서 유지하는 능력은 전반적인 웰니스에 결정적이다.

아동기의 경계 부족은 종종 그와 유사하게 성인기에 경계를 세우기 어려워하는 양상으로 나타난다. 아동기에 자신의 감정과 의견, 현실을 분리할 공간이 없었다면, 혹은 가족의 '집단적 사고'(우리는 그게 아니라 이렇게 해. 우리는 저 사람들을 좋아하지 않아. 우리는 이런 가족이야)에 동조했다면 대개 자신의 진정한 자기를 표현할 기회를 얻지 못했을 것이다. 어떤 부모들은 살아온 경험과 그에 얽힌 정서적 상처 때문에 무의식적으로 자식을 자신의 욕구를 충족시키는 수단으로 본다(아이에게 속마음을 털어놓거나 아이를 '최고의 친구'처럼 대할 수도 있다).

이러한 역학에서는 정서적 경계가 흐려진다. 가족 중 누구도 자발성을 발휘하거나 자신의 진정한 자기를 완전히 표현할 수 있는 공간을 갖지 못하기 때문이다. 이와 같은 밀착enmeshment 상태에서는 서로 얽혀 있어 분리성이 극히 부족하다. 부모가 자식의 인생에 지나치게 많이 개입한다. 정서적 활성화가 가족 전체로 퍼져나간다.

다른 가족 구성원과 떨어져 지내는 일이 허락되지 않는다. 만약 그렇게 했다가는 벌을 받을 수도 있다. 물론 접촉은 끊임없이 이루어진다(대체로 접촉이 없으면 모든 사람에게 두려움과 정서적 반응을 불러일으킬 수 있기 때문이다). 부모는 아이를 통제할 수 없을까 봐 두려워하고, 아이는 가족에게 외면당할까 봐 두려워한다. 이런 관계에서 진정한 자신으로 지낼 수 있는 사람은 아무도 없다. 자아와 정신의 일체화, 즉 진정한 연결이 이루어지지 않는다.

밀착 패턴에 빠진 사람들은 가족들에게 거짓 친근감과 친밀감을 느낀다. 고조된 감정 공유는 집단을 하나로 묶어주고, 경계 부족은 현실 공유를 강요한다. 하지만 진정한 연결은 이루어지지 않는다. 뒤에 나오지만, 진정한 친근감이란 명확한 경계와 분리된 현실이 동시에 존재하는 자유를 함께 누리는 것이기 때문이다.

수잔의 사례에서 봤듯이 밀착으로 인한 어린 시절의 상처는 성인기 때 다른 사람들과 교류하는 방식(예를 들자면 외상성 애착)을 결정짓는다. 자신과 안정적인 관계를 맺지 못하고 자신의 욕구를 적극적으로 부인하기 때문에 자신의 욕구와 소통하는 방법은커녕 욕구가 무엇인지도 모른다. 그래서 다른 사람들에게 의지해서 자신의 한계를 정한다.

수잔은 밀착된 아이의 성장을 보여주는 전형적인 사례다. 타인의 기분을 맞춰주는 수잔은 여러 면에서 순교자와 같다. 아무런 대가도 요구하지 않고 자신의 정서적·심리적 웰빙을 희생하는 사람이다. 어린 시절 사랑받기 위해서 그렇게 해야 했기 때문이다. 세월이 흐르면서 무가치하고, 즐거움이 없으며, 우울증이 종종 나타난다. 핵심 욕구가 계속 충족되지 못하면서 분노와 억울함이 마음속에서 커갈 수도 있다. 이 모든 것이 죄책감과 버려짐에 대한 두려움과 얽히면서 감정 중독 상태의 악순환으로 나타난다.

진정한 친근감이란 명확한 경계를 세우면서 서로 공유하는 것이다. 경계를 세우는 법을 배우자마자 서로가 자신의 모습 그대로 함께 지낼 수 있는 공간이 생긴다.

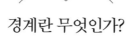

경계란 무엇인가?

경계는 지금까지 배운 치유 작업의 모든 측면을 구체화하는 것이다. 한 가지 개념을 '가장 중요하다'고 밝히고 싶지는 않지만, 이 책을 읽으며 당신의 마음에 와닿는 게 있다면 이 챕터이기를 바란다. 경계는 당신을 보호해준다. 신체 균형을 유지하게 도와준다. 직관적 자기와의 연결을 도와주고, 진정한 사랑을 경험하는 데 결정적인 역할을 한다.

경계는 또한 모든 관계, 특히 가장 중요한 자신과의 관계에 필수적인 기반을 제공한다. 경계는 적절하지 못하고 받아들여지지 못하고 진짜가 아닌 것 같은 느낌, 혹은 훌륭하지 않고 그냥 평범하다는 느낌에서 자신을 보호해주는 축대와 같다. 경계가 세워지면 훨씬 더 안전하다고 느껴서 자신의 진정한 요구와 욕구를 표현할 수 있다. 자신의 자율신경계 반응을 더욱 잘 조절하고, 필수적인 욕구 부인에서 생겨나는 억울함을 제거할 수 있다. 경계는 필수적이다. 하지만 경계가 존재하지 않거나 꾸준히 침범당하는 밀착 상태의 가정에서 성장한 사람들에게 경계란 지독하게 무서운 것이기도 하다.

대부분의 사람들이 '아니요'라고 거절하는 법을 배우지 못했다. 너무 많이 '예'라고 말하고, 너무 많은 요구를 들어주다가 결국에는 '더는 못해'라는 임계점에 도달한다. 그 이후에는 종종 자신의 급격한 태도 전환에 대해 죄책감과 수치심을 느낀다. 그래서 사과하고, 자신의 욕구를 거부하거나 그에 대해서 지나치게 자세히 설명한다. 이 중 한 가지라도 자신과 일치하는 부분이 있다면 몇 가지 새로운 경계를 세워 이점을 얻을 수 있다.

경계 작업의 첫 번째 장애물은 재평가가 필요한 성격 특성인 '상냥함niceness'이라는 개념이다. 자신감 전문가 아지즈 가지푸라 Aziz Gazipura는 자신의 저서 『상냥하게 굴지 마라Not Nice』에서 상냥함은 다음과 같은 부정확한 공식을 기반으로 한다고 주장했다. "내가 다른 사람들 기분을 맞춰주면…… 다른 사람들이 나를 좋아해주고 사랑해주고, 인정해줄 뿐만 아니라 내가 바라는 모든 것을 퍼부어준다."

아지즈는 이런 현상을 일컬어 '상냥함의 새장'이라고 했다. 다시 말하자면 가치를 인정받고 싶은 충동에 사로잡혀 스스로가 만든 덫에 갇혀버리는 것이다. 실제 현실에서는 '상냥하게 굴지 않아야'(예컨대 진정한 자기에게 진실해야) 자신의 가치를 주장할 수 있다. 그렇다고 비열하거나 오만하고 사려 깊지 못한 행동을 하라는 말이 아니다. 자신이 무엇을 원하는지 자신의 한계가 어디인지 알고 그것을 전달하라는 것이다. '아니요'라고 거절하고 항상 순응하지 않는 법을 배우는 것은 자신을 되찾는 작업의 중요한 부분이다. '아니요'라고 거절하는 법을 배우는 것은 종종 사랑하는 사람들뿐만 아니라 자신에게 해줄 수 있는 가장 친절한 행동이다.

많은 사람이 경계를 침범하거나 경계 자체가 없어서 고통받고 있다. 반면 이와 정반대되는 양상으로 고통받는 이들도 몇몇 있다. 다시 말하자면 경계를 너무 엄격하게 세우는 사람들이다. 이들은 상호연결을 절대 허락하지 않는다. 다른 사람들과 떨어져 지내려고 정서적 침잠이라는 벽으로 자신을 둘러싸서 보호한다. 또한 그 벽을 넘는 사람들에게 엄격한 행동 규칙을 적용하고 유지한다.

어린 시절 주요 애착 대상에게서 반복적으로 경계를 침범당하면 다른 관계에서도 불안감을 계속 느끼게 된다. 몇몇 사람들은 밀착된 아동기 경험 이후에 자신을 보호하기 위해서 벽을 세운다. 자기보호에서 벗어날 때는 자신과 다른 사람들을 더욱 강하게 통제해서 안전하게 보호한다. 아니 그렇다고 착각한다. 이 때문에 다른 사람들과 자유롭고 자발적인 연결이 어려워진다. 이 과정에서 직관적인 목소리를 억누르고, 경계가 전혀 없이 살아가는 사람들과 마찬가지로 진정성 없는 외로운 장소에 머물게 된다.

자기 삶의 각기 다른 측면들을 주시하면서 다음의 자가진단 도구를 사용해 자신의 경계가 '엄격한', '느슨한', '융통성 있는' 경계 중에서 어디에 해당하는지 알아보자.

엄격한 경계

- 소수의 사람과 친밀하고 친근한 관계를 맺는다.
- 거부당하는 것을 만성적으로 두려워한다.
- 전반적으로 도움 청하는 것을 어려워한다.
- 지극히 사적이다.

느슨한 경계

- 다른 사람들의 기분에 맞추려는 강박에 사로잡힌다.
- 다른 사람들의 의견을 기준으로 자기 가치를 정의한다.
- 대체로 '아니요'라고 거절하지 못한다.
- 사적인 정보를 지나칠 정도로 공유한다.
- 만성적인 해결사, 도우미, 구조자, 구원자다.

융통성 있는 경계

- 자신의 생각과 의견, 믿음을 의식하고 가치 있게 여긴다.
- 욕구를 다른 사람들과 나누는 법을 안다.
- 개인적 정보를 적절하게 공유한다.
- 필요할 때 '아니요'라고 거절할 수 있고, 다른 사람들의 거절도 받아들일 수 있다.
- 감정을 조절할 수 있어서 다른 사람들도 자신을 표현하게 한다.

여기서 유념해야 하는 핵심이 하나 있다. 다름이 아니라 경계는 다른 사람이 아닌, 자기 자신을 위한 것이라는 사실이다. 다른 사람에게 특정한 방식으로 행동하라고 요구하는 것은 최후통첩이 아니다. 최후통첩은 다른 누군가의 행동 결과를 수단으로 삼아서 그 행동을 바꾸려고 하는 것이다. 반면 경계는 자신의 욕구를 직접 충족시키기 위해서 표현하는 개인적 한계다. 다른 사람들의 반응 방식과 상관없이 자신을 위해서 취하는 행동이다. 경계 세우기의 중요한 측면은 다른 사람들도 그들 자신의 한계와 경계를 정할 수 있게 허락하고, 당신 자신의 경계를 유지하면서 그들의 경계도 존중하고 공경하는 것이다.

당신 자신의 욕구가 충족되지 않거나 침범당할 때 다른 사람을 비난하며 "당신이 달라져야 해"라고 말할 수는 없다. 그보다는 이렇게 자문해보자. 내 욕구를 더욱 잘 충족하기 위해서 내가 무엇을 해야 할까?

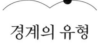

경계의 유형

경계는 다양한 범위의 신체, 정신, 마음의 경험에 적용된다. 그래서 각각의 범위를 반영하는 경계도 저마다 다르다.

첫 번째 경계는 신체적 경계다. 느슨한 신체적 경계는 외양에 지나치게 집중하는 결과를 낳을 수 있다. 즉, 자신의 외모, 신체 능력, 다른 사람이 성적으로 자신을 바라보는 방식에서 자신의 가치를 정하는 것이다. 이와는 정반대로, 정신이 몸과 전혀 연결되지 않고 신체적 욕구와 완전히 차단된 채 부유하는 상태도 있다. 한편 너무 엄격한 신체적 경계를 세우면 신체에 압도당할 수 있고, 자신의 욕구와 성적 욕망을 부인하면서 감각을 억제하거나 가둬놓을 수 있다.

몸의 바람과 욕구를 존중하는 것은 개인적 공간의 경계를 정하고, 선호하는 신체 접촉 정도를 설명하는 것과 같다. 의논할 것과 의논하지 않을 것의 경계(편하게 받아들일 수 있는 자신의 신체나 성생활에 관한 구두 평가 수준)를 정하는 것이기도 하다. 이뿐만 아니라 필수 수면 시간과 먹을 것, 몸을 움직이는 방식 같은 자기 돌봄 욕구를 의식하고 실천하는 것이기도 하다.

두 번째 경계는 자원 경계다. 자신의 자원을 너무 헤프게 퍼줄 때는 '상시 대기' 상태가 된다. 친구들의 전화를 다 받아주었던 수잔처럼 말이다. 당연히 경계가 너무 낮은 사람들은 끝없이 베풀고, 실수에 너그럽다. 그러다 보니 친구들과 연인들, 가족들과 불공평하게 주고받고 소모적인 관계를 맺는다. 대체로는 자신이 이타적으로 행동할수록 더 많이 사랑받고, 자신의 시간을 공짜로 내어주어야 한다고 믿기 때문에 베풀고 또 베푸는 것이다. 하지만 현실은 그렇지 않다. 시간은 매우 값진 자원 중 하나다. 그런데도 자원 경계 문제로 고생하는 사람들은 자신들이 진짜로 관심 없는 일에 시간이나 에너지를 투자해달라는 요구를 거절하지 못한다.

이와는 정반대로 자원 경계가 너무 엄격한 사람들도 있다. 시간에 대한 자원 경계가 엄격하면 외부나 내부 상황이 어떠하든 상관없이 사전에 정해진 일정을 고수한다(특정 시간에 체육관에 가는 것이 흔한 사례 중 하나다). 가족에게 비상사태가 벌어져도 자원 경계가 엄격한 사람들은 '사전에 정해진' 활동을 한다. 상황이 얼마나 긴급하든 상관하지 않는다. 나도 엄격하게 계획을 세우곤 했다. 심지어는 텔레비전 시청 일정도 꼼꼼하게 계획했다. 이처럼 자원 소비 방법에 관한 융통성이 부족하면 진정한 자기의 다양한 욕구를 제한하고 충족시키지 못할 수 있다.

마지막으로 정서적 혹은 정신적 경계가 있다. 이러한 경계는 밀착적 가정에서 자주 나타난다. 느슨한 정서적 혹은 정신적 경계를 세운 사람은 주변 사람들의 정신적 혹은 정서적 상태를 책임져야 한다고 생각하고, 다른 사람들을 '구하'거나 행복하게 해줘야 하는 필요성을 내재화한다. 다른 사람을 항상 행복하게 해주는 것은 불가능하다. 그래서 무경계는 종종 자신이 소유한 자원에 해가 되고 소모적이다. 다른 사람들의 욕구를 항상 충족시켜주는 것은 이룰 수 없는 목표다. 이런 목표를 추구하다 보면 결국에는 자기 자신의 욕구에 소홀해질 수밖에 없다.

밀착 가정에서는 느슨한 정신적 혹은 정서적 경계가 형성되고, 결과적으로 집단사고에 빠져든다. 특히 종교적 집안에서 생각과 믿음의 집단 개념화가 일어날 때가 그렇다. 이와 같은 상황에서는 모두가 같은 관행과 믿음을 따를 것이라는 '이해'가 생겨난다. 모든 가족 구성원들이 받아들이는 직간접적 메시지는 바로 불복종할 경우 외면당할지도 모른다는 두려움을 동반한 순응이다.

정신적 혹은 정서적 경계가 너무 엄격한 사람들은 종종 다른 사람의 세계관에 거의 관심을 보이지 않는다. 자신의 믿음이나 감정을 너무 단호하게 고집하면 주변 사람들과 분리되어 진정하게 연결될 수 없다. 항상 방어막을 쳐놓으면 자아는 하나의 고립된 섬이 되어버린다. 덧붙이자면 이처럼 극단적인 엄격성은 흔치 않지만 다소 누그러진 형태로 사소한 행동에서 드러나기도 한다. 예컨대 진심으로 원치 않는 것이라도 일단 반은 갖고 보겠다고 고집부릴 때가 그렇다.

정신적 혹은 정서적 경계는 자신과 자신의 정서적 세계를 분리하는 동시에 다른 사람들도 그들만의 정서적 세계를 분리해서 가질 수 있도록 해준다. 경계가 제대로 세워지면 자신의 직관적 목소리에 더욱 쉽게 접근할 수 있고, 정서적 상태도 더욱 잘 조절할 수 있다. 이처럼 정서적 안정이 확보된 상태에서는 자신의 생각과 의견, 믿음을 다른 사람들과 더욱 편안하게 공유할 수 있다. 항상 다른 사람들의 기분을 맞춰주거나 그들의 의견에 동의해야 한다는 생각이 들지 않는다.

정서적 과잉공유와 감정 떠넘기기

정서적 과잉공유는 자기치유자 공동체에서 많이 발생하는 문제다. 많은 사람이 혼자만 간직해도 괜찮은 것들이 있다는 허락을 받지 못했다. 특히 경계를 침범하고 밀착적인 부모 밑에서 과잉공유를 모델로 삼았고, 모든 것을 남김없이 밝히라는 요구를 받았거나 발달 단계에 적절하지 못한 과도한 양의 정보에 노출되었을 때 더

더욱 그러하다.

　엄마와 딸의 역학 관계에서 '최고의 우정'이 생겨난다는 말을 많이 들어봤을 것이다. 이런 관계에서는 부모가 어린아이와 적절하지 못한 정보를 공유하는 문제가 발생한다. 과잉공유 충동으로 고생하는 자기치유자 올리비아는 여섯 살 때 엄마와 그런 역학 관계를 맺기 시작했다고 말했다. 그 어린 나이에 엄마가 스트립쇼 나이트클럽에서 아빠를 쫓아내려고 친구를 보냈다는 이야기를 들은 것이다. 이렇게 올리비아는 너무 일찍 불필요한 많은 정보에 노출되었다.

　엄마의 무경계는 올리비아가 다른 사람들에게 경계를 세우는 방식을 결정지었다. 올리비아는 자신이 스트레스를 받거나 불편한 느낌에 휩싸일 때 자주 과잉공유를 한다는 사실을 알아차렸다. 다른 사람한테서 불편한 느낌을 받으면 '공기주입기'라도 된 양 말하고 또 말했다. 자기도 모르게 나오는 자동 반응이었다. 가끔은 나중에 후회할 말까지 늘어놓곤 했다.

　그래서 자신의 내면세계에 경계를 세우는 것이 유익하다. 그러고 나서 대화 도중에 침묵하는 순간을 가진다. 이때 침묵의 순간을 자기의식의 흐름으로 채우려고 하지 않는다. 누구에게나 혼자 간직해야 하는 것이 있기 마련이다. 적절한 경계를 세울 때는 자신의 정서적 에너지를 언제, 누구에게 보낼지를 선택할 수 있다. 선택할 수 있다는 것은 자신의 생각과 느낌, 믿음이 자신의 소유임을 아는 것이다. 그것을 모두와 공유할지, 아니면 그 누구와도 공유하지 않을지는 자신이 선택할 문제다.

　정신적 혹은 정서적 무경계와 자원 무경계에서 흔히 나타나는 또 다른 결과는 '감정 떠넘기기'다. 감정 떠넘기기란 상대의 정서적 상태에 공감하지 못한 채 자신의 정서적 문제를 상대에게 쏟아내는 것을 말한다. 이런 사람을 적어도 한 명은 만나봤을 것이다(어쩌면 당신 자신이 이런 사람일 수도 있다). 어떤 사람들은 이를 일컬어 '분출venting'이라고 하지만 정확한 용어가 아니다. 분출은 긍정적인 의미를 지닌다. 한 가지 주제를 중심으로 일어나고, 스트레스 해소에 도움이 되고, 종종 생산적인 결과를 가져다주기 때문이다.

　이와는 대조적으로 감정 떠넘기기는 부정적이고 순환적이며 강박적인 생각을 배출하는 것과 관련이 있다. 감정을 떠넘기는 성향이 있는 사람들은 종종 감정 중독의 고리에 빠져든다. 고조된 정서적 상태가 주변 사람들로 강화되지 않을 때도 행동을 강화시키는 것이다. 이것은 인간의 본능이다. 다른 사람들과 이야기를 나누고, 그들의 도움과 지도를 청하는 것은 종종 정서적으로 도움이 되기도 한다. 하지만 감정을 떠넘기는 행위는 도움을 청하는 것이 아니다. 다른 사람의 지도는커녕 그 어떤 필요도 받아들이지 않는 반복적이고 강박적인 대처 전략이다.

　쌍방의 무경계에서 탄생한 대응 기술이 바로 감정 떠넘기기다. 감정을 떠넘기는 사람은 느슨한 정신적 혹은 정서적 경계를 세운다. 반면에 감정 떠넘김을 당하는 사람도(이런 상황에 정기적으로 휘말리는 사람이라면) 경계를 충분히 세우지 못해서 그 상황을 끝내지 못한다.

　때때로 사람들은 혼자서 견뎌낼 수 없다고 믿는 감정에서 달아나려고 상대방에게 일방적으로 자기 감정을 쏟아내며 떠넘겨버린다. 하지만 부정적인 감정을 다른 사람에게 쏟아내는 것은 상대방을 괴롭히는 행위가 될 수 있다. 만나는 내내 비관적인 이야기만 쏟아내는 사람과 함께 있을 때를 떠올려보라. 친구에게 승진이나 최근에 다녀온 휴가에 관해 이야기하는데도 대화가 곧장 친구의 집안 문제나 당신의 결혼생활 문제로 되돌아갈 때가 그렇다.

　이러한 감정 떠넘기기는 공격적이다 못해 심지어는 무기처럼 느껴질 수 있다. 물론 의도적으로 그러는 것은 아니다. 감정을 떠넘기는 쪽은 기분이 우울해지는 주제에 관해서 이야기할 때만 편안해지거나 항상성 상태와 비슷해진다고 느낀다. 익숙하지 않은 긍정적인 이야기가 나오면 불편함을 느끼고, 보다 고통스러운 쪽으로 대화의 방향을 돌려놓는다.

　감정 떠넘기기는 반드시 일방적으로 이루어지지 않는다. 감정 떠넘기기를 중심으로 연결되는 관계도 있다. 만날 때마다 각자의 심리적 갈등을 이야기하는 것으로 돈독함을 다지는 관계가 대표적이다. 예컨대 쓰라린 이혼 경험을 토대로 뭉친 두 사람이 이혼한 지 수년이 지났음에도 옛 배우자에 관한 불쾌한 이야기를 계속해서 서로에게 토로하는 것이다. 이 두 사람은 정서적으로 중독적인 자율신경계 활성화의 악순환에 갇혀 있다.

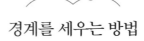

경계를 세우는 방법

경계를 세우는 1단계는 경계를 정의하는 것이다. 자신의 삶을 살펴보고 경계가 부족한 부분을 찾아본다. 경계가 아예 없다면 어디에 경계를 세워야 할지 결정하기가 어려울 수 있다. 이는 정상적인 상황이니 걱정하지 말고 주변 사람들과 사건들을 살펴보기 바란다. 대학교 친구와 브런치를 먹는다고 생각하면 기분이 어떤가? 심장이 죄어드는 것 같은가? 억울한 감정이 생기는가? 실제 만남에서는 어떤가? 마음이 확장되고 넓어지고 영양을 공급받는 것 같은가? 아니면 고갈되고 갑갑하고 제약을 받는 것 같은가? 그 이후에는 어떤가? 그 친구를 다시 만나고 싶은가? 아니면 그 친구의 다음번 연락을 어떻게 피하면 좋을지 생각하는가?

경계를 세우면 직관적 목소리와 계속 연결될 수 있다(심장이 죄어드는 느낌은 큰 실마리가 된다!). 경계를 사용하는 느낌이 어떤지를 주의 깊게 살피는 것이 중요하다. 자신이 어떻게 느끼는지 주시할 때는 생각하는 상태가 아니라는 것을 명심한다. 그보다는 뭔가 혹은 누군가가 우리 몸에 어떻게 각인되는지를 직관적으로 알아차리는 것이다.

자신의 신체 감각을 주시하자마자 현재 어느 부분에 경계가 부족한지를 평가한다. 인간관계에서 안전감과 안정감을 느끼기 위해 무엇을 바꾸거나 변화시켜야 하는가? 이러한 평가는 당신 자신을 위해서 하는 것이다. 밀착 패턴에 노출된 사람은 다른 사람들에게 미치는 영향에 신경이 쓰일 것이다(내가 계획을 취소하면 친구의 기분이 어떨까?). 여기서 목표는 자신의 에너지를 되찾고, 자신을 더욱 행복하고 안전하고, 편안하게 해주는 것이 무엇인지 자문하는 것이다. 며칠 동안 자신의 관계를 살펴보고, 가장 자주 침범당하는 경계를 파악해서 목록으로 작성한다. 이러한 목록은 자신의 경계를 어디서부터 세워야 할지 보여주는 로드맵이 된다.

침범당하는 경계 유형 몇 가지를 나열하자면 다음과 같다.

- 신체적 경계: 엄마가 다른 여자들의 체중에 대해 농담을 한다.
- 바꿔야 할 점: 엄마의 말을 중단시키고 싶다.

- 정신적 혹은 정서적 경계: 친구가 전 남자친구에 관한 감정 떠넘기기를 자주 한다.
- 바꿔야 할 점: 좀 더 상호적인 관계를 바란다.

- 자원 경계: 동료가 매일 점심시간마다 식사를 같이하자고 한다.
- 바꿔야 할 점: 혼자 있는 시간을 갖고 싶다.

이렇게 경계가 도움이 되는 영역들을 찾아내서 어떻게 바꾸고 싶은지 알아냈다면 이제는 경계를 세우는 연습을 어떻게 시작할지 결정해야 한다. 진행 방식은 당연히 무엇을 성취하고 싶은지에 따라 달라진다. 첫 단계는 자신의 경계와 소통하는 것이다. 명확한 소통이 이루어질 때 (관계의) 성공적인 변화가 가능해진다.

자신의 의도를 정하고 나면 '이유'를 파악할 공간과 기회가 생긴다. 예를 들자면 이런 답이 나온다. "나는 이런저런 이유로 이 일을 하고 있어. 그 관계를 살리고 싶어서 그래. 우정에 신경을 쓰기 때문이야." 이러한 이유를 다른 사람에게 명확하게 밝혀야 할 필요는 없지만 확실하게 알아두면 큰 도움이 된다. 굳이 다른 사람에게 그 '이유'를 밝히고 싶다면 이런 식으로 말하는 게 좋다. "당신 생각을 진짜로 많이 하고 있어요. 우리가 소통하는 방식을 약간 바꿔야 할 것 같아요."

자신의 경계를 설명할 때는 가능한 한 객관적인 어휘를 사용하는 것이 좋다. 사실에 집중하는 것이다. 예를 들자면 이렇게 말이다. "한밤중에 제가 자고 있을 때 울리는 전화는 안 받을 거예요." 이때 '너나 당신'이라는 단어는 가능하면 사용하지 않는 것이 좋다. 자아의 방어태세를 활성화할 수 있기 때문이다. 어렵겠지만 가능한 한 자신 있게 상대를 존중하는 태도를 유지한다. 당신 자신이 나쁜 짓을 하는 것이 아님을 명심한다. 그보다는 자신과 자신의 관계를 존중하는 것이다. 다음의 경계 세우기 사례를 당신의 욕구에 맞게 바꾸어보자.

난 [새로운 경계를 세우는 목적]하려고 지금 약간의 변화를 꾀하고 있어. 이 일이 나한테 얼마나 중요한지 이해해줬으면 좋겠어. 내 생각에 넌 [당신이 생각하는 상대의 행동]하려고 할 거야. 네가 [상대의 문제 행동]을 할 때 종종 난 [자신의 감정] 기분이 들어. 네가 그 사실을 인지하지 못할 수도 있다는 거 알아. 앞으로는 [다시 일어나길 바라거나 그렇지 않은 상황]할 거야. [상대의 본래 문제 행동]이 다시 나타난다면 [당신 자신의 욕구를 충족시키기 위해 바꾼 당신의 반응]할 거야.

타이밍이 열쇠라는 사실을 명심하기 바란다. 되도록 서로 정서적으로 안정되어 있을 때 경계를 전달하는 것이 좋다. 활성화된 상태에서는 도전을 받아들이지 못하기 때문이다(다중미주신경이 발화할 때는 중이 근육이 닫혀버린다는 사실을 명심한다). 자신의 능력을 최대한 발휘하고 싶다면 새로운 경계를 공유할 수 있는 정서적 중립 시기를 노린다.

새로운 경계 세우기에 대해 생각할 때는 다른 사람의 기분이 어떨지 생각하기보다는 자신의 반응이 앞으로 어떻게 달라질지에 정신을 집중하는 게 좋다. 대부분 경계를 명확하게 규정짓기도 전에 사라져버린다. 자신의 경계가 다른 사람들에게 어떤 식으로 해를 끼칠까, 아니면 어떤 식으로 역효과를 일으켜 자신을 해칠까 하는 생각을 하기 때문이다. 자책이 시작된다. 내가 '마음이 좋지 않다'고 정의한 상태가 발동해서 자신에게 배은망덕하거나 이기적이라고 속삭이는 것이다. 전체론적 작업, 즉 조절 장애 신경계의 균형을 되찾고, 내면아이의 상처를 인정하고, 외상성 애착 패턴을 파악하는 작업을 사전에 하지 않으면 '마음이 좋지 않은 상태'가 발동해 궁극적으로 유대를 유지하고 강화하는 데 도움이 되도록 행동하지 못한다.

현실적으로 경계에 관해서 적극적인 대화를 나누지 못할 때도 있고, 사전 대화 없이도 당신의 새로운 한계를 제시할 수 있을 때도 있다(특히 동료와 점심 식사를 하는 것처럼 친밀감이 낮은 관계에서 그렇다). 단순한 문장으로 경계를 확립할 수 있는 예시를 들자면 다음과 같다.

∞

- "내가 할 수 있으면 좋겠지만 지금은 좋은 때가 아니야."
- "이런 건 불편해."
- "이건 내가 할 수 없는 일이야."
- "우와, 제안 혹은 초대해줘서 고마워. 하지만 그건 지금 내가 할 수 없는 일이야."
- "그 문제에 관해서는 너한테 말해야겠네."

나는 먼저 업무적인 측면에서 경계를 세우기 시작했다. 배우자나 가족보다는 낯선 사람에게 이메일로 '아니요'라고 거절 의사를 전하는 편이 훨씬 안전하게 느껴졌기 때문이다. 특정 활동(소셜미디어 검색 활동)이나 특정 사람들에게 얼마나 많은 정서적 에너지를 투자할지에 관한 시간 경계부터 세웠다.

경계 세우기 작업에 익숙하지 않은 사람은 작은 것부터 시작해본다. 직장동료와의 점심 식사처럼 중요도가 낮거나 스트레스를 덜 받고 정서적으로 덜 복잡한 관계에서 연습해본다. 이런 관계에서 경계 세우기 연습을 시작하는 게 좋다. 좀 더 일상적인 관계와 관련된 부담이나 과거 이력이 없는 관계이기 때문에 경계 세우기 근육을 이완하고, '아니요'라고 거절하기가 수월하다.

연습하면 할수록 더 잘할 수 있다. 시간이 지나면서 경계 세우기가 둘 중 한 가지 결과를 낳는다는 사실을 알게 된다. 상대가 기분 나빠하거나 그렇지 않거나 결과는 둘 중 하나다. 모든 최악의 상황을 상상해보자. 진짜로 그렇게 나쁜 상황이 발생할까? 장담하건대 자주 그렇지는 않다.

경계를 세우는 불편함을 감수하면 수년 동안 쌓였던 분노와 억울함이 사라진다. 경계를 세우고 난 이후의 관계는 예전과 전혀 달라 보일 수 있다. 훨씬 더 강해지고, 솔직해지고, 궁극적으로는 훨씬 더 오래갈 수 있다. 경계는 모든 건전한 관계의 필수요소다. 경계 세우기가 바로 봉사활동이라고 생각하자.

세 번째 단계는 간단해 보일지 모르지만 실제로는 가장 어려운데, 새로운 경계를 유지하는 것이다. 경계를 세웠다면 상대의 반응이 어떠하든 상관없이 차분하게 현실에 충실하면서 자신을 방어하거나 과잉설명하고 싶은 충동에 저항해야 한다. 어떤 사람이

나 그보다 더 큰 집단(가족, 직장 등)의 반응에 스트레스를 받을 수도 있다. 경계를 세웠다면 지켜나가는 것이 매우 중요하다.

인간관계에서 자신을 드러내는 방식을 바꿀 때 오래된 관계일수록 흘러간 세월만큼 깊이 강화되고 규정된 기대치가 크다는 사실을 명심한다. 당신에 대한 다른 사람의 기대가 때로는 (상대의 관점에서는) 갑작스럽게 깨질 수도 있다는 사실을 받아들이는 것이 크게 도움이 된다. 이 밖에도 새로운 경계를 받아들이는 사람, 특히 버려지는 상처를 안고 있는 사람은 방어적이거나 공격적으로 반응할 수 있다.

이러한 경계 유지는 대체로 내면의 목소리('마음이 좋지 않은' 감정)를 조용히 시키는 것과 관련이 있다. 내면의 목소리는 살금살금 다가와서 이렇게 속삭인다. '난 경계를 세울 권리가 없는 사람이야. 나는 이기적이거나 무례하고 비열해.' 경계를 세우고 지켜나가는 과정에서는 혼돈과 반발, 비난(보통 '넌 변했어'라고 비난하는 말), 심지어는 분노에 부딪힐 수 있다. 이와 동시에 두려움과 의혹에 사로잡히거나 익숙한 상태로 돌아가고 싶은 충동(성가신 항상성 충동)을 느낄 수 있다.

자신을 존중하고 유지해가기로 결심했고, 좀 더 안전해졌다 싶으면 돌아보지 말기 바란다. 진정으로 변화가 필요하고 간절히 바란다면 과거의 패턴으로 돌아가서는 안 된다. 누군가가 광적으로 반응한다고 경계를 세웠다가 무너뜨린다면 당신의 한계를 짓밟는 그 사람의 행동을 강화하는 꼴이 된다. 이것은 전형적인 부정적 강화다. 그런 사람들은 당신과의 관계에서 반대에 부딪힐 때마다 그런 행동을 계속한다. '내가 적당히 소리치고 고함치면 모든 것이 다시 정상으로 돌아갈 거야'라고 생각하는 것이다.

경계를 무너뜨리는 기대와 연민

자신의 잡담을 들어주기를 바라는 엄마, 매일 함께 점심을 먹고 싶어 하는 동료, 감정을 떠넘기고 싶을 때마다 전화를 걸어대는 친구, 이 모든 사람은 자신들의 기대(인지한 욕구)가 충족되지 않을 때 당신에게 실망하고 속상해하거나 화를 낼 수 있다. 그래도 괜찮다.

그들의 기대에 부응하지 말고, 그들에게 선택권을 주자. 예전 행동을 계속하다가 경계에 부딪히거나(곁에 있어주던 당신의 지지를 잃거나) 당신의 경계를 존중하고 새로운 방식으로 당신과의 관계를 이어나갈 수 있다고 말이다. 이것은 경계 세우기에 관한 당신의 역량을 강화하는 것이다. 당신이 그들에게 선택권을 주는 것이다.

기대는 일방적인 것이 아니라는 사실을 명심한다. 경계에 관한 내적 작업은 종종 자신의 기대를 헤쳐 나가고, 특정한 사람들이 무엇을 할 수 있고 할 수 없는지를 인정하는 것이다. 많은 사람이 적어도 지금 당장 변하지 않고, 또 어떤 사람들은 영원히 변하지 않을지도 모른다는 사실을 인정하는 것이 중요하다. 때로는 과거의 경험을 토대로 다른 사람들이 경계에 어떻게 반응할지에 관한 기대치를 조정할 수 있다.

과거에 엄마가 미안한 기색도 없이 당신의 사생활을 침범했다면 엄마와 어느 정도 타협점을 찾아볼 수 있다. 엄마는 지금까지 하던 대로 계속할 가능성이 크다. 이럴 때 당신의 절대적 한계를 결정해야 한다. 타협의 여지가 전혀 없는 영역을 정해놓는 것이다. 다른 사람들이 좀 더 완벽하게 변할 수 있고, 자신들의 한계와 능력, 의식 수준에 더욱 융통성 있게 반응할 수 있다는 당신의 내적 기대를 바꾸는 것도 도움이 된다. 융통성이 없는 상호작용이나 관계는 완전히 끊어내야 할 수도 있다. 가장 극단적인 경계 세우기, 즉 연락을 중단하는 것이다.

자기치유 도구를 사용해서 반복되는 패턴을 스스로 이해하게 되면 새처럼 좀 더 넓은 시각에서 다른 사람들을 바라볼 수 있다. 이때는 자신과 관계를 맺는 다른 사람들에 대한 연민이 생겨난다. 심지어는 연락을 끊기로 한 사람들한테도 연민을 느낀다.

다른 여자들의 체중을 두고 심술궂은 농담을 했다는 한 엄마의 이야기가 생각나는가? 자기치유자 조의 엄마가 그런 사람이었다. 조는 자신이 종종 체중 문제로 씨름했기 때문에 자신의 체중을 감량시키려고 엄마가 그런다고 오랫동안 믿었다. 하지만 치유 여정을 시작한 후, 내가 이렇게 질문을 던졌을 때였다. "엄마가 뚱뚱한 여자들을 보면 왜 그렇게 반응하는 것 같아요?" 그러자 조는 한발 물러서서 생각해보았다.

순간적으로 조의 두 눈에 불이 반짝 들어오는 것 같았다. "아빠가 엄마를 두고 다른 여자한테 갔는데 그 여자가 엄마보다 더 뚱뚱한 사람이었어요." 잠시 침묵이 흘렀다. "엄마의 핵심적인 버려짐의 상처가 아빠의 불륜 때문에 활성화된 거였어요. 어렸을 때 엄마는 갑자기 돌아가신 할아버지 때문에 버려짐의 상처를 입었거든요."

그랬다! 조의 엄마는 딸의 체중을 줄이려고 그런 농담을 던진 것이 아니다. 그런 농담은 깊이 상처받은 아이가 부모를 잃은 상실감을 헤쳐 나가려고 내뱉은 표현이었다. 조는 여전히 엄마의 의견에 동조하지 않았다(새로운 경계를 세웠고, 엄마가 체중에 관해서 이야기하기 시작하면 대화를 완전히 중단해버렸다). 그럼에도 이제는 엄마에게 연민을 베풀 수 있었다. 사랑받지 못한다고, 너무나 보잘것없다고 느끼는 엄마의 내면아이를 사랑할 수 있었다. 엄마가 다른 사람들을 깎아내려야 자신이 더 나은 사람이라고 느낄 수 있다는 사실을 깨달았다. 이렇게 다른 사람의 한계를 이해할 때, 한때는 잔인하다고 보았던 것에서 고통과 두려움을 찾아낼 때 비로소 치유가 시작된다.

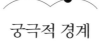

궁극적 경계

내 인생에서 경계 세우기 작업은 유기적으로 일어났다. 정신과 몸을 치유하는 작업을 했으니까 이제는 '사람들 작업'을 해야 할 때라고 생각해서 한 작업이 아니었다. 그보다는 내 과거와 현재의 자기를 탐색하기 시작했을 때 자기보호에 대한 욕구가 뚜렷해졌다.

나는 친구, 동료 들과 관련된 내면의 경험을 주시하면서 경계 세우기 작업을 시작했다. '이 사람한테서 문자메시지를 받을 때는 전혀 흥분되지 않아.' '저 사람과 점심 식사를 하고 나면 진이 다 빠지는 것 같아.' 이런 식으로 내 경험을 들여다보고 몇몇 관계에 투자하는 시간을 줄여나갔다.

나의 무경계가 다른 사람들에게 미치는 영향도 알아차렸다. 나는 최근에 일어난 내 인생 문제나 극적인 사건에 대해서 한 친구에게 장황하게 늘어놓는 감정 떠넘기기에 빠져 있었다. 그 불편한 사실을 깨닫는 순간 따귀를 맞은 것만 같았다. 나는 친구가 나에 대해서 아는 것만큼 그 친구를 잘 알지 못했다. 나의 진정한 모습을 직시하자 그다지 기분이 좋지 않았다. 하지만 그 덕분에 그 친구와의 관계를 살려낼 수 있었다. 오늘날까지도 그 친구와 우정을 이어오고 있다. 내가 대인적 역학 관계를 바꾸려고 적극적으로 노력했기 때문이다.

경계를 세우기 위한 여정을 시작하자 밀착적 가족이라는 문제가 드러났다. 시간이 걸렸지만 이제는 그 문제에 대해서 이렇게 질문할 수 있다. 가족과 건전한 관계를 맺을 수 있을까?

출발점은 음식이었다. 이탈리아인 대가족에서는 식사가 주요한 유대의 원천이자 사랑 표현이다. 음식을 한 번 더 담아 먹지 않으면 죄책감이 들고, 음식을 조심해서 가려 먹던 때라서 특정 식사를 거절했다가는 실망스러운 표정을 마주하게 된다. 롤리와 함께 극단적으로 식단을 바꾸기 시작했을 때 나는 음식과 내 가족에 관해서 새로운 경계를 세우기로 마음먹었다. 먹기 싫은 음식은 먹지 않았다. 반발에 부딪혀도 흔들리지 않았다. 다른 사람들이 습관을 바꾸거나 나한테 특별 식사를 준비해주기를 바라지 않았다. 나의 새로운 개인적 선택을 존중했다.

그 후에 업무시간에 사용했던 것과 유사한 기법을 이용해서 시간 경계 세우기를 연습했다. 휴일이나 명절, 기념일 일정을 정해놓았다. '크리스마스이브에는 가족과 두 시간을 함께 보낼 거야. 크리스마스 날 저녁 식사에는 참석하지 않을 거야.' 이런 식으로 계획을 세웠다. 나를 초대하는 부모님 전화를 재깍 받지 못했을 때는 바로 답신하지 않고 몇 분 기다리려고 의식적으로 노력했다.

그러면 어김없이 문자가 날아들고 전화가 걸려왔다. "너 괜찮니? 아무 일 없어?"

그럼 나는 이렇게 대답했다. "네, 괜찮아요. 그냥 좀 혼자 있고 싶어요."

그로부터 이틀 후, 전화와 문자가 미친 듯이 다시 날아들기 시작했다. 이에 대응해서 나는 진정으로 원할 때까지는 전화하지도, 답장하지도 않겠다고 경계를 세웠다. 이것은 나 자신의 현실을 인정하면서 밀착된 내 가족으로부터 나 자신을 분리하는 출발점이었다. 나는 나 자신만의 요구와 욕구, 소망을 가질 수 있었다. 그것이 가족들의 욕구와 일치하지 않아도 상관없었다.

그러고 나서 가장 가까운 사이라서 더욱 까다로운 여자 형제와의 경계를 타협해서 설정했다. 우리 두 사람의 경계는 엄마의 약물치료와 진료 약속, 정신건강 문제 등 엄마를 중심으로 이루어지는 상호작용과 관련된 것이었다. 나는 제일 먼저 엄마의 진료 약속에 얼마나 자주 참석할 수 있는지 한계를 정했다. 그다음에는 전화 통화에 관한 경계를 세웠다. 더는 엄마와 전화로 오래 잡담하지 않기로 했다.

이 중 쉬운 것은 하나도 없었다. '안 돼'라는 새로운(예기치 못한) 메시지를 전달하자 나의 내면아이가 깜짝 놀랐다. 밀착을 중심으로 형성된 내면아이 패턴과 조건화가 나의 핵심 정체성과 너무 밀접하게 연결되어 있었기 때문이다. 내가 경계를 허물어야 하는 온갖 이유가 머릿속에서 들렸다. '넌 나쁜 딸, 나쁜 자매, 나쁜 고모야.' 나는 내가 가족과의 관계를 유지하기 위해서 노력한다는 사실을 알고 있었다. 내가 개입하지 않으면 상황이 전혀 달라지지 않을 게 분명했다.

당시에 우리 가족은 뭔가를 바꿔야 한다는 필요성을 전혀 느끼지 못했다. 내가 이기적이라며 비난하기만 했다. 여자 형제는 비명을 질렀다. "나한테 이럴 순 없어!" 엄마는 내게 죄책감을 심어 주었다. 아빠는 날 비난했다. 결국 나는 여자 형제에게 엄마와 정서적으로 얼마나 소원한 관계였는지를 깨달았다고 털어놓았다. 그런데 그녀는 그 이야기를 나머지 가족들에게 말해서 우리 사이의 신뢰와 연결을 깨트렸다. 그 후로 나는 다시는 그녀에게 속마음을 털어놓지 않았다.

내 치유 작업에 헌신하는 동시에 가족과의 관계를 유지하는 것이 점점 더 힘들어졌다. 결국 나는 이런 의문에 사로잡혔다. 이런 관계를 관리하기 위해서 어떤 대가를 치러야 할까? 마침내 나는 그 대가가 너무 크다는 결론을 내렸다. 에너지가 완전히 고갈되었고, 성취감을 느끼지 못했으며, 분노에 휩싸였다.

결국 나는 최후의 경계를 세우기로 결정했다. 완벽한 분리를 결심한 것이었다. 나의 내면아이에게 다른 사람들을 '희생'시켜서라도 나만의 시간과 공간을 확보하고, 나에게 좋은 선택을 내릴 수 있음을 보여주기 위한 결정이었다. 생애 처음으로 나 자신을 드러냈다. 그와 동시에 진정으로 다른 사람들을 위해 나를 드러내는 법도 배웠다.

지극히 고통스러운 숙고 끝에 탄생한 경계가 내 인생의 방향을 완전히 바꿔놓았다. 새로운 가족과 같은 내 공동체를 찾을 수 있게 이끌어주었다. 또한 나의 소명이자 내 인생의 진정한 목표를 찾도록 도와주었다.

건강한 마음을 지키기 위한
경계 세우기

1단계: 경계를 정의한다

모든 관계에서 이용할 수 있는 다양한 경계 유형을 살펴본다. 그와 같은 다양한 관계를 맺고 있는 자신을 주시한다. 예컨대 많은 사람에게는 정기적으로 교류하는 친구들과 가족들, 동료들 혹은 연인들이 있다. 그들과의 관계 패턴을 탐색해보면 각각의 관계 유형에서 일관되게 나타나는 경계(혹은 경계 부족)를 파악할 수 있다.

신체적 경계

- 가장 편안하게 느끼는 개인적 공간 및 신체적 접촉 수준과 신체적 접촉을 가장 선호하는 시기가 있다.

- 외모와 성생활 등에 관한 구두평가를 전반적으로 편안하게 받아들인다.

- 개인적인 디지털 암호 등을 공유하면서 개인적 공간(아파트, 침실, 사무실 등)을 다른 사람들(친구, 연인, 동료 등)과 전반적으로 편안하게 공유한다.

정신적 혹은 정서적 경계

● 개인적 생각과 의견, 믿음을 다른 사람들에게 맞춰 바꾸려고 하거나 그 반대로 다른 사람들에게 당신한테 맞춰달라고 고집하지 않고도 다른 사람들과 공유하는 게 전반적으로 편안하다.

● 반드시 과잉공유해야 한다고 느끼거나 다른 사람들에게 과잉공유를 강요하지 않고도 자신의 생각과 의견, 믿음 중에서 무엇을 타인과 공유할지 선택할 수 있다.

자원 경계

● 다른 사람의 비위 맞추기 같은 행동을 하려는 성향을 피하면서 당신의 시간을 어디에 어떻게 투자할지 선택하는 연습을 할 수 있다. 또한 다른 사람들도 당신과 비슷한 선택을 하도록 이끌어줄 수 있다.

● '해결사' 역할을 하려는 성향을 피하거나 당신의 감정에 대한 책임을 다른 사람에게 떠넘기지 않으면서 다른 사람의 감정에 대해서도 개인적인 책임을 지려고 하지 않는다.

● 어느 한쪽의 감정 분출 문제에 투자하는 시간을 제한할 수 있다.

이러한 영역 중에서 가장 자주 침범당하는 경계가 무엇인지 생각해본다. 잘 모르겠는가? 그래도 괜찮다. 많은 사람이 경계라는 개념을 들어보지 못했다. 그래서 자신이 경계를 세우고 있는지 알아내기가 어렵다. 당신도 그렇다면 인생의 모든 영역에서 자신의 경계(혹은 경계 부족)를 탐색해보고 싶을 것이다. 특정한 경계 유형이 부족해서 대부분의 관계에 유사한 경계를 적용할 수도 있다. 아니면 관계에 따라서 다양한 경계를 설정하고 있는지도 모른다. 직장에서나 연인이 아닌 친구들과는 시간에 관한 경계를 세울 수도 있다. 하지만 시간이나 도움을 요청하는 가족 혹은 연인의 요구는 지속적으로 거절하지 못할 수도 있다.

이러한 영역에서 어떤 점들을 바꾸고 싶은지 파악하면 매우 유익하다. 다음 문장이 도움이 되길 바란다.

- 나의 신체적 자기는 _____ 때 불편함/편안함을 느낀다.
- 나의 신체적 자기가 더욱 편하고 안전하게 느낄 수 있는 공간을 마련해주기 위해서 _____ 한다.

예문
- 나의 신체적 자기는 직장동료(삼촌, 친구 등)가 내 외모에 대한 농담을 계속할 때 불편함/편안함을 느낀다.
- 나의 신체적 자기가 더욱 편하고 안전하게 느낄 수 있는 공간을 마련해

주기 위해서 그런 농담을 하는 사람들과 더 이상 어울리고 싶지 않다.

- 정신적 혹은 정서적 자기는 _____ 때
  불편함/편안함을 느낀다.
- 정신적 혹은 정서적 자기가 더욱 편하고 안전하게 느낄 수
  있는 공간을 마련해주기 위해서 _____ 한다.

예문

- 나의 정신적 혹은 정서적 자기는 가족(친구, 배우자 등)이 건강에 관한 나의 새로운 선택을 못마땅하게 여기는 말을 계속할 때 불편함/편안함을 느낀다.
- 나의 정신적 혹은 정서적 자기가 더욱 편하고 안전하게 느낄 수 있는 공간을 마련해주기 위해서 건강과 관련한 나의 선택 이야기나 주장에 더 이상 관심을 보이지 않거나 그러한 내 선택을 방어하려고 하지도 않겠다.

- 나의 자원은 _____ 때 불편함/편안함을 느낀다.
- 나의 자원이 더욱 편하고 안전하게 느낄 수 있는 공간을

마련해주기 위해서 _____ 한다.

예문

- 나의 자원은 내 친구가 자신의 인간관계 문제에 관해서 감정 떠넘기기를 하려고 시도 때도 없이 전화할 때 불편함/편안함을 느낀다.
- 나의 자원이 더욱 편하고 안전하게 느낄 수 있는 공간을 마련해주기 위해서 특정 시간에는 더 이상 전화를 받지 않겠다. 상대방의 감정 떠넘기기를 언제 받아줄 것인지는 내가 선택할 것이다.

2단계: 경계를 세운다

자신의 새로운 경계를 알리는 일은 연습이 필요하다. 새로운 경계를 명확하게 알릴수록 성공적인 변화가 일어날 가능성이 커진다.

다른 사람들에게 당신이 세운 새로운 경계를 알리는 연습을 할 때 유용한 표현은 다음과 같다.

"난 [새로운 경계를 세우는 목적] 하려고 지금 약간의 변화를 꾀하고 있어. 이 일이 나한테 얼마나 중요한지 이해해줬으면 좋겠어. 내 생각에 넌 [당신이 생각하는 상대의 행동] 하려고 할 거야. 네가 [상대의 문제 행동]을 할 때 종종 난 [자신의 감정] 기분이 들어. 네가 그 사실을 인지하지 못할 수도 있다는 거 알아. 앞으로는 [다시 일어나길 바라거나 그렇지 않은 상황]할 거야. [상대의 본래 문제 행동]이 다시 나타난다면 [당신 자신의 욕구를 충족시키기 위해 바꾼 당신의 반응]할 거야."

예문

"난 내가 소중히 여기는 너와의 관계를 유지하려고 지금 약간의 변화를 꾀하고 있어. 이 일이 나한테 얼마나 중요한지 이해해줬으면 좋겠어. 내 생각에 넌 내가 새롭게 선택한 음식 때문에 불편해할 거야. 네가 내 식습관에 관해서 계속 뭐라고 할 때 종종 난 네 옆에서 음식을 먹는 게 불편한 기분이 들어. 네가 그 사실을 인지하지 못할 수도 있다는 거 알아. 앞으로는 음식이나 식품 선택에 관한 이야기를 아예 피하고 싶어. 네가 또 내 식품 선택에 관해서 뭐라고 하면 너와 대화를 아예 하지 않거나 너와 함께하는 행동을 그만두겠어."

"난 내가 소중히 여기는 너와의 관계를 유지하려고 지금 약간의 변화를 꾀하고 있어. 이 일이 나한테 얼마나 중요한지 이해해줬으면 좋겠어. 내 생각에 넌 내가 불행한 네 관계에 관한 이야기를 들어주기를 바랄 거야.

네가 계속 나한테 전화해서 감정을 쏟아내면 난 종종 정서적으로 고갈되는 것 같은 기분이 들어. 네가 그 사실을 인지하지 못할 수도 있다는 거 알아. 앞으로는 네가 감정을 털어내고 싶어 해도 내가 항상 받아주지는 못할 거야. 네가 네 인간관계에 문제가 생길 때마다 또다시 나한테 전화하더라도 항상 바로 그때에 널 위로해주지는 못할 거야."

당신이 원하는 새로운 경계에 적절하게 다음 문장의 빈칸을 채워보자. 처음에는 새로운 표현이 이상하게 느껴질지도 모른다. 정확하게 정상적인 반응이니 걱정할 필요 없다. 대부분 사람들이 잠재의식적으로 낯선 것을 불편하게 여긴다는 사실을 명심하자. 다음 문장을 이용해서 연습하면 이 새로운 소통 방식을 편안하게 받아들일 수 있다.

"난 _____ 하려고 지금 약간의 변화를 꾀하고 있어.
이 일이 나한테 얼마나 중요한지 이해해줬으면 좋겠어.
내 생각에 넌 _____ 할 거야. 네가 _____ 할 때
종종 난 _____ 기분이 들어. 네가 그 사실을 인지하지
못할 수도 있다는 거 알아. 앞으로 난 _____ 할 거야.
네가 _____ 한다면 난 _____ 할 거야."

경계 세우기 비결

- 타이밍이 중요하다! 쌍방이 모두 정서적으로 반응하지 않을 때가 가장 소통하기 좋은 시기다. 갈등 상태에서 새로운 경계에 대해 소통하는 것은 좋지 않다. 정서적으로 중립화된 때를 노려라. 5장에서 배웠던 깊은 복식호흡을 잊지 말기 바란다. 복식호흡은 혹시 일어날지도 모르는 신경계 반응을 진정시켜주고, 신체를 다시 평온한 상태로 돌려놓는다.

- 소통할 때는 다른 사람의 반응이나 변화에 집중하지 말고 앞으로 당신이 어떤 방식으로 반응할지에 집중한다.

- 가능한 한 자신감과 확신, 존중이 넘치는 태도로 소통한다. 처음에는 이런 소통 방식이 새롭게(대부분은 무섭게) 느껴져서 어려울 수 있지만 연습하면 점점 더 쉬워진다.

- 미리 계획하고 실천하는 것이 중요하다. 위험부담이 낮은 관계에서 새로운 경계에 대해 소통하는 연습을 시작해본다. 그러면 좀 더 까다로운 상호작용에 유용한 경험을 얻을 수 있다.

- 가능하다면 타협을 받아들인다. 당신도 자신의 초창기 요구를 수정할 수 있게 다른 사람의 경계를 존중해주고 싶어 한다는 사실을 기억한다. 타협할 수 있는 것과 없는 것이 무엇인지 파악한다. 예컨대 당신의 자원을 사용해서 누군가를 정서적으로 지원할 수는 있지만 신체적 경계에 관해서는 타협하지 못할 수도 있다. 하지만 그래도 괜찮다.

3단계: 경계를 유지한다

당신의 새로운 경계를 알렸다면 유지해야 한다. 다시 말해서 과거의 패턴으로 돌아가서는 안 된다는 뜻이다. 이 단계는 많은 사람이 어려워하는 부분이다. 자신이 경계를 세울 권리가 있는지 확신하지 못하기 때문이다. 경계를 세우는 것이 이기적이거나 무례하거나 비열한 짓처럼 느껴질 수도 있다. 혹은 다른 사람들의 반응에 마음이 안 좋아질지도 모른다. 버려짐에 관한 애착 상처를 안고 있는 사람들(이런 사람들이 많다!)에게 당신의 새로운 경계를 설명하는 것은 그들의 상처를 헤집어놓는 꼴이 될 수도 있다. 이들은 상처를 받을 수도 있고, 심지어는 무섭게 화를 낼 수도 있다. 당신은 다른 사람들의 정서적 반응과 혼란, 반발, 혹은 거센 비난에 부딪힐 수 있다(넌 변했어. 너 지금 고고한 척하는 거니?). 아니면 '마음이 좋지 않은 상태'(수치심, 죄책감, 이기심)에 빠져서 과거의 패턴으로 돌아가고 싶은 강력한 충동이 일어날 수 있다. 이 모든 것이 변화의 정상적인 과정이라는 사실을 명심하기 바란다.

경계를 세우는 것은 당신의 치유 여정에서 어려운 작업 중 하나다. 사랑하는 사람들을 존중하고 존경하면서 자신의 진정한 요구와 욕구와 연결을 시도하는 중요한 단계이기도 하다. 자신을 봐주고 자신의 말을 들어주는 환경, 진정으로 자신을 표현할 수 있는 공간을 만드는 것, 즉 경계 세우기가 이 치유 작업의 전부다.

Chapter 11

내 안의 내면아이
재양육하기

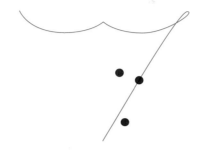

각성awakening은 널리 알려진 인식이지만 보통 즉각적으로 이루어지지 않는다. 극적으로 번득이는 통찰력은 전설(과 할리우드)에서나 찾아볼 수 있지만, 대개는 실제 삶을 반영하지 않는다. 벼락을 맞은 것처럼 아! 하고 깨닫는 순간은 있을 수 있다. 하지만 대부분의 각성은 오랜 세월 동안 축적된 통찰력에서 나온다.

심리학자 스티브 테일러Steve Taylor 박사는 '각성'이라는 현상을 연구했다. 각성은 다른 말로 번득이는 통찰력, 깨어 있음, 혹은 그 밖에 아무거나 마음에 드는 이름으로 부를 수 있다. 정신적 각성을 통해 각성 연구에 뛰어든 스티브 테일러 박사는 그러한 각성 경험의 세 가지 공통요소를 발견했다. 그것은 주로 내적 혼란에서 비롯되고, 자연스러운 환경에서 일어나며, 종종 몇 가지 정신적(가장 광범위한 의미의 정신) 실습과 연결된다. 각성은 인간이란 단순한 육신 덩어리가 아니라 영혼을 지니고 있고, 개인적 자기보다 훨씬 원대한 뭔가와 연결되고 싶어 하는 존재라는 현실을 일깨워준다. 그뿐만 아니라 자신이 생각하는 모습이 반드시 진정한 자신은 아니라는 사실을 보여준다.

이러한 통찰력은 종종 고통을 통해서, 혼돈과 슬픔을 견디며 살다가 마침내 의식이 깨어나면서 얻어진다. 각성은 무의식적인 자동조정 상태에서 살았던 자신의 일부분들을 찢어발기고 나오는 자기의 재탄생이다. 설령 신체가 모든 적절한 준비가 되었다 해도 완전히 새로운 세상에 눈뜨는 순간은 고통스럽다.

무의식 세계에서 의식이 깨어나는 순간은 지독하게 불편하다. 뇌 스캔 결과에 따르면 정신의 각성 도중과 후에는 우울증에 걸렸을 때 활성화되는 것과 같은 신경 경로가 열린다. 이는 연구학자들이 '동전의 양면'이라고 부르는 현상이다. 이 두 현상에는 결정적인 차이가 있다. 의식의 각성 실습에 지속적으로 참여하는 사람들은 전전두엽 피질(의식이 깃든 자리)을 활성화하고 심지어는 확장시킨다. 반면 우울증과 부정적 생각으로 고통받는 사람들은 전전두엽 피질의 활동을 감소시킨다.

나의 각성은 단계별로 일어났다. 내 몸과 정신의 균형이 깨져서 극심한 신체적·정서적 스트레스에 시달릴 때였다. 그때 내 자기의 위기가 닥쳤다. 삶 자체를 견뎌내기 힘들어졌다. 내 주변에서 오래된 투쟁과 새로운 투쟁이 점점 더 격해졌다. 결국 나는 진작

내 손에서 벗어난 나의 '평범한' 문제들을 해결해야만 했다. 하지만 또다시 외부의 도움을 구하면 과거에 그랬던 것처럼 우울증이나 불안증 진단을 받을 가능성이 컸다. 그래서 이번에는 직관적으로 내면에 눈을 돌려 내가 얼마나 철저하게 분리되어 있었는지를 주시했다. 그러자 내 생애 처음으로 그러한 신호들이 억압하거나 피해야 하는 것이 아니라 전달자로 보이기 시작했다.

그때가 20대 후반, 내가 자기치유 여정을 시작하기 몇 년 전이었다. 당시에 나는 휴가 장소를 고르다가 서로 의견이 다른 내 친가 가족과 아내 때문에 둘로 갈라지는 것 같다고 친구에게 불평을 늘어놓았다. 그러자 친구는 나를 쳐다보더니 천진스럽게 물었다. "그럼 넌 어떻게 하고 싶은데?"

그 순간 나는 의자에서 떨어질 뻔했다. 내 머릿속에 이런 생각이 스쳤기 때문이었다. '내가 뭘 원하는지 전혀 모르겠어.'

그로부터 몇 년 후, 나 스스로 초래한 고립 상태에 들어갔을 때였다. 내 친가 가족들과 관계를 끊었고, 더는 나한테 크게 도움이 되지 않는 사람들과 장소들을 멀리했다. 나는 대체로 점점 더 만나기 힘든 사람이 되어갔다. 그러자 다시 단절된 느낌에 시달리기 시작했다. 이번에는 해리라는 내 오랜 습관 때문도 아니었다. 나는 과거에 알았던 대부분 사람을 버린 것만 같았고, 이제는 몇몇 사람에게 미움받고 있을지도 모른다고 상상했다. 나는 외로웠다. 끔찍하게 외로웠다. '내 사람을 찾아낼 수 있을까?' 이런 생각이 머릿속에 맴돌았다.

당시에는 몰랐지만 그때 나는 한창 정신적 탈바꿈을 하고 있었다. 정신적 탈바꿈이라니! 적어도 불가지론자는 된다고 자부하며 데이터에 집착하는 심리학자의 뇌에서 그런 말이 흘러나오다니! 내가 믿는 신은 오직 과학뿐이었다. 나는 영성이라는 개념을 멀리했다. 당시에 그러한 개념은 내 의식의 일부가 아니었다.

다른 사람들과 완전히 연결되려면 먼저 나 자신의 감정적·신체적·심리적 욕구를 이해해야 했다. 그리하여 내 생애 처음으로 그러한 욕구들을 마주하는 작업을 시작했다. 오래된 껍질을 벗겨내고, 이제껏 해본 적 없는 방식으로 자신을 의식하는 것은 고통스러운 과정이다. 다른 사람들한테서 얻을 수 없는 것을 자신에게 선사하려면 자기 자신을 사랑해야 한다.

내면아이를 다시 기른다는 것

아이의 건강한 발달 여부는 본질적 욕구 충족에 달려 있다. 의존 상태에서 아동은 신체적·정서적·심리적 양분을 얻기 위해서 부모와 가족에게 의지한다. 누구라도 좋으니 자신을 봐주고, 자신의 말을 들어주기를 바라고, 진심을 표현하고 싶어 한다(그냥 있는 그대로 내보이고 싶어 한다!). 자신을 지지해주는 부모 밑에서는 자신의 욕구를 표현하고 다른 사람들에게 도움을 청해도 안전하다는 사실을 배운다. 대부분 부모는 다른 사람의 욕구는커녕 자신의 욕구도 충족시키는 법을 배우지 못해서 해소되지 않은 트라우마와 조건화된 대처 전략을 자식에게 물려준다. 선의를 가진 부모라 해도 항상 아이에게 이로운 것만 물려주지는 않는다. 누군가의 다양하고 남다른 욕구를 항상 충족시켜주는 것은 거의 불가능한 일이다.

정서적으로 미성숙한 부모와 함께 사는 아이는 자신의 욕구를 충족시키지 못하거나 무시당할 가능성이 크다. 정서적 미성숙은 감정을 처리하고 자신의 경계를 알리고 신경계 균형을 회복하는 정서적 회복력이 부족할 때 생겨난다. 정서적으로 미성숙한 부모는 이기적으로 행동하거나 방어적으로 굴면서 짜증을 낼 수 있고, 온 가족이 그들의 기분에 좌우된다. 이 주제에 관한 책 중에서 내가 좋아하는 『감정이 서툰 어른들 때문에 아팠던 당신을 위한 책』에서 저자인 심리치료사 린지 깁슨은 이렇게 말했다. "부모의 정서적 성숙 수준을 파악하면 '부모의 부정적 성향이 자신(자녀)이 아니라 그들(부모 자신)을 향한 것'임을 깨달을 수 있어서 정서적 외로움에서 벗어날 수 있다."

나는 정서적으로 미성숙한 부모가 어떠한 결과를 불러오는지를 자주 목격했다. 정서적으로 미성숙한 부모는 자신의 욕구를 파악하지 못하고, 사랑과 검증을 받으려고 자기 자신을 배반한다. 또한 자신들에게 뭐가 필요한지를 다른 사람들이 '그냥 알아야' 한다고 믿기 때문에 분노 상태에 빠져 살아간다. 이러한 어른아이들은 종종 그들 자아가 안전하게 보호받는 친숙한 장소에서 (자아의 모든 이야기를 끌어안고) 살아간다. 또한 '옳은' 사람이 되고 싶은 욕구가 강해서 다른 사람들의 의견을 거부하고, 다른 사람들로 하여금 한때 자신들이 그랬던 것처럼 작고 하찮은 존재라고 느끼게 만든다. 반면 자신의 진짜 얼굴을 내보이면 사람들이 겁먹고 도망칠까 봐 두려워서 항상 가면을 쓰는 사람들도 있다.

또한 어떤 유형이든 친밀함을 무조건 피하는 사람들이 있는가 하면 친밀함에 필사적으로 매달리는 사람들도 있다. 이처럼 다양한 유형이 있지만, 그러한 상처를 치유하는 방법은 어렸을 때 얻지 못한 모든 것을 자신에게 주는 것이다. 자기 자신에게 어렸을 때 갖지 못했던 현명한 부모가 되어줄 수 있다고 인식하는 것이 앞으로 나아가는 길이다. 이 과정을 일컬어 '재양육reparenting'이라고 한다. 재양육을 통해서 일상적이고 헌신적이며 의식적인 행동을 해 어릴 때 충족되지 못한 욕구를 만족시키는 방법을 다시 배울 수 있다.

재양육과 유사한 개념들은 수십 년 동안 심리학계에 존재해왔다. 이러한 개념들은 치료사와의 안정적인 관계가 실제 생활에서 좀 더 건전한 관계를 다져주는 기반이 될 수 있다는 주류 치료 모델에서 나왔다. 이 중에서 정신분석은 전이 개념, 혹은 아동기 감정을 치료사에게 '전이'하는 개념을 치료 과정의 필수적인 부분으로 삼는다. 치료사의 지원을 받으면 크게 도움이 되겠지만, 당신의 바람과 욕구를 알아내서 충족시키는 방법을 당신 자신보다 더 잘 아는 사람은 없다. 끝없이 변하는 자신의 욕구를 하나하나 매일 돌볼 수 있고, 마땅히 그리해야 하는 사람은 오직 자기 자신뿐이다. 이러한 노력은 당신 스스로 해야 한다. 자신의 힘을 이용하는 과정에서 자기와 좀 더 깊고 진정한 연결을 구축할 수 있다.

자신의 욕구를 충족시키는 도구 사용법을 가르치는 것은 자신이 책임져야 하는 일이다. 재양육을 시작할 때는 제일 먼저 자신의 신체적·정서적·심리적 욕구를 파악하는 법부터 배운다. 그러고 난 후에 그러한 욕구를 충족시키는 조건화된 자신의 방식을 주의 깊게 살핀다. 많은 사람이 종종 성인기에 비판적 내면의 부모를 형상화시켜서 자신의 현실을 부정하고, 자신의 욕구를 거부하고, 자신의 욕구보다는 인지한 주변 사람들의 욕구를 우선시한다. 죄의식과 수치심이 직관적 목소리를 대체하는 것이다.

재양육 과정은 사람에 따라 달라진다. 일반적으로는 누구나 내면의 비판자를 조용히 시키고, 자기존중과 연민을 수용하고 싶어 한다. 현명한 내면의 부모한테 도움을 받아 자신의 현실과 감정을 본능적으로 재단하거나 무시하기보다는 주시하면서 인정하는 방법을 배울 수 있다. 현명한 내면의 부모는 내면아이의 욕구를 존중하면서 수용력을 키워준다. 내면아이의 욕구는 바로 자신을 있는 그대로 봐주고, 자신의 말을 들어주고, 자신의 진정한 일부분을 가치 있게 여겨주기를 바라는 것이다. 자신이 1순위가 되기를 바라는 것이다.

현명한 내면의 부모를 키워내기 위해서 자신을 믿는 법을 (어쩌면 생애 처음으로) 배우고 싶을 것이다. 잃어버린 신뢰는 매일 자기 돌봄 행동을 하겠다는 자신과의 작은 약속들을 실천하고 꾸준하게 이행해가면서 다시 쌓아 올릴 수 있다. 마치 고통스러워하는 아이를 다루듯이 자신에게 친절하게 말을 거는 새로운 습관을 들이면 큰 도움이 된다. 매일 이렇게 자문해볼 수도 있다. '지금 이 순간 나 자신을 위해 무엇을 할 수 있는가?' 자꾸 이렇게 자문하는 습관을 들이다 보면 이러한 습관이 세상을 대하는 자동 반응이 되어 자신의 직관과 재연결될 수 있다.

재양육을 받치는 네 기둥

재양육 과정은 사람마다 다르고, 정확하게 선형적인 단계를 밟아 나가지 않는다. 이 사실을 머릿속에 담고 재양육의 기반이 되는 네 기둥을 살펴보자. 인간은 끊임없이 변하는 존재다. 그에 따라서 욕구도 매일 변하고 발전해간다. 그러므로 그러한 욕구들을 해소하는 방법도 발전해야 한다.

재양육의 첫 번째 기둥은 정서적 조절 혹은 정서적 상태를 성공적으로 헤쳐 나가는 기술이다. 정서적 조절은 융통성 있게 인내하면서 스트레스에 대처하는 능력이다. 이러한 단계는 이 책 전반에서, 특히 신경계의 역할에 대해 논의할 때 이야기했다. 자신의 감정을 조절하는 방법들은 앞서 설명한 모든 실습과 동일하다. 예컨대 스트레스 반응을 조절하기 위해 깊은 복식호흡을 하고, 신체 감각의 변화를 아무런 비판 없이 주시하고, 정서적 활성화와 연관된 자아를 기반으로 한 이야기들의 패턴을 살피는 것이다.

이 모든 근본적인 작업은 다음 과정으로 나아가기 위한 준비다. 재양육 단계에 도달한 많은 사람은 이전의 신체 조절 요법을 좀 더 꾸준히, 혹은 깊이 있게 사용하는 것이 이롭다는 사실을 깨닫는다. 만약 이 단락을 읽고 있는 지금에서야 자신을 인지했다면 다음 단계로 나아가기 전에 책을 내려놓고 한발 물러서서 앞으로 되돌아가 다시 처음부터 시작해도 좋다.

재양육의 두 번째 기둥은 애정 어린 훈육이다. 이 기둥은 시간이 흘러도 유지되는 자신과의 경계를 세우는 것과 관련된다. 이러한 경계는 매일 작은 약속을 실천하고, 일상과 습관을 형성하면서 만들어간다. 훈육은 치유 과정에서 중요한 부분이다. 훈육을 강화하다 보면 자신을 위해서 자기를 드러내기가 쉬워진다. 많은 사람이 훈육을 수치스럽게 인식하는 사고방식을 갖고 자랐다. 훈육은 '나쁜' 짓에 대한 처벌과 관련이 있기 때문이다. 게다가 훈육을 받으면 평가나 거부를 당한다고 느낄 수도 있다. 하지만 훈육은 자기배반의 정반대다. 게다가 새로운 습관을 들이기로 이미 결정하지 않았나? 그러니 스스로 모습을 드러낼 만큼 가치 있는 존재임을 자신에게 증명해 보여서 내적 신뢰감과 회복력을 키우자. 이렇게 하면 깊은 자신감이 생겨나 삶의 다른 부분들에까지 닿는다. 애정 어린 훈육 행동은 연민과 융통성으로 일상을 살찌울 수 있다.

자기치유자 앨리가 정기적으로 물 한 잔을 마시겠다고 자신에게 약속한 것처럼 사소한 약속도 있다. 혹은 당신의 치유 여정에 이롭지 않은 것을 거절하는 법을 배우겠다는 약속처럼 큰 약속도 있다. 나는 자기치유자 공동체에서 그 밖에 다른 많은 유익한 약속들을 목격했다. 매일 저녁 치실질하기, 매일 아침 세수하기, 매일 가로세로 낱말풀이 하기 등 그 종류는 다양했다. 여기서 핵심은 뭔가를 매일 하는 것이다. 뭔가를 꾸준히 하고, 지속적으로 자신을 위해 자기를 드러내겠다는 믿음을 쌓아가는 것이다.

그동안 대화를 나눠본 많은 부모가 아이보다 하루를 일찍 시작하려고 아이가 일어나기 한 시간 전에 알람을 맞춰놓는다고 말했다. 이렇게 마련한 시간에는 다른 사람들의 욕구를 살피기 전에 휴대전화를 비행기 모드로 설정해놓고 자기 자신을 위한 일을 한 가지 한다. 예컨대 아침 식사 준비하기, 산책하기, 책 읽기, 운동하기 혹은 그냥 휴식하기 등이 있다. 어떤 자기치유자는 이런 글을 남겼다. "이 시간은 누구도 빼앗아가지 못해요."

강조하건대 이와 같은 일일 훈육 행위는 애정 어린 것이어야 한다. 많은 사람이 자기 자신에게 너무 엄격한 경계를 적용한다. 융통성과 불가피한 실수를 조금도 허락하지 않는 군대식 훈련은 진정한 자기의 요구와 욕구를 표현하지 않는 파괴적인 패턴을 낳을 수 있다. 하루 종일 침대에 누워 있고 싶고, 와인을 좀 마시고, 파이를 게걸스럽게 마음껏 먹거나 세수하기 싫은 날이 있을 것이다. 그래도 괜찮다. 시간이 지남에 따라서 자신감을 키워간다면 휴식을 취했다가도 언제든지 마음만 먹으면 다시 시작할 수 있다. 하루 쉰다고 무너지지는 않는다.

재양육의 세 번째 기둥은 애정 어린 훈육과 밀접한 관련이 있는 자기 돌봄이다. 자기 돌봄이라는 개념은 최근에 좋지 않은 평판을 얻었다. 자기 방종의 한 예로 쓰이면서 상업화되었기 때문이다. 진정한 자기 돌봄은 자신의 욕구를 지지하고 자신의 가치를 소중히 여기는 것으로 절대 방종이 아니다. 그보다는 전체론적 웰니스의 근본이다. 자기 돌봄은 자신의 신체적·정서적 요구와 욕구, 특히 어린 시절 부정당한 요구와 욕구를 파악하고 돌보는 법을 배우는 행위다.

자기 돌봄 행위를 하루 일과에 통합시켜 넣는 방법은 무수히 많다. 예컨대 5분(혹은 그보다 더 길게) 명상하기와 몸 움직이기, 일기 쓰기, 자연 속에서 시간 보내기, 혼자 시간 보내기, 일광욕하기, 사랑하는 사람과 친밀한 연결 맺기 등이 있다. 자기 돌봄의 대단히 중요한 측면 중 하나는 수면의 질을 향상하는 것이다. 수면의 질을 높이면 훨씬 행복해지고, 인지적으로 더욱 강해지며, 심지어는 수명도 연장된다. 지금보다 30분 일찍 잠자리에 눕자. 잠자기 2시간 전에 휴대전화를 끈다. 오후 1시 이후로는 카페인을 섭취하지 않는다. 이 중 하나나 전부를 실험 삼아 해보고 정신과 몸의 감각이 얼마나 좋아지는지 살펴본다.

재양육의 네 번째 기둥은 아이처럼 순수한 경외감을 재발견하는 것이다. 이것은 이 작업의 궁극적인 목적 중 하나다. 순수한 경외감은 창의성과 상상력, 기쁨과 자발성은 물론 유희성까지 결합한 상태다.

『플레이, 즐거움의 발견』의 저자이자 정신과 의사인 스튜어트 브라운Stuart Brown은 살인을 저지른 젊은 사람들한테서 나타나는 아동기 놀이 부족 현상을 연구한 이후에 놀이를 '공공 필수품'이라고 했다. 스튜어트 브라운은 놀이가 수천 명의 삶에서 어떤 역할을 담당하는지 연구했다. 그 결과, 놀이 없는 삶은 우울증과 만성 스트레스 관련 질환, 심지어는 범죄 행동을 초래한다는 사실을 밝혀냈다. "놀이 부족은 영양실조를 치료하는 것처럼 다루어져야 한다. 몸과 마음의 건강을 위협하기 때문이다." 스튜어트가 주장했다.

하지만 많은 사람이 아이처럼 순수한 경외감을 가치 있게 여기거나 용인해주지 않는 가정에서 자라는 것이 현실이다. '예술가는 돈을 못 버니까' 붓을 버리라는 소리를 들은 사람들이 얼마나 많은가? 훨씬 실용적인 것을 선호해서 창의적인 노력을 무시하거나 억압하는 부모 밑에서 자란 사람은 또 얼마나 많은가? 얼마나 많은 사람이 '일'을 해야 할 때 마구잡이로 놀기만 한다고 벌을 받았는가? 내게는 엄마가 어린 나와 놀아주었던 기억이 하나도 없다. 단 하나도. 이것은 물론 내게도 슬픈 일이지만 엄마에게도 슬픈 일이다.

성인이 되어서는 부수적 이득(돈, 성공, 흠모) 때문이 아니라 그 자체가 즐거운 일을 우선시하는 게 중요하다. 좋아하는 음악을 듣고 춤을 추거나 자유롭게 노래하면서 아이처럼 순수한 경외감을 다시 느낄 수 있다. 즉석에서 뭔가를 하고, 충동적으로 행동하고, 자신의 열정을 따를 수 있다. 단지 하고 싶어서, 완벽하게 해낼 필요가 없는 항상 하고 싶었던 새로운 뭔가를 시도해볼 수 있다.

예컨대 바느질하는 법을 배우고, 새로운 언어를 공부하고, 서핑 수업을 들을 수 있다. 정원에서 손을 더럽혀가며 식물을 심고, 낯선 사람의 옷차림을 칭찬하거나 오랜 친구들과의 재연결을 시도해볼 수도 있다. 이 모든 행동은 한 가지 핵심적인 공통요소를 지니고 있다. 외적 보상을 바라지 않고 그저 즐기려고 뭔가를 하는 것이다.

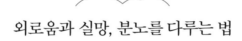

외로움과 실망, 분노를 다루는 법

재양육은 꾸준히 진행되어야 하는 힘든 작업이다. 변화의 중요한 요인 중 하나인 재양육은 시간이 걸리고 미세하게 조정해야 하는 작업이다. 인간의 욕구가 매일, 아니 사실상 매 순간 변하기 때문이다. 재양육은 실습이다. 지극히 개인적인 작업이라서 자신의 발전하는 욕구와 대응 전략들을 끊임없이 파악해야 실천할 수 있는 실습이다. 물론 재양육을 시도하다가 포기할 수도 있다.

몇몇 자기치유자들한테서 받은 이메일 내용에 따르면 부모와 다른 가족, 심지어는 친구들에게 재양육 과정을 시작하기로 했다고 이야기했다가 거센 저항에 부딪힌 사람들이 많았다. 그중에서 한 자기치유자의 어머니한테서 온 이메일 내용은 무척이나 놀라웠다. 그 어머니는 내가 자기 아이를 '세뇌시켜서' 재양육 과정을 시작해 자신과의 관계를 끊게 했다고 비난했다.

가족의 울타리 바깥에다 분노를 표출하는 그 어머니를 내가 어떻게 비난할 수 있겠는가? 그 어머니는 지금 자신의 딸이 적극적으로 바꿔가고 있는 조건화된 패턴에 갇힌 채 평생을 살았다. 세대 간 전승된 패턴이 딸의 결정에 어떤 영향을 미쳤는지 살펴보기보다 외부인에게 비난을 돌리는 것은 정상적인 반응일 뿐만 아니라 훨씬 더 안전하게 느껴진다.

재양육 과정에서는 외부인의 평가뿐만 아니라 내면에서 나오는 평가에도 직면하게 된다. 치유 여정, 특히 재양육 과정에서 불거지는 주제는 바로 외로움이다. 재양육은 진정한 자기와 가까워지게 이끌어주는 과정이다. 강력한 유대가 없다면 그 과정에서 불안을 느낄 수 있다. 재양육을 처음 시작할 때보다 훨씬 더 불안정하고 외롭다고 느낄 수 있다. 자신과 솔직하게 교류하는 것이 짜증스럽거나 비생산적인 일처럼 보일 수도 있다. 자신을 진정으로 의식하기 전까지는 재양육 과정에 깊숙이 참여할 수 없다.

많은 자기치유자가 재양육 과정에서 자신들이 표출하지 못한 분노를 안고 살았다는 사실을 깨닫는다. 과거에 어떻게 배신당하고 거절당하고 트라우마를 겪었는지가 눈앞에 훤히 드러나면서 잠재되어 있던 분노, 때로는 격분의 감정이 깨어날 수 있다. 어떤 사람들은 그 고통을 안겨준 부모에게 손가락질하거나 비난을 퍼붓고 싶을 수도 있다. 반면 어렸을 때 바랐던 대로 부모가 대뜸 찾아와서 '다 잘될 거라고' 말해주기를 바라는 사람도 있을 수 있다. 적어도 많은 사람은 자신들의 고통을 인정받고 싶어 한다. 문제해결력이 있는 사람들은 종종 구체적인 해결책을 바란다. 사실 많은 자기치유자가 부모에게 돌아가서 자신의 말을 들어달라고 하거나 사과를 요구한다.

그러한 대화에 기꺼이 응하는 사람들도 있다. 많은 자기치유자가 부모와 고통스럽지만 솔직한 대화를 통해 관계를 개선하고 강화해나갔다. 재양육 여정을 시작한 당신도 진실을 털어놓는 방법이 유익하다고 생각한다면 망설이지 말고 실천하기 바란다. 이러한 소통의 주요 목적은 다른 사람의 경험을 바꾸는 것이 아니라 자신의 현실을 표현하는 것이다. 자신이 어떻게 느끼고, 과거를 어떻게 바라보는지 표현하는 것은 깊은 본질적 가치가 있는 일이다. 이러한 가치를 찾아내고 어떠한 반응도 견뎌내고 보듬을 수 있다면 대화에 임할 준비가 된 것이다. 그러나 부모가 사과하고, 당신의 감정을 인정해주거나 경험을 확증해줄 거라고 기대한다면 불확실한 결과를 잘 견뎌낼 수 있을 때까지 대화를 미루라고 권하고 싶다.

우선 내면부터 치유되어야 한다. 종종 부모들은 많은 사람이 바라는 것만큼 그러한 대화에 개방적이지 않다. 조건화된 상태에서 평생을 살았으니 그럴 만도 하다. 수십 년 동안 학습된 행동이 지적받는다고 그냥 사라지지는 않는다. 어김없이 혼란이 일어날 것이다. 그러한 대화는 생산적이기보다 상처를 더욱더 깊게 후벼 파는 일이 될 수도 있다. 심지어는 분노의 화살이 당신에게 꽂힐 수도 있다.

이처럼 분노를 끄집어내는 것은 자연스러운 일이고, 그러한 분노에 잡아먹히기도 쉽다. 선택했다면 분노를 안으로 갈무리하고 소통을 시도하는 것이 좋다. 이때 외부인이 당신의 현실이나 경험을 입증해주기를 바라지 않는 것이 큰 도움이 된다. 당신을 위해서 그 작업을 할 수 있는 사람은 자기 자신뿐이다. 당신의 현실은 외부인이나 외부의 뭔가가 검증해줘서가 아니라 당신 자신이 경험한 것이기 때문에 타당하다.

자녀가 있는 독자라면 심호흡하기 바란다. 부모는 종종 두려움과 죄책감을 잔뜩 안고 재양육 과정을 시작한다. 자식을 망쳐버릴 수 있는(아니면 이미 망쳐버린) 온갖 방법을 떠올리지 않을 수가 없다.

"내가 내 자식에게는 이런 짓을 하지 않는다고 어떻게 확신할 수 있을까?" 이것은 내가 거의 매일 자문해보는 질문이다.

일단 정답부터 밝히자면 '확신할 수 없다'가 정답이다. 양육은 무척 어렵고, 정서적으로 지극히 활성화되는 작업이다. 다른 사람들에게 적절하게 대응해서 그들의 욕구를 파악하고 충족시켜줄 수 있을 정도로 자신에게도 적절하게 대응하고 현실에 충실해야 하기 때문이다. 하지만 실제는 이렇다. 실수를 해서 기대에 미치지 못하고, 어찌어찌하다 보니 일을 망쳐버린다. 하지만 그래도 괜찮다. 장기적으로 봤을 때는 사실 이로운 상황이다. 스트레스를 다소 경험하면 회복력을 키울 수 있기 때문이다. 회복력은 정서적 성숙의 핵심적인 요소다. 이에 대해서는 잠시 후에 자세히 설명하겠다.

나의 내면아이 재양육 사례

내 각성의 근원은 매우 불편하기 짝이 없었지만 내 존재 전체를 바꿀 기회를 가져다주었다. 마침내 가족들과 거리를 두어 그들과 연관되지 않고 존재할 수 있는 나만의 공간을 마련했을 때였다. 나는 내가 부인하거나 억눌러왔던 다양한 욕구들을 진심으로 이해하기 시작했다. 동반의존적인 사람처럼 내 욕구들은 언제나 다른 사람들이 정의해준 것이었다(심지어 내게는 아무런 욕구가 없다고 믿었던 때도 많았다).

나는 분리된 내 존재를 들여다보고, 가족과 독립된 나 자신을 살펴볼 수 있는 나 자신만을 위한 공간을 마련해야 했다. 두려움과 절망 끝에 드디어 나 자신을 만났다. 생애 처음으로 진정으로 내게 필요한 것을 찾아냈다.

다른 사람들에게 해를 끼칠 수 있음에도 내 욕구를 존중했던 순간은 내 생애에서 딱 세 번 있었다. 첫 번째는 대학교에 다닐 때였다. 그때 나는 더는 행복하지 않아서 소프트볼을 그만두기로 했다. 부모님, 특히 엄마가 실망할 거라는 사실을 알았음에도, 팀원들에게 실망을 안겨주게 될 걸 알면서도 그런 결정을 내렸다. 오로지 나 자신을 위한 결정이었다. 두 번째는 수년간의 단절 끝에 결혼생활을 끝냈을 때였다. 나의 일부분은 결혼생활을 계속 지속하려고 했다. 하지만 또 다른 일부분은 이렇게 결론 내렸다. '이건 나한테 좋지 않은 관계야. 변화를 꾀해야 해.'

세 번째는 롤리와 함께 캘리포니아로 가기로 했을 때였다. 서쪽으로 이사 가는 것은 내가 항상 바라던 일이었다. 그와 동시에 가족들이 마음 상해할까 봐 그 가능성조차 무시해버렸던 일이기도 했다. 가족과 관계를 끊고 난 이후에는 나를 미국 동부 해안에 묶어두는 보이지 않는 사슬이 더 이상 존재하지 않았다. 내게 이롭지 않다고 직관한 곳이 바로 미국 동부 해안이었다.

10년 전에 필라델피아와 뉴욕시에서 수천 킬로미터 떨어진 곳에 살겠다는 이야기를 들었다면 나는 그 사람 앞에서 웃어젖혔을 것이다. 그 시절에 나는 도시 환경의 정서적 활성화에 중독되어 있었다. 도시의 혼돈과 소음, 밝은 불빛, 멍한 표정의 사람들은 나의 내면세계를 그대로 반영해주는 듯했다. 예전 친구들은 이사하겠다는 내 결정을 중년의 위기로 치부해버렸다. 나는 개인 진료소와 가족, 친구들, 과거 등 나의 모든 것을 버렸고, 대륙을 가로질러서 새로운 삶을 시작했다. 가까운 몇몇 사람에게 새로운 진실을 털어놓았을 때는 가끔 찌푸려 올라간 눈썹, 꼬치꼬치 캐묻는 질문, 심지어는 적대감과 마주해야 했다.

롤리와 함께 캘리포니아에 도착했을 때 그곳이 우리를 위한 장소임을 알아차렸다. 내적으로 훨씬 더 균형이 잡혔던 나는 자연스럽게 내 몸에 균형을 불어넣는 것들에 끌렸다. 자연 그 자체와 태양의 따뜻한 온기가 느껴지는, 내가 자유롭게 숨 쉬고 몸을 움직일 수 있는 곳이었다. 마침내 우리는 재양육 과정의 상징적인 연장선에서 행동하기로 결정했다. 나는 내 소망에 귀를 기울였다. 내가 내 소망을 이룰 수 있게 허락했다. 내면의 길잡이 체계가 뎅~ 하고 울리며 발동하는 것을 직감했고, 이번에는 그 직감에 온전히 귀를 기울였다.

이사는 쉽지 않았다. 원래가 쉽지 않은 일이다. 아무리 완벽하게 준비해도 여전히 항상성이 깨지고, 적어도 불편한 느낌이 든다. 인간은 습관의 동물이다. 평상시 패턴대로 행동할 수 없을 때는 내던져지고 약해진 것 같고, 심지어는 변화에 적대감을 품는다. 신항상성 상태의 사건들, 이를테면 전직, 이사, 사망, 탄생, 이혼 등에 직면할 때는 언제나 안전지대에서 자연적으로 불안을 조성하는 미지의 세계로 쫓겨난다.

캘리포니아가 내 운명이라고 결론 내렸을 때 나는 그렇게 열심히 기반을 닦아놓았던 개인 진료소를 닫아야 했고, 내가 애착을 가졌던 많은 내담자에게 작별을 고해야 했다. 내가 소중히 여겼던 몇몇 인간관계를 이어나갈 수 있는 새로운 방법도 찾아내야 했다.

가족과의 만남을 완전히 끊겠다는 내 결심이 진짜라는 뜻이기도 했다.

나는 육체적으로 나 자신을 나의 외상성 애착 관계에서 분리하고 있었다. 그 과정에서 자유와 공포를 동시에 느꼈다. 하지만 다행스럽게도 불편함과 불확실성을 다루는 기술이 있고, 실습도 하고 있었다. 마침내 나는 자신에 대한 직관적 신뢰를 이용할 수 있었고, 그 느낌이 아주 좋았다.

지금도 외로움과 미래에 대해 많은 의혹에 시달리지만 예전보다는 훨씬 더 가지런히 정렬된 느낌이다. 수면의 질도 꽤 좋아졌고, 소화 기능도 빨라졌으며, 꽉 막혔던 장도 풀렸다. 폐는 깨끗한 공기를 들이마시려고 더욱 크게 확장되는 것 같았다. 내 정신도 훨씬 더 가벼워진 듯한 느낌이었다. 자연히 기분도 좋아졌다. 내 영혼이 점점 더 몸을 통해 말하고, 그에 따라 내가 점점 더 즐거움을 갈망한다는 사실을 깨달았다. 게다가 그럴 만한 가치가 있다는 사실도 알았다.

어느 날, 나는 이 책을 집필하던 도중에 머리를 식히려고 산책하러 나갔다. 새로 이사 간 동네에서 해변을 따라 느긋하게 걸으며 주변 세계의 감각들을 받아들였다. 그와 동시에 사랑과 지지를 표현해주는 친절한 메시지를 곱씹어보았다. '지금 이 순간 나 자신을 위해서 무엇을 할 수 있을까?' 이 질문이 머릿속을 스쳐 지나갔을 때 멈포드 앤 선스Mumford & Sons의 〈There Will Be Time〉이 이어폰에서 흘러나왔다. 나는 타악기 소리와 물결치는 듯한 건반 소리, 조화롭게 잘 어우러진 보컬의 목소리에 사로잡혀 좀 더 소리를 키웠다.

눈을 뜨고 새로운 빛을 봐……
시간이 있을 거야

예언적인 가사였다. 나는 그곳에 서서 마침내 의식의 눈을 뜨고 세상을 바라보았다. 나의 내면 깊숙한 곳의 요구나 욕구와 연결되는 법을 배우고, 생애 처음으로 주어진 시간 속에서 선물 받은, 선택의 무한한 가능성을 진심으로 믿기 시작했다.

나는 소리를 더욱 크게 키웠다. 가락에 맞춰 머리와 엉덩이를 편안하게 흔들었다. 나의 성격과는 전혀 어울리지 않는 행동이었다. 나는 아주 오래전부터 춤추는 걸 싫어했다. 어렸을 때 발레 수업 시간에 거울 속에 비친 내 모습을 힐끗 쳐다봤다가 다른 여자아이들보다 배가 엄청나게 볼록 튀어나온 사실을 깨달은 순간부터 그랬다. 그 이후로 내 겉가죽과 신체가 점점 더 불편하고 거북하게 느껴졌다. 얼마 지나지 않아 더 이상 사람들 앞에서 춤을 추지 않았다. 결국에는 다른 사람들이 그토록 자유롭게 춤추는 모습을 경멸과 다름없는 눈빛으로 바라보았다. 그로부터 30년이 지난 지금, 나는 낯선 새로운 세상에서 음악에 맞춰 몸을 흔들고 있었다. 이윽고 하늘을 향해 양손을 뻗어 올리고 폴짝 뛰어올랐다. 내가 춤을 추고 있었다. 누구나, 모두가 다 볼 수 있는 곳에서 마음껏 춤을 추고 있었다.

다른 사람들이 어떻게 생각할지 두려운 마음, 뭐든지 재단하는 조건화된 상태, 상처받은 내면아이의 모든 고통을 날려버리는 것은 재양육 과정에서 즐거운 부분이다. 해변에서 춤추는 것은 자기수용의 급진적인 행동이자 내 치유 여정을 향해 나아가는 본질적인 단계였다.

지금 당장 나에게
가장 필요한 것 떠올리기

재양육의 네 기둥 중에서 어떤 것부터 먼저 탐색해볼지 생각해본다. 제일 좋은 시작은 이렇게 자문하는 것이다. "지금 당장 나한테 가장 필요한 것은 무엇인가?"

정서적 조절

많은 아이가 정서적으로 의식하는 실습이나 그 가치를 배우지 못한 채 성장했다. 성인의 경우에는 그러한 실습이 치유의 결정적 요소가 된다. 정서적 조절은 다음과 같은 방법으로 키워나갈 수 있다.

- 깊은 복식호흡 연습하기
- 각각 다른 감정이 활성화시키는 신체의 감각 주시하기
- 정서적으로 활성화되는 원인 주시하기
- 정서적 반응을 비판 없이 수용하기. 모든 감정이 온몸으로 퍼져나가게 가만히 지켜보기

(필요하다면) 방금 제시한 방법을 이용해 지금 당장 자신에게 줄 수 있는(혹은 자신을 위해 지어낼 수 있는) 일기나 목록을 작성한다(시간이 지남에 따라서 새로운 일일 습관을 키워나가는 새로운 방법들을 발견할 수도 있다).

애정 어린 훈육

많은 아이가 간단하면서 유익하고 든든한 습관과 의식을 배우지 못한 채 성장했다. 성인은 다음과 같은 방법으로 애정 어린 훈육을 시작할 수 있다.

- 매일 자신에게 작은 약속하기
- 매일 하는 의식과 일상 구축하기
- 자신에게 이롭지 않은 것을 거절하기
- 불편함이 느껴져도 경계 세우기
- 단절하고 자기성찰 시간 갖기
- 객관적(비판적이지 않은) 언어로 자신의 욕구를 명확하게 설명하기

(필요하다면) 방금 제시한 방법을 이용해 지금 당장 자신에게 줄 수 있는(혹은 자신을 위해 지어낼 수 있는) 일기나 목록을 작성한다(시간이 지남에 따라서 새로운 일일 습관을 키워나가는 새로운 방법들을 발견할 수도 있다).

자기 돌봄

많은 아이가 질 높은 수면과 운동, 영양섭취, 자연과의 연결 같은 것들의 가치를 배우지 못한 채 성장했다. 성인은 다음과 같은 방법으로 자기 돌봄을 강화할 수 있다.

- 약간 일찍 잠들기
- 요리하기/집에서 만든 음식 먹기
- 5분 동안(혹은 그 이상) 명상하기
- 5분 동안(혹은 그 이상) 신체 움직이기
- 일기 쓰기
- 자연 속에서 시간을 보내고, 자연과 연결되기
- 햇살을 피부로 느껴보기
- 사랑하는 이와 연결되기

(필요하다면) 방금 제시한 방법을 이용해 지금 당장 자신에게 줄 수 있는(혹은 자신을 위해 지어낼 수 있는) 일기나 목록을 작성한다(시간이 지남에 따라서 새로운 일일 습관을 키워나가는 새로운 방법들을 발견할 수도 있다).

아이처럼 순수한 경외감 느끼기

창의력에 상상력을 더하고, 기쁨과 자발성에 놀이를 더한다. 많은 아이들은 자발성과 창의성, 놀이, 순수하게 현재를 즐기는 활동의 가치를 배우지 못했다. 성인은 놀이와 연결, 취미를 즐기는 것이 중요하다는 사실을 명심해야 한다. 이러한 즐거움은 다음과 같은 방법으로 키울 수 있다.

- 자유롭게 춤추거나 노래 부르기
- 계획하지 않은 일 하기
- 새로운 취미나 관심사 찾기
- 제일 좋아하는 음악 듣기
- 낯선 사람을 칭찬하기
- 아이처럼 좋아하는 뭔가를 하기
- 친구들과 사랑하는 사람들과 연결되기

(필요하다면) 방금 제시한 방법을 이용해 지금 당장 자신에게 줄 수 있는(혹은 자신을 위해 지어낼 수 있는) 일기나 목록을 작성한다(시간이 지남에 따라서 새로운 일일 습관을 키워나가는 새로운 방법들을 발견할 수도 있다).

Chapter 12
정서적 성숙을
이루기 위하여

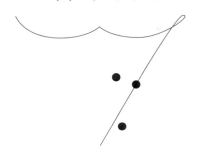

정서적 성숙은 나이와는 상관이 없다. 사춘기에 접어들기도 전에 성숙도가 부모의 수준을 뛰어넘는 사람들도 있다.

정서적 미성숙은 주변에서 흔히 찾아볼 수 있고, 인내하지 못하는 것과 관련이 있다. 정서적으로 미성숙한 사람들은 자신의 감정을 견뎌내지 못한다. 그런 탓에 화가 나서 문을 꽝 닫거나 침묵요법으로 실망감에 대처한다. 정서적으로 미성숙한 사람들은 자신의 감정을 너무 불편하게 여겨서 그런 감정을 느낄 때마다 대체로 화를 폭발시키고, 방어적으로 굴거나 모든 것을 완전히 차단해 버린다.

예컨대 아이의 감정이 자신의 감정과 상반될 때 "호들갑 떨지 마!"라고 소리 지르는 아빠가 그렇다. 의견충돌 끝에 모든 것을 완전히 차단해버리고 침묵 요법을 사용하는 친구도 있다. 이러한 행동은 흔히 다른 사람의 불편함을 직시하지 못해서 나온 결과다. 다시 말해 다른 감정도 존재한다는 단순한 사실을 견뎌내지 못하기 때문에 그렇게 행동한다. 다른 사람들의 관점이 위협적으로 느껴질 수 있고, 그러한 관점이 두려워서 견뎌내지 못한다.

심리치료사 린지 깁슨은 (양육에 중점을 둔) 정서적 미성숙이란 '아동의 정서적 욕구를 충족하는 데 필요한 정서적 반응 부족'이라고 했다. 정서적으로 미성숙한 부모 밑에서 자라는 아이는 외롭다. 외로움이란 '혼자서 멍하니 지내는 경험으로…… 공허나 세상에 혼자 남겨진 느낌이라고 할 수 있다.'

나는 내 경험을 즐기기는커녕 완전히 인식하지도 못한 채 공허감에 젖어 들었다. 거의 평생 삶의 순수한 즐거움을 구현시켜주는 '영혼의 웃음'을 찾으려고 애썼다. 내가 진정으로 무엇을 원하는지 모른다면 나에게 행복을 가져다주는 것이 무엇인지 어떻게 알 수 있을까?

이러한 공허감은 진정한 자기와의 지속적인 단절에서 나온다고 나는 생각한다. 수년 동안 조건화된 삶을 살면서 신체적·정서적·심리적 욕구를 진정으로 충족시키지 못하면 오해받을지도 모른다는 두려움이 생겨나기도 한다. 자기표현을 자유롭게 하지 못하는 가정에서 성장한 사람들은 자신에 대한 다른 사람들의 생각과 느낌에 지나치게 신경 쓸 수 있다. 이는 많은 사람이 흔히 겪는 경험이다. 이것이 오늘날 사회 불안이 만연한 이유 가운데 하나라고 나는 생각한다.

많은 사람이 매일 참여하는 소셜미디어라는 새로운 가상공간에서는 사회 불안과 외모에 대한 과도한 집착이 떠돈다. 자신을 봐주고 자신의 말을 들어주기를 바라는 욕구가 충족되지 않아서 '조회 수'와 '좋아요'에 집착하는 것이다. 대부분의 사람들은 이해받으려고 정신적 에너지를 많이 쏟아붓는다. 오해받을지도 모른다는 두려움이 몸의 생리학적 반응을 불러일으키면서 스트레스 반응을 유발한다. 이런 상태에서는 순환적인 사고 패턴과 자아 이야기에 따라 행동하게 된다. 또한 이러한 두려움 때문에 자신의 정체성을 타인으로부터 받는 인정이나 불인정에 얽매여 생각한다.

공동체와 수용을 기반으로 진화한 사회적 동물이 무리에서 배척당하면 심각하다 못해 치명적인 결과가 나올 수 있다. 오늘날에도 배척에 대한 공포감은 과거보다는 약해졌음에도 여전히 사라지지 않고 있다. 사회적 수용을 지향하는 진화적 욕구가 있다면 겁에 질린 상태에서는 주변 사람과 연결될 수 없다. 이런 상태에서는 반응적이고 비이성적인 사람이 되기 때문이다. 또한 대중 앞에서 좋아하는 노래에 맞춰 춤을 추는 것처럼 뭔가 실없는 행동을 하는 게 두려워진다.

많은 자기치유자가 자신보다 다른 사람들을 더욱 깊이 이해하기 때문에 고통을 느낀다. 조건화된 자신의 생활 방식을 점점 더 의식할수록 주변 사람들의 순환적인 패턴도 의식하게 된다. 바로 이 때문에 많은 사람이 '집'에 가기 힘들어한다. 가족을 방문하면 자기 내면 깊숙한 곳의 상처뿐만 아니라 자신의 습관과 패턴이 보이고, 그와 동시에 많은 상처가 활성화되기 때문이다.

몇몇 사람은 유명한 문학작품에 묘사된 '생존자의 죄책감', '빠져나간 자'가 된 느낌과 비슷한 정서적 반응을 보이기도 한다. 이러한 감정에 사로잡히면 자신의 성장과 성취를 '뒤처진' 사람들에게 선뜻 이야기하지 못하고 머뭇거리게 된다. 아니면 자신의 오래된 역할에서 빠져나왔음에도 지독하게 기분이 안 좋을 수도 있다. 그래서 사랑하는 사람들이 자신이 걷고 있는 탈바꿈의 길을 따라 걸어오기를 바란다. 그래야 그들과의 관계를 온전히 유지할 수 있기 때문이다.

많은 사람이 사랑하는 사람들을 진정으로 보살펴주고, 그들이 '변화의 필요성을 인지해' 치유될 수 있기를 바란다. 정말 그 소망대로만 된다면 얼마나 좋을까? 하지만 모두가 같은 길을 걸을 수는 없다. 치유란 매일 헌신을 다하고 스스로 선택해서 실천해나가는 것이다. 사랑하는 사람들이 당신과 같은 길을 선택하지 않을 때는 그러한 현실에 관한 모든 감정을 받아들이는 연습을 하는 것이 좋다.

정서적 성숙의 주요한 성취 가운데 하나는 오해를 받고도 평온을 유지하는 것이다. 그럴 수만 있다면 남이야 뭐라고 하든 자신의 의견과 믿음, 현실이 단지 자기 것이라서 타당해질 때 어떤 결과가 나오더라도 진정한 자기로서 삶을 살아갈 수 있다. 자신의 모든 부분을 좋아할 수는 없다. 하지만 엄연히 존재하는 부분들이기 때문에 그 존재를 인정해야 한다. 핵심 자기가 매우 변덕스럽고 의존적이며 외부 영향에 쉽게 휘둘릴 때는 다른 사람들의 평가가 자신을 바라보는 잣대가 될 수 있다. 무경계 상태일 때는 성숙해질 수 없다.

대부분의 사람들은 자신의 정서적 세계를 헤쳐 나가는 방법을 배우지 못했고, 정서적 회복력도 거의 갖추지 못했다. 불가피하게 일이 뜻대로 잘 풀리지 않으면 회복하지 못한다. 진정으로 자신이 될 때야 비로소 판단과 비판을 마주할 수 있다. 물론 다른 사람들에게 실망을 안겨줄 수도 있다. 이것이 인생의 진리다. 역동적이고 개별화된 인류의 일부가 되는 것이다. 그렇다고 당신이 본질적으로 옳거나 그르다는 뜻은 아니다. 정서적으로 성숙해지면 당신처럼 보고, 듣고, 행동하거나 생각하지 않은 사람들에게도 점점 더넓은 공간을 마련해줄 수 있다. 아무리 대조적이더라도 차이를 견뎌내는 법을 배우는 것이 정서적 성숙의 증거다.

90초 규칙

정서적 성숙은 인정하기 싫을 만큼 추한 감정이더라도 다 받아들일 수 있게 해준다. 정서적 성숙의 기본적 측면은 자신의 감정을 인식하고 조절해서 다른 사람들이 스스로를 표현할 수 있게 해주는 능력이다. 혹은 통제력을 잃지 않고 자신의 모든 감정을 견뎌내는 능력이다. 이것이 바로 이 책에서 소개하는 치유 작업의 핵심이다.

믿건 말건 감정에는 '90초 규칙'이 있다. 생리학적 사건인 감정은 1분 30초 동안만 지속된다. 그 후에는 사라진다. 우리 몸은 항상성을 되찾고 싶어 한다. 스트레스를 받으면 코르티솔이 치솟고, 내부의 불안 회로가 활성화된다. 스트레스를 처리해야 하는 것으로 인지할 때는 대항 시스템countering system 이 발동해 몸을 균형 상태로 되돌려놓는다. 물론 정신의 방해 공작이 없을 때 가능한 일이다.

감정이 순수한 생리학적 흐름을 따라 흘러가게 둘 수 있는 사람은 거의 없다. 대부분의 사람들은 그러한 감정을 자신의 정신세계로 끌어들여 이야기를 계속 지어내고, 반추하고, 순환적 생각에 사로잡힌다. 결과적으로 감정 중독의 자동 조절 회로에 빠져드는 것이다. 갑자기 90초짜리 짜증이 몇 날 며칠짜리 짜증이나 분노로, 심지어는 몇 년짜리 원한과 억울함으로 커져버린다. 해리되어 자신이 무엇을 느끼는지도 제대로 감지하지 못하는 사람들이 안전한 거리를 유지하려고 할 때 감각은 적절하게 흘러가지 못한 채 갇혀버린다.

고통스러운 생각을 되풀이하면 고통스러운 사건을 다시 경험하는 것처럼 신경계 반응이 활성화된다. 몸은 과거에 일어났던 일과 현재 일어나고 있는 일을 구별하지 못한다. 이것은 무척이나 위협적이다. 고통스러운 감정은 종종 긍정적인 감정보다 훨씬 강하게, 훨씬 더 오랫동안 지속되는 것처럼 느껴진다. 연구 결과들에 따르면 정서적 강렬함이 계속되는 순간에는 시간 감각이 뒤틀린다. 때로는 시간이 훨씬 빠르게 흘러가는 것 같고, 때로는 달팽이처럼 느리게 흘러가는 것 같다.

이러한 현상에도 좋은 점이 있다. 좀 더 긍정적인 또 다른 '현실'을 창조하는 의식적 마음의 힘을 이용할 수 있다는 것이다. 나는 내 몸과 점점 더 깊이 재연결되어 다양한 감정을 배워가면서 스트레스와 흥분을 구분할 수 있었다. 활성화될 때마다 나는 스트레스를 받고 있고, 모든 것을 차단하거나 통제력을 잃을 거라고 생각했다. 그런데 나 자신을 주시하기 시작하자 내가 종종 흥분과 스트레스를 혼동했다는 사실을 깨달았다. 이제는 본능적으로 불안을 느끼고 있다고 단정 짓고 싶을 때 다른 각도에서 다시 한 번 살펴보고, 가능하고 적절하다면 흥분과 같은 좀 더 유익한 형태로 재구성한다.

한 예로 내가 열정적으로 연구하는 주제에 관한 게시물을 인스타그램에 올리기 직전에는 속이 울렁거린다. 하지만 그게 꼭 스트레스 때문은 아니다. 그보다는 내 열정과 흥분을 증명해 보여주는 신체적 징후다. 본능적인 반응에서 한발 물러서면 정신-신체 활성화 회로를 끊어내고 신체의 감각과 공존할 수 있다. 감정이 어디서 흘러나왔는지에 관한 이야기를 지어내는 습관에 저항하면 종종 길게 이어지던 신체의 생리학적 반응이 짧아진다. 그렇게 함으로써 스쳐 지나갈 진실을 경험할 수 있다.

감정에 따라 변하는 감각들을 주시하면 그 감각들을 구분해 내는 법을 익혀서 몸이 보내는 각기 다른 메시지들을 이해할 수 있다. 끝없이 변하는 몸의 감각들, 즉 근육 긴장, 호르몬 감소, 신경계 활성화를 의식하고 객관적으로 주시하는 연습을 할 때 신체의 지혜를 얻을 수 있다. 그다음에는 그 정보를 이용해서 좀 더 완벽하게 깨우친 내적 상태를 다른 사람들과 공유한다.

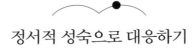

정서적 성숙으로 대응하기

자신의 감정에 이름만 붙여놓고 끝내고 싶은 사람은 없다. 가능한 한 빨리 균형 잡힌 항상성 상태로 돌아가는 것이 목적이다. 스트레스는 우리 삶에서 피할 수 없다. 정서적 성숙에 도달하면 외부 세계에 반응하는 법을 선택할 기회가 생긴다. 바로 그 기회를 잡아서 다중미주신경의 사다리를 타고 올라가서 사회적 참여 모드의 안전한 기저선으로 돌아갈 수 있다. 그 상태에서는 자신은 물론 다른 사람들과의 연결 속에서 안전과 안정을 느낀다. 많은 사람은 진정한 자기에게 항상 이롭지 않은데도 오래전 어린 시절에 조건화된 대응 습관을 계속 반복한다. 그렇다면 어떻게 해야 정서적으로 성숙한 방식으로 자신의 욕구를 발견하고 충족시켜갈 수 있을까?

진정soothing은 불편함을 다루는 가장 선호하는 방식이다. 어렸을 때 형성된 진정 기법은 환경에 대응하는 적응적 기법이다. 간단히 말하자면 환경이 허락하는 한 최상의 방법으로 과거의 환경과 경험에 대처하는 것이다. 많은 성인이 정서적 욕구를 처리하는 방법을 지금 현재 삶에서 얻은 새로운 정보로 업데이트할 때 크나큰 혜택을 누린다. 능동적인 진정 방법은 본능적으로 아동기의 대처 전략으로 돌아가는 것이 아니라 의식적으로 선택하는 것이다. 주체적이고 능동적으로 행동해서 문제를 직시할 때 진정한 전략이 나오고, 종종 크나큰 만족감을 느끼기도 한다. 자신의 감정에 객관적으로 이름을 붙이고 나면 자신의 반응을 중립화하는 방법을 찾고 싶어진다.

진정 작업이 반드시 직관적인 것은 아니다. 특히 역경에 대처하는 적절한 방법을 모델로 삼지 못했을 때는 더더욱 그렇다. 내가 정서적 성숙에 도달하는 여정을 시작했던 초기에는 화가 나거나 동요할 때 어떻게 해야 기분이 나아지는지를 전혀 몰랐다.

내가 모델로 삼았던 방법은 차갑게 외면하기와 소리 지르기뿐이었다. 그처럼 반갑지 않은 성인기 자아의 습관들을 알아차린 후에는 다양한 새로운 방법들을 시도해보았다. 어떤 방법은 효과가 있었고, 오히려 기분만 더 나빠지는 방법도 있었다. 화가 나거나 동요할 때 몸을 움직이면 도움이 된다는 사실도 깨달았다.

정체된 경험은 무엇이든 역효과가 난다. 그렇기 때문에 거북한 느낌이 들면 산책을 하고, 설거지를 한다. 어떤 식으로든 몸을 움직여서 감정과 관련된 생리학적 에너지를 방출한다. 감정을 누그러뜨리려고 휴식할 때, 혹은 독서(내가 제일 좋아하는 취미)를 하거나 목욕할 때 사실 오히려 더 날카로워진다. 당신은 정반대일지도 모르겠다. 어떤 방법이 효과적인지는 맹렬하게 활성화된 상태에서 시도해봐야 알 수 있다.

다소 만족스럽지는 못하지만 중요한 대처 전략은 고통을 견뎌내는 능력을 향상하는 것이다. 자신을 진정시켜주는 것(성인 버전의 공갈 젖꼭지)에 의존하고 싶어 하는 사람은 없다. 역경을 요리조리 피해갈 수 있는 융통성을 가능한 한 많이 얻고 싶어 한다. 정서적으로 활성화되어 있을 때 항상 산책하거나 목욕할 수 있는 것은 아니다. 특정한 상황에서는 많은 사람이 고통을 견뎌내는 수밖에 없음을 깨닫는다.

어렸을 때는 다른 사람들에게 의지해서 각기 다른 불편함을 견디거나 진정시킨다. 그러다 나이가 들어가면 다양한 정서적 경험을 자연스러운 범주까지 견뎌내는 법을 배우는 것이 유용하다.

많은 사람은 몸으로 드러나는 감정을 존중하기 힘들어한다. 마음속에서 흘러나오는 이야기들을 주시하는 것도 가끔은 유용하다. 현재에 충실하면서 마음속에서 무슨 일이 일어나는지 주시하되 판단하려고 하지 않는다. 인내는 진정과 달리 내적 신뢰가 필요하다. 자신이 그 상황을 헤쳐 나갈 수 있다고 믿어야 한다. 그래야 '마음이 좋지 않은 상태'를 해소하기 위해서 자기 앞에 던져진 역경을 외부의 도움 없이 직면할 수 있는 자신감이 생긴다.

정서적 인내를 쌓아나가기 시작할 때는 내적 자원이 무한한 것과는 거리가 멀다는 사실을 알아야 한다. 한정된 자원에도 불구하고 완전히 지칠 때까지 자신을 몰아붙이면 예전과 더욱 유사한 대처 전략(화를 폭발시키고, 침잠하고, 소셜미디어를 검색하는 등의 전략)에 빠져들 가능성이 크다. 자신의 자원 한계를 인정하는 것이 성공으로 나아가는 길이다. 감당할 수 없을 때는 정서적 활성화를 느끼기 전에 그 상황에서 빠져나온다. 스트레스를 받고 지쳤을 때는 그에 대응하기 위해 정서적 자원의 한계를 시험하지 말고 집에서 휴식을 취한다. 당신 자신에게 도움이 될 때는 '아니요'라고 거절한다. 정서적 성숙은 자신의 정서적 경계를 파악해서 두려움이나 수치심 없이 다른 사람들에게 자신의 상태를 알리는 것이다.

대응(진정, 특히 인내)은 불편함을 견딜 수 있음을 가르쳐준다. 예전에는 방해요소들로 주변을 가득 채웠다. 어느 정도까지는 자신이 고통스러운 상황을 다룰 수 없다고 믿었기 때문이다. 인내의 창을 넓혀갈 때마다 '그래, 넌 헤쳐 나갈 수 있어'라고 자신을 격려한다. 가끔씩은 신경계에 문제를 일으키는 개념들, 자신을 깊고 깊은 감정의 끝자락까지 던져 넣고 가라앉히거나 그 속에서 헤엄치게 만드는 소리가 들린다. 하지만 그보다는 인내의 창이 활짝 열릴 때까지 조금씩 밀어보라고 격려하고 싶다. 인내의 창이 활짝 열리자마자 내외적 세계 전체를 견뎌낼 수 있는 깊은 인내의 저수지를 발견할 것이다.

부모가 아이에게 해줄 수 있는 최상의 일

자신의 정서적 성숙을 키워나가는 것처럼 자녀의 정서적 성숙도 도와줄 수 있다. 부모로서 아이에게 해줄 수 있는 최상의 일은 시간과 에너지를 바쳐서 자신을 돌보는 것이다. 부모가 자신의 몸을 존중하고, 신경계 반응의 힘을 이용하는 법을 배우고, 진정한 자기에 다가가고, 정서적 조절과 융통성을 모델로 삼을 때 아이도 공동 조절을 통해 그 모든 것을 내재화한다. 부모가 균형 잡힌 자기표현 상태를 유지하면 아이가 조절 장애 순간을 다룰 수 있도록 도와줄 수 있다. 이때 아이는 부모를 안전한 기반으로 삼아 안정성을 되찾을 수 있다.

당신 자신의 정서적 성숙을 이뤄가자마자 몇몇 내적 자원을 동원해서 아이가 감정을 다스리도록 도와줄 수 있다. 아이가 몸을 움직이고, 혼자만의 시간을 가지고, 잠을 충분히 자고, 그 밖에 다른 필요한 것을 할 수 있도록 도와주면서 자기 돌봄을 가르치고 애정 어린 훈육을 할 수 있다. 그와 동시에 스트레스 상황에서는 당신이 하는 것처럼 신체의 감각들을 주시해서 이해할 수 있도록 도와줄 수 있다.

아이에게 몸 상태가 어떻게 변하는지 물어보자. "사만사가 나를 놀릴 때 얼굴이 뜨거워져요. 장난감을 티미와 같이 갖고 놀아야 할 때 심장이 마구 뛰어요." 아이가 이러한 신체 감각과 일치하는 감정(수치심, 분노, 질투심)에 이름을 붙이도록 도와주고, 그러한 감각들을 적극적으로 진정시킬 수 있는 여러 방법을 시도해보게 한다. 단, 아이들의 방법은 당신이 유익하다고 생각하는 방법과 다를 수도 있다는 점을 명심한다. 이 과정이 당신의 아이를 유일무이한 인간으로서 알아가게 하는 기회라고 생각하자.

현실적으로 아이는 집 밖에서 부모의 도움을 받을 수 없을 때 일어나는 일로 인해 스트레스를 받는다. 인내하는 법을 배우는 것은 부모를 모델로 삼는 핵심적인 수업이다. 아이의 미래에 어떤 일이 펼쳐질지는 부모도 모른다. 사랑하는 사람이 고통받을 거라고 생각하고 싶은 사람은 아무도 없다. 하지만 그런 일이 절대 일어나지 못하게 막을 수는 없다. 부모가 스트레스 내성이나 힘겨운 감정을 끝까지 견뎌냈다가 흘려보내는 능력을 본받으려고 할 때 아이도 아동기에서 성인기까지 자신을 지탱해줄 내적 원천을 개발할 수 있다.

이쯤 되면 짐작했겠지만, 부모로서 지녀야 하는 가장 중요한 핵심 자질은 불완전해도 괜찮다는 태도다. 많은 사람이 불완전성을 쉽게 받아들이지 못한다. 특히 어린 시절의 상처 때문에 사람들의 기분을 맞춰주거나 높은 성취 습관을 들인 사람들은 더더욱 그렇다.

나는 롤리나 내가 사랑하는 사람을 실망시키는 게 지독하게 싫었다. 조금이라도 빛이 사그라진 내 모습은 절대 보여주고 싶지 않았다. 아니면 어떤 이유에서든 누군가가 날 필요로 하는 순간에 그 사람을 지지해줄 수 없는 게 끔찍하게 싫었다. 실망스러운 모습도 인간의 일부분임을 인정한 부모는 아이가 진정한 사랑의 공간을 창조하고 내재화해서 어린 시절의 트라우마에도 심신이 약해지지 않을 것이라고 확신한다.

부모가 자신과는 다른, 아이의 현실을 경청하고 받아들이는 능력을 키울 수 있다면 아이는 진정한 자기의 의견과 경험을 바깥 세상에 표현하고 의문을 던질 수 있다. 안전과 안정감을 보장받은 아이는 정직성과 안정성을 곧바로 드러내기 시작한다. 부모와 아이가 공동으로 창조하고 공동으로 경험하는 진정한 자기 관계가 형성되는 것이다. 이처럼 상호적인 진정한 표현은 앞서 소개했던 안정 애착 유형의 핵심이다. 안전과 안정이 보장된 곳에서는 주변 세상을 자유롭게 탐색하고, 마음껏 실수하고, 실패해도 다시 일어난다. 생이 우리 앞에 던져주는 모든 역경을 헤쳐 나갈 때 이러한 경험이 내적 자원을 형성해주고, 회복력을 키워준다.

자신의 불완전성을 더욱더 자비롭게 받아들이면 부모와 다른 사랑하는 사람들에게까지도 자신에게 베푼 것과 유사한 연민을 베풀 수 있다(부모에게 연민을 베풀기 힘든 사람도 있을 것이다). 물론 그들이 실수투성이 인간임을 인정하자마자 좌절감에 빠질 수도 있고, 심지어는 분노에 사로잡힐 수도 있다. 하지만 그들의 조건화와 생활환경을 이해하려고 애쓰다 보면 문제점을 설명하려고 하지 않고도 그들에게 공감하기 시작한다. 그러면 자신의 정신적·신체적·정서적 건강에 필수적인 경계를 유지하면서도 그들의 상처를 이해하고 그들의 고통을 느낄 수 있다. 정서적 성숙은 필요할 때 자기 자신뿐만 아니라 주변 사람들(부모, 아이들, 친구들)과 함께 부드러움과 강함을 결합하는 것이다.

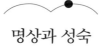

명상과 성숙

내가 만났던 자기치유자들 중에서 정서적으로 훨씬 더 미성숙한 내담자가 한 명 있었다(그 사람을 폄하하려는 것이 아니다. 본인도 자신이 그렇다고 전적으로 동의했다). 존이라는 그 내담자를 가장 잘 묘사한 문장을 꼽으라면 '보통이 넘는 인간'이다.

존은 방 안의 공기를 모조리 앗아가는, 대화를 주도해야 하는 사람이다. 누군가가, 특히 여자가 자신의 권위에 의문을 품는다고 생각하면 폭발해버리는 '우두머리 수컷'과 같다. '정서적으로 성장을 멈춘' 사람이라고 해도 무방하다. 존에게는 모든 일이 항상 자신에 관한 것이었다. 존의 자기중심적 세계관은 갓난아기나 걸음마를 배우는 아이의 그것과 유사했다.

일이 자기 뜻대로 풀리지 않으면 소리를 질렀다. 혹은 진짜 화가 나면 어둡고 음울하게 침묵을 지켰다. 존은 지독하게 싫어하는 영업부에서 일하면서도 매달 판매기록을 경신, 아니 완전히 갈아엎어서 거기서 자신의 정체성을 찾았다. 사무실에서는 잘나갔지만 친밀성에 문제가 있었다. 존은 긴장을 풀 정도로 편안하다는 느낌이 없어서 그 누구와도 잘 지내지 못했다. 특히 연인과는 더더욱 그러했다.

존이 치유 여정을 시작하기 전까지는 그랬다. 하지만 자신의 반응을 한 꺼풀 한 꺼풀 벗겨내면서 어린 시절의 트라우마로 상처받은 핵심을 찾아냈다. 존의 나르시시즘은 깊은 상처를 가리는 가면이었다. 존은 아버지 이야기를 털어놓기 시작했다. 존의 아버지는 때를 가리지 않고 이성을 잃는 사람이었지만 특히 술을 마셨을 때 '폭발'했다. 심지어는 벨트로 존을 때리기도 했다. 존의 어머니는 그런 광경을 보고도 방 밖으로 걸어 나가버렸다. 나중에서야 남편의 그런 행동에 대한 변명을 아들에게 늘어놓았다. 사실 존은 자신을 학대한 아빠보다 자신을 보호해주지 않은 엄마에게 더 화가났다.

사람들은 종종 정서적 성숙 면에서 자신과 비슷한 수준의 사람들을 찾아다닌다. 존이 바로 그런 부류에 속했다. 존은 수동적이고 유순해 보이는 여자들에게 끌렸다(또한 그런 여자들을 끌어들였다). 그런 여자들은 존이 고함치고 사납게 몰아붙여도 말을 가로막거나 반박하는 일이 거의 없었다. 그러다가 결국에는 화가 폭발하는 순간 그 관계가 끝이 났다. 존은 다시 외로움을 느꼈고, 보이지 않는 존재가 된 것 같았다. 존이 유리 접시 십여 개를 거칠게 바닥에 내동댕이치면서 끝나버렸던 마지막 결별의 순간을 계기로 존은 치유 여정을 시작했다.

정서적 미성숙이라는 개념을 처음 알았을 때 존은 무척 당황했다. 그 개념이 너무나도 정확하게 자신을 가리켜서 지독하게 싫어했다. 어쩌나 그 말이 거슬렸던지 한동안 존은 관련 자료를 아예 거들떠보지도 않았다. 의식적으로 받아들이면 때로는 갑작스럽고 불편한 느낌이 들 수 있다. 하지만 종국에는 존도 명상 실습에 깊이 빠져들었다. 일일 명상 시간을 5분에서 10분으로, 종국에는 20분으로 늘려나갔다. 제대로 정의되지 않았다는 사실조차 깨닫지 못했던 삶의 영역, 즉 자신의 경계가 존의 열정이 되었다. 존은 자기 인생에 등장하는 사람들과 그들과의 관계에서 필요한 것들을 목록으로 작성했다. 그러고는 다른 사람들이 어떤 식으로 자신과의 관계에서 모습을 드러낼까 하는 기대를 바꾸려고 노력했다. 다루기 힘든 감정이 솟구칠 때는 그 감정을 다른 사람들에게 전가하기보다는 그 고통과 짜증을 견뎌내려고 했다.

오늘날 존은 감히 자신을 '성숙했다'고 부르지는 않는다(나는 이것이 존이 성숙했다는 증거라고 본다). 놀랄 정도로 크나큰 진전을 이루었음에도 존은 여전히 반응성 문제와 씨름하고 있다. 평가받거나 오해받는 상황에서 아동기 트라우마가 활성화되면 더더욱 그랬다. 하지만 지금은 자신의 반응을 관리할 수 있는 도구를 지니고 있다. 이제 존은 분노처럼 들끓어 올라 감당하기 힘든 감정이 자신이 누구인지를 보여주는 것이 아니라 생리학적 반응에 불과하다는 것을 안다.

그뿐만 아니라 그러한 감정을 행동으로 옮기지 않고 몸을 타고 빠져나가도록 흘려보낼 수 있다. 존은 여전히 영업부에서 일하지만 자격을 인증받은 명상 수행가이기도 하다. 명상 수행이 자신의 열정(존의 네 번째 재양육 기둥)이 되었다고 존은 말한다. 또한 매일 자신의 반응을 관리하는 작업을 하고 있다고 말한다. 존에게 이 작업은 하루하루를 살아가는 존재의 일부가 되었다.

내면의 정서적 성숙이
밖으로 드러나다

스트레스 상황에 직면할 때 정서적 성숙은 시험대에 오른다. 존은 끊임없이 자신의 반응을 평가한다. 자신의 미성숙이 대응과 재양육의 껍질을 뚫고 다시 솟아날 태세를 갖추고 있는지 살펴본다. 이처럼 존이 최상의 노력을 기울임에도 가끔 미성숙이 불쑥 고개를 쳐든다. 혹시 스트레스나 불안을 초래하는 것에 대처하려고 자신의 내적 자원을 거의 한계까지 사용하고 있는 것은 아닌가? 자기 책임감self-accountability을 확인해보면 그 답을 알아낼 수 있다. 스트레스에 짓눌린 삶을 살 때나 스트레스에 자극을 받아 반응성을 드러낸 이후에는 자신의 경험에 영향을 미친 사건들을 살펴보는 게 유용하다. 반응성에 사로잡히기 전에 자신의 반응성을 통제할 수 있도록 다음과 같은 질문을 던져보자.

∞

- 발생한 사건에서 나 자신에 관해 무엇을 배울 수 있는가?

- 어떤 패턴이 날 이곳으로 이끌었는가?

- 불편함을 어떻게 받아들이고 성장할 수 있는가?

- 비판을 절대적 진실로 받아들이지 않으면서 수용하는 법을 어떻게 배울 수 있는가?

- 나 자신과 다른 사람들을 어떻게 용서할 수 있는가?

자기 책임감을 알아갈수록 자기에 대한 믿음이 훨씬 더 강해진다. 실패를 허용할 수 있다. 또한 필연적으로 길에서 벗어날 때는 융통성과 용서를 발휘할 수 있다. 자기 신뢰가 있으면 자기 앞에 나아갈 길이 펼쳐져 있음을 안다. 이것이 역량 강화로 이어지는 자기 책임감의 핵심이다.

마차에서 떨어질 때도 있을 것이다. 너무 지쳐서 아무것도 하지 못할 때도, 시험에 들고 당혹스러운 방식으로 반응할 때도 있을 것이다. 어떤 형태로든 새로운 스트레스를 받을 때마다, 예를 들어 아픈 친척을 돌보거나, 갓난아기를 집에 방금 데려왔거나, 결별할 때마다 당신의 모든 도구가 창밖으로 곧장 달아나버릴지도 모른다. 누구나 정서적 미성숙의 순간을 경험한다. 인간이기 때문에 당연한 일이다.

사람이 배가 고프든 지쳤든 상관없이 다양한 관점에서 자신의 환경, 즉 호르몬 상태에 반응하면서 달라지는 것처럼 정서적 성숙에 접근하는 가능성도 달라진다. 주변 세상이 달라지고 바뀔 때 당신의 정서적 상태에 가장 좋은 결정을 내리는 능력을 강화하는 것이 정서적 성숙의 목적이다.

정서적 성숙은 비디오게임에서 다음 단계로 넘어가는 것처럼(이제 완전히 깨우친 인간이 되었으니 이겼다는 식으로) 달성해야 하는 목표가 아니다. 마법 같은 상태도 아니다. 정서적 성숙의 근본적인 메시지는 깨우친 존재가 아니다. 궁극적으로 더욱 원대한 함께하기로 나아가는 작업과 자기용서self-forgiveness 의 상태다.

감정 재연결과
신체 균형 되찾기

1단계: 감정 재연결과 재발견 단계

감정은 몸에 나타나는 사건으로 호르몬과 신경전달물질, 감각, 에너지 변화를 동반한다. 몸이 각기 다른 감정에 반응하는 방식은 사람마다 다르다. 자신의 감정을 파악하는(궁극적으로는 가라앉히는) 능력을 키우기 위해서는 먼저 감정적 사건들에 대한 몸의 반응에 더욱 깊이 연결되고 싶을 것이다. 그러자면 자신의 독특한 몸과 연결되는 새로운 일일 습관을 형성해야 한다.

신체 연결 명상

하루 종일 이 명상을 하면 끊임없이 변하는 몸의 정서적 상태에 연결될 수 있다. 먼저 몇 분 동안 앉아 있거나 누워 있을 만한 조용하고 편안한 장소를 찾는다. 다음의 명상 대본을 사용하면 훨씬 수월하게 이 활동을 진행할 수 있을 것이다.

지금 이 순간에 발을 디디고, 자신과 내면의 경험으로 관심을 돌린다. 편안해지면 부드럽게 눈을 감거나 한 지점을 찾아 응시한다.

폐 깊숙한 곳까지 숨을 깊게 들이마시고…… 복부가 팽창되는 것을 느끼고…… 천천히 길게 숨을 내쉬고…… 다시 이 과정을 반복하고…… 폐가 공기로 가득 차서 부풀어 오르는 것을 느끼고…… 천천히 부드럽게 숨을 내쉰다(이 호흡을 하고 싶은 만큼 길게 반복하면서 몸이 명상 속으로 다소 깊게 침잠하는 과정을 주시할 수 있다).

준비가 됐다 싶을 때 신체와 현재의 모든 감각으로 관심을 돌린다. 머리 꼭대기에서 시작해 온몸을 훑어보면서 긴장과 경직, 온기, 간지러움, 혹은 가벼움이 느껴지는지 주시한다. 잠시 머리와 목, 어깨를 살피고, 다시 아래로 내려가 양팔과 양손에서 현재 느껴지는 모든 감각을 주시한다. 그다음 좀 더 아래로 내려가 가슴과 위장을 살핀다. 이어서 허벅지와 종아리, 발과 발가락까지 내려가 훑어본다(이러한 신체 스캔도 불편하지만 않다면 원하는 만큼 오래 할 수 있다).

당신이 필요하다고 느끼는 어떤 부위든 재연결하는 데 많은 시간을 쏟아붓는다. 준비가 됐다 싶을 때 호흡으로 관심을 돌린다. 점차적으로 주변 환경으로 관심을 확장해서 그 순간 눈에 보이는 것과 귀에 들리는 소리, 코를 스치는 냄새에 집중한다.

2단계: 신체 균형 되찾기 단계

이제는 감정의 결과물인 몸의 변화를 점점 더 잘 의식할 수 있다. 그에 따라서 몸이 기저선 상태로 돌아가도록 돕는 실습을 시작할 수 있다. 모든 사람이 그 자체로 독특하고, 다음의 활동에 각각 다르게 반응한다는 사실을 명심하자. 당신의 감정을 달랠 수 있는 다양한 방법을 천천히 탐색해본다. 어떤 것이 자신에게 가장 맞는지 알아보기 위해서 다음의 활동을 실험적으로 해봐야 할 수도 있다.

향상시키고 싶은 주요한 대응 도구는 진정과 인내다.

진정 활동

- 목욕을 한다. 따뜻한 물에 몸을 담그면 긴장된 몸을 진정시킬 수 있다(근육 이완을 촉진하고 싶다면 엡섬 소금을 약간 첨가한다).

- 셀프 마사지를 한다. 발이나 종아리를 문지르거나 마사지하는 것처럼 간단한 활동도 괜찮다. 스트레스 해소에 도움이 되는 다양한 지압점을 알려주는 유튜브 동영상을 참조한다.

- 독서를 한다. 읽으려고 했던 책이나 기사를 읽는다.

- 음악을 듣고 연주하거나 작곡을 한다. 무엇을 할지는 당신이 원하는 대로 선택한다!

- 누군가, 혹은 뭔가를 껴안는다. 애완동물, 자식들, 친구들, 배우자, 혹은 편안한 베개 등 아무거나 괜찮다.

- (가능하면) 움직인다. 어떤 움직임이라도 좋다!

- 감정을 표현한다. 베개에 얼굴을 묻고, 혹은 샤워하면서, (이웃 사람의 신경계를 활성화하지 않도록) 야외의 널찍하고 텅 빈 공간에서 소리를 질러본다.

- 글을 쓴다. 당신의 감정에 대해서 편지나 일기, 시를 쓴다(감정을 활성화시킨 사건에 대해서는 언급하지 않는다. 그럴 경우 몸의 생리학적 반응이 계속 활성화된다.)

인내 활동

- 휴식을 취한다. 계획을 취소해야 하더라도 휴식을 취한다.

- 현재에 발을 디디고 선다. 오감을 이용해 주변에서 볼 수 있는 것, 냄새 맡을 수 있는 것, 만질 수 있는 것, 맛볼 수 있는 것, 혹은 들을 수 있는 것으로 관심을 돌린다. 그러면 현 순간의 안정성 속에 더욱 충실하게 존재할 수 있다.

- 호흡 요법을 한다. 한 손을 배 위에 올려놓고 두세 번 숨을 쉬고, 폐가 확장됐다 수축되는 것을 느끼고, 신체 에너지의 변화를 주시하는 것처럼 간단한 활동도 괜찮다. 유튜브나 스포티파이Spotify에서 찾아보면 다양한 실습 영상들이 있다.

- 자연 속에서 시간을 보낸다. 외부 환경으로 관심을 돌려 충분히 경험하고, 현실로 이끌어주고 진정시켜주는 다양한 에너지가 존재하는지 주시한다.

- 명상하거나 기도한다. 종교를 가지고 있다면 해당 종교 기반의 기도를 해도 좋다.

- 자기암시나 만트라를 암송한다. 의도가 담긴 문장들을 조용히 반복해서 말한다. '넌 안전해', '넌 통제를 잘하고 있어', '넌 평화로워' 같은 문장들이 있다.

- 기분전환을 한다. 당신의 감정을 제외한 다른 것으로 관심을 돌린다. 그렇다. 절대 잘못 읽은 것이 아니다. 항상 당신의 감정을 외면하는 게 아니라면 자신의 감정에 얼마나 관심을 둘지는 선택할 수 있다.

- 지지를 얻는다. 안전하다 싶은 사람에게 도움을 청한다. 당신의 생각과 감정을 진지하게 들어줄 수 있는 사람이 있다면 아주 큰 도움이 된다.

(선의를 품은 많은 친구가 조언하는 것과는 반대로) 당신의 말을 진지하게 들어주는 사람을 원할 때는 이야기를 털어놓기 전에 먼저 그 마음을 표현하는 것이 좋다. 이는 감정을 활성화시키는 사건을 계속해서 되살리다가 종종 그러한 순환에 갇혀버리는 감정 분출이나 감정 떠넘기기와는 다르다.

몸과 마음을 연결하는
감정 일기

아래 문장을 사용하면(혹은 당신 자신만의 문장을 만들면) 이 과정에 도움이
된다.

- 오늘 나는 변하는 내 몸의 정서적 상태를 의식하는 연습을 하고 있다.

- 나는 정서적으로 점점 더 성숙해지는 작업을 할 수 있어 감사하다.

- 오늘 나는 내 감정의 이해를 돕기 위해서 내 몸과 연결될 수 있다.

- 이 분야의 변화로 나의 정서적 세계에 더욱 깊이 연결되는 것 같다.

- 오늘 나는 하루 종일 몸의 감각을 점검하는 연습을 하고 있다.

Chapter 13
서로 연결되어야 한다

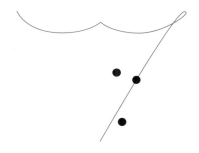

정서적 성숙의 발달 과정은 절대 '끝나지' 않는다. 정서적 성숙은 자기 인식과 수용이 매일 진화하는 과정이다. 그 과정에서 성장의 시기도, 지금껏 이뤄낸 진전을 시험하는 좌절의 시기도 닥친다. 사실 나는 이 장을 쓰고 있는 순간에도 시험에 들었다.

힘든 한 주였다. 너무 과로해서 지친 데다 에너지가 완전히 바닥난 것만 같았다. 그때 온라인에서 나를 공격적으로 비난하는 낯선 사람과 마주쳤다. 너무나 속이 상해 울음을 터트리기 일보 직전까지 갔다. 그렇게 심한 오해를 받고 있다고 생각하니 짐을 다 챙겨서 지금껏 이뤄놓았던 내 인생에서 달아나고 싶었다.

하지만 그 대신 반추에 들어갔다. 소파에 앉아 내 화를 돋우고, 내 내면 깊숙한 곳에서 나를 갈기갈기 찢어놓고, 더욱 많은 상처를 후벼 파내는 나의 다른 허물들을 인스타그램에서 찾아보기 시작했다.

"일어나. 나가자. 해변에 가자." 롤리가 재촉했다.

그냥 집 밖으로 데리고 나가 나의 연민 파티를 끝내려고 한 말이 아니었다. 그날은 베네치아 해변에서 특별한 행사가 열리는 날이었다. 발광하는 해조류의 네온 빛으로 빛나는 파도를 볼 수 있는 특별한 저녁이었다. 그럼에도 나는 롤리의 제안을 거절했다.

롤리는 나 혼자 생각을 곱씹게 내버려둔 채 혼자 해변으로 나갔다. 나는 자기연민에 허우적거리면서 점점 더 화가 났다. 분노한 내 자아는 이야기를 지어냈다. 내가 힘들어할 때마다 어떻게 항상 날 혼자 버려두고 갈 수 있지? 이건 모욕적이야! 내가 롤리에게 가라고 해놓고도 내 정신은 롤리가 배신자고 내가 배신당했다는 이야기를 지어냈다. 나는 나 자신을 묵묵히 주시했다. 그러자 나의 자아 이야기가 오랫동안 안고 살았던 내면아이의 상처, 즉 아무도 내 생각을 조금도 안 해준다는 나의 핵심믿음을 투사한 것임을 깨달았다. 나의 자아 이야기는 점점 더 어두워졌다. '난 정말 불쌍해. 롤리도 내 곁에서 견디지 못해.' 내 정신은 또 다른 생각을 중심으로 돌고 또 돌았다. '난 외로워. 난 외로워. 너무 외로워.'

나는 이 모든 대화를 꿰뚫어 볼 수 있었지만 여전히 그 순환적 생각에서 빠져나올 에너지를 끌어모으지 못했다. 그 대신 내 내면아이가 좀 더 부루퉁하니 토라져 있게 내버려뒀다. 그러고 나서 고개를 들고 내가 갈고닦은 (당신에게 소개한) 도구들을 사용하기 시작했다.

　먼저 내 호흡부터 조절하면서 폐를 들락거리는 공기를 의식했다. 그 모든 과정을 주시했다. 내 몸의 생리학적 반응에 발작적 동요나 심장이 덜컥 내려앉는 것 같은 절망감, 소셜미디어 조회 수의 부정적 측면에서 야기된 분노의 전율 등 다양한 이름을 지어주었다. 그러한 감각과 관련된 분노와 두려움, 슬픔의 감정에도 이름을 붙였다. 그렇게 이름을 짓자 이야기들이 스멀스멀 기어 나와 내 의식을 가득 메웠다. 내 자아가 얼마나 내가 가치 없는 존재인지 증명하려고 증거를 모으기 시작했을 때 나는 내 의식에 몸을 기대고 아무런 비판 없이 그 모든 과정을 주시하고, 감정이 오르락내리락하게 내버려두었다.

　그러다가 내 의식을 통제하게 됐을 때 이렇게 자문했다. 이 순간 나 자신을 위해서 뭘 할 수 있을까? '마음이 좋지 않은' 이 감정에 어떻게 대처할 수 있을까? 나는 싱크대로 다가가 정리를 하고 설거지를 하며 나 자신에게 자아 이야기를 반박하는 이야기를 들려주기 시작했다. '나는 가치 있는 사람이야. 난 사랑받고 있어. 지금 이 순간에는 혼자 있지만 그럼에도 난 혼자가 아냐.' 따뜻한 비눗물에 손을 담근 채 내가 하는 행동에 관심을 집중시켰다. 그러자 정서적 에너지가 바깥으로 방출되면서 내 정서적 상태를 충분히 주시할 수 있었다. '나는 지금 피곤해. 일을 너무 많이 하고 있어. 내 일에 대한 누군가의 비판 때문에 온몸이 정서적 붕괴를 겪고 있어. 여기서 시무룩하게 있고 싶지 않아. 연인과 함께 뭔가 아름다

운 것을 보고 싶어.'

나는 그 자리에 그냥 머문 채 내 감정을 씻어내려고 노력할 수 있었다. 아니면 익숙한 것을 찾는 본능적 끌림에서 벗어나 그날 하기로 나 자신과 약속했던 일을 할 수도 있었다. 그것은 다름 아니라 놀라운 푸른빛 바다를 보러 가는 것이었다. 마침내 나는 자기혐오의 고치 밖으로 나가기로 마음먹었다.

해변에 도착했을 때 더없이 파란 바다를 바라보는 롤리를 발견했다. 롤리는 자연이 선사해준 장엄한 선물을 만끽하는 사람들과 함께 있었다. 나는 롤리에게 다가가 초자연적 현상처럼 찬란하게 빛나는 바다를 말없이 응시했다.

나는 여전히 오해받았다고 느끼는 상처 입은 아이였다. 하지만 나 자신의 생각과 감정에 갇혀버린 고독한 아이는 아니었다. 내가 내 자아의 이야기에 먹혀버렸다면 그렇게 해변에 서 있지 못했을 것이다. 그 어떤 아름다움도 내게 닿지 못했을 것이다.

해변에 서 있는 그 순간 나는 정서적 성숙 단계를 넘어섰다. 내 정서적 상태가 다른 사람들, 특히 내가 가장 사랑하는 사람들과 연결되었다. 이것이 바로 이 작업의 궁극적 목적이다. 경계를 세워 내면의 아이를 만나는 작업에서 재양육 작업에 이르기까지 이 모든 작업은 순수하게 함께하기 상태로 이어진다.

정신과 두뇌를 바꾸고 진정한 자기에 접근할 때 기쁨과 창의성, 공감 능력, 수용력, 협동력을 창출해내고, 궁극적으로는 더 큰 공동체와 일체를 이룬다. 앞서 소개했던 스티브 테일러 박사는 자신이 연구했던 모든 각성 상태에서 사랑과 연민, 깊은 지식, 내면의 평온이 비슷하게 증가한다는 사실을 발견했다. 이러한 요소들은 상호의존의 핵심이다. 상호의존은 전체론적 치유력을 궁극적으로 증명해주는 진정성과 연결 상태를 말한다. 지금까지의 작업을 통해 지금 이 순간에 이르렀다. 일체성을 구현할 수 있고, 순수한 인식과 연결 상태로 돌아갈 수 있는 순간에 이른 것이다. 말 그대로 정신과 몸을 탈바꿈하고, 가장 순수한 영혼의 표현 상태로 돌아가고 있다. 당신 자신한테서 신을 찾아 주변 세계로 확장해나가고 있다.

스스로를 치유하기 위해 손을 잡은 사람들

내 치유 여정에서 퍼즐의 중심이 되는 조각은 아직 소개하지 않았다. 그것은 바로 나의 공동체를 찾은 것이다. 이것은 상호의존적인 자기의 목적이다. 공동체는 매우 잘 변하는 개념이다. 어떤 사람들은 온라인 소셜네트워크에서 자신의 공동체를 찾아낸다. 가까운 동네, 관심사가 같은 사람들, 교회, 학교, 혹은 취미 활동에서 자신의 공동체를 찾아내는 사람들도 있다.

　나는 나의 새로운 인식과 연결될 수 있는 사람이 거의 없었던 외로운 자기 탐색 시기에 나만의 공동체를 찾아냈다. 당시에 나는 너무 외로워서 모두가 잠든 세상에서 깨어 있는 사람은 롤리와 나뿐인 것만 같았다. 재양육하는 법을 배우면서 경계를 세웠을 때 나는 내게 이롭지 않은 관계를 끊어냈다. 한때 나의 핵심 공동체의 일부로 간주했던 몇몇 사람과 관계를 끊은 것이었다. 나는 사회적 흐름에 반하는 선택을 하기 시작했다. 더는 특별할인 시간대에 술을 마시지 않았고, 계획들을 세워 나 자신을 혹사시키지 않았으며, 밤늦게까지 자지 않아 수면과 아침 일정을 망쳐놓는 짓도 하지 않았다.

이 자리까지 온 나 자신이 자랑스러웠다. 내 직관적 목소리는 다른 사람들과 주변의 더 큰 세상과 연결되어야 한다고 재촉했다. 모든 사람과 관계를 끊는 것은 만족스럽지 않았다. 나는 내 사람들을 찾고, 나의 통찰력을 공유하고, 다른 사람들한테 배움을 얻어야 했다. 당시에는 아직 필라델피아에서 주류 모델을 사용하는 치료사로 일하고 있었고, 내 일을 그만둘 수는 없는 상황이었다. 나는 내 믿음 때문에 동료들과 멀어질 뿐만 아니라 좀 더 보수적인 몇몇 내담자들을 밀어내게 될까 봐 두려웠다. 게다가 먹고살려면 생활비를 벌어야만 했다.

하지만 나의 자기표현에는 진정성이 부족했다. 연결을 바라는 나의 욕구가 주요한 동인이 되어 인스타그램에 내 치유 여정에 관한 글을 올리기 시작했다. 그 과정에서 자기치유의 언어를 이해하고, 전체론적 웰니스라는 새로운 세계와 연을 맺을 수 있는 다른 사람들을 찾아보았다. 나는 2018년에 '전체론적 심리학자'라는 사이트를 개설했고, 거의 즉각적으로 반응이 나타났다. 많은 사람이 연결을 갈구하고 있었고, 나와 상당히 유사한 경험과 지식을 안고 살아가고 있었다. 한 무리의 사람들이 이 깊이 있는 작업에 기꺼이 뛰어들 준비가 되어 있었다. 입소문이 퍼졌고, 또 다른 목적이 생겨났다. 가능하면 가장 좋은 치유 공간을 마련해주는 안전하고 안정적인 공동체를 구축하자는 것이었다. 참여자 수가 점점 더 많이 치솟았다. 자기치유자의 대열에 합류한 사람들은 메시지를 통해 나의 믿음을 확인시켜주면서 전체론적 심리학 개념들을 입증하는 일에 전념할 수 있도록 내게 자신감을 심어주었다.

내가 교사 역할을 수락하고 내 인생에 통합한 정보를 공유하자 자기치유자 공동체가 확장되면서 베풀고 또 베풀었다. 이는 자신의 진정한 정수로 돌아가는 유사한 여정에 뛰어든 정신적 동료들이 새로운 공동체를 의식적으로 공동 창조하는 과정이었다. 전 세계 사람들이 자신들의 도구와 실습을 공유했다. 내가 정보를 공유하면 할수록 더 많은 사람이 공동체에 들어와 자신만의 치유 경험을 제공했다.

내가 적응하고 진화할수록 자기치유자 공동체도 대규모 공동조절처럼 점점 더 크게 성장했다. 이러한 소셜미디어의 대인적 교류는 내 생애에서 가장 보람 있는 상호작용이었다. 나는 내 사람들을 찾아냈다. 그 과정에서 내 목소리의 힘과 내 사명, 나의 좀 더 고귀한 목적, 나의 상호의존적 자기도 찾아냈다.

공동체의 힘

연구 결과에 따르면 미국인 다섯 명 중 세 명이 외로움을 느낀다. 나는 그 수치가 부자연스러울 정도로 낮다고 주장했다. 수치가 낮은 것은 사람들이 부끄러워서 외롭다는 사실을 인정하지 않기 때문이다. 자신이 외롭다고 인정하는 것은 약점을 내보이는 행위다. 또한 핵심적인 몇 가지 결핍을 드러내는 것처럼 보인다. 나는 사랑스럽지 않아서 사랑받지 못한다고 말이다. 많은 사람이 동감하겠지만 내게도 뼛속 깊이 와닿는 말이다.

인류는 부족 생활에 뿌리를 두고 있다. 인류의 조상은 어디에서 왔든 간에 삶의 모든 측면에서 지지와 안정, 분업, 스트레스 감소라는 목적을 달성하기 위해 무리 지어 살았다. 자신이 개인적이라고 생각하든 집단적이라고 생각하든 누구나 번영하기 위해서는 다른 사람이 필요하다. 인간의 신체와 두뇌는 연결하기 위해 만들어졌다.

연결은 인간 조건에 내재되어 있다. 연결 없이는 생존할 수 없다. 그렇기 때문에 연구학자들은 오늘날에 만연한 외로움을 긴급한 공중보건 문제로 보고 있다. 외로움은 트라우마와 같은 방식으로 자가면역 장애와 만성질환 발생률을 높인다. 미국 공중보건 서비스단 단장인 비벡 머시Vivec Murthy 박사는 자신의 저서 『우리는 다시 연결되어야 한다Together』에서 이렇게 말했다. "외로움은

'심장질환과 치매, 우울증, 불안증, 수면장애, 심지어는 조기 사망의 위험률 증가와 연관'되어 있다. 연결 부족이 심리적 측면에만 해를 끼치는 것은 아닌 게 분명하다."

'양가감정을 느끼는' 관계(정서적 충돌이 일어나는 유대관계)는 외로움과 마찬가지로 정신적·신체적 건강에 해로운 영향을 미친다. 기혼 부부의 절반 이상이 배우자에게 양가감정을 갖는다고 저널리스트 리디아 덴워스Lydia Denworth 의 저서 『우정의 과학』에 나와 있다. 이처럼 양가감정을 느끼는 관계는 보통 외상성 애착 관계이며 진정성에 기반하지 않는다고 나는 생각한다. 어떻게 그럴 수 있을까? 자신의 요구와 욕구를 고려한다면 어떻게 진심으로 좋아하지도 않는 사람과 평생을 보내겠다고 마음먹을 수 있을까? 많은 인간관계가, 가장 가까운 사람들과의 관계조차도 진정한 자기에게 이롭지 않다. 자신의 직관과 연결되어 있지 않기 때문이다.

다행스럽게도 서로를 지지해주는 동반자 관계와 우정, 공동체 관계를 맺는 사람들은 그러한 관계가 웰빙에 미치는 정반대되는 영향력을 알아본다. 훨씬 더 행복하고 건강해지며 수명이 길어지는 것이다. 이는 우연에 좌우되는 문제가 아니다. 현관문 바로 밖에 있는 것은 아니지만 당신의 공동체를 찾기 위해서 협심해서 노력할 수 있다. 연구 결과에 따르면 인터넷 연결은 실생활의 연결만큼이나 깊은 의미를 지닐 수 있다. 나가서 당신의 사람들을 찾아라. 장담하건대 그곳에 당신의 사람들이 있다.

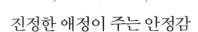

진정한 애정이 주는 안정감

상호의존성, 즉 양방향의 진정한 연결은 떨어져 있으면서도 함께하는 것이다. 내가 통합된 전체가 되어야 비로소 서로의 정신적·정서적·신체적 욕구를 충족시키면서 다른 사람들과 진정으로 연결될 수 있다. 물론 모든 관계에 같은 방식으로 이로운 것은 아니다. 모든 관계가 동일하게 상호적인 것도 아니다. 자신의 욕구를 표현하고 경계를 공개적으로 세우자마자 안전감을 느끼는 무대에 올라설 수 있다. 생이 던져주는 갖가지 시험에 직면할 도구를 갖고 있음을 알고 자신의 내면세계를 믿을 때 그러한 신뢰와 안정성을 공동체에 반영할 수 있다. 자신을 대하는 태도가 바로 다른 사람을 대하는 태도가 되고, 그 반대도 똑같이 성립된다. 이 둘은 서로 연결되어 있다.

진정한 관계를 경험하려면 자신의 진정성과 진정한 관계를 맺는 작업을 시작해야 한다. 그래야만 당신의 직관이 '이 사람은 너와 연결되어야 하는 존재야'라고 말해주는 그 순간을 감지하고, 그에 반응할 수 있다. 당신도 분명 그 순간을 경험해보았을 것이다. 때로는 흘낏 보기만 해도 알 수 있다. '이 사람이 내 인생의 그 사람이야.' 이는 그 사람과 만날 운명이었다고 말해주는 영혼의 떨리는 속삭임이다.

나도 나 자신과 재연결하는 수년간의 작업 끝에 그 순간을 경험했다. 몇 년째 작업에 몰두하고 있었을 때였다. 훨씬 더 가지런하게 정렬된 느낌이 들었다. 내 치유의 메시지를 공유하기 시작했을 때 나의 내적 자원을 충분히 신뢰하고 있어서 내 메시지가 모든 사람의 마음을 울리지는 못하더라도 닿아야 할 사람들에게는 전해질 것이라고 확신했다.

그때 제나를 만났다. 제나는 자기치유자 공동체에 일찌감치 참가한 사람이었다. 나는 인터넷상으로도 제나와 연결되어 있다고 느꼈고, 언제나 그녀의 의견에 공감했다. 디지털 인터페이스 너머로 댕 하고 울리는 직관의 소리가 들렸다.

베네치아 해변에서 처음으로 공개적이고 자유로운 내면아이 명상을 했던 사건(이 책 서문에서 소개했던 전체론적 심리학자로서 맞이했던 첫 사건) 이후, 내 주변에 줄이 늘어섰다. 나는 줄 서서 기다리는 모든 사람을 반갑게 맞이하면서 쏟아져 나오는 감사에 정신을 차릴 수 없었다. 그렇게 몇 시간 후, 줄의 끝이 보이기 시작했을 때 마지막까지 기다렸던 그 여자를 발견했다. 그 여자는 맞잡은 두 손을 심장 위에 올려둔 채 내게 미소를 짓고 있었다. 그날 내가 바라보았던 낯선 얼굴들의 바닷속에서 댕, 댕, 댕 하는 소리가 울려 퍼졌다. 그 여자가 입을 열기도 전에 나는 항상 알고 지낸 사람인 양, 이미 영혼 깊숙이 연결된 사람인 양 그녀에게서 밀려드는 친밀함을 느꼈다.

"전 제나예요." 그 여자가 말했다.

믿을 수가 없었다. 내 직관이 수천 명의 인파 속에서 그 여자를 콕 집어냈다. 우리는 직접 얼굴을 마주하고 있다는 환희에 들떠서 이야기를 나누었다. 제나는 수줍어하며 아름답게 장식된 오라클 타로카드 한 질을 내게 건넸다. 그 선물에 담긴 너그러움(실제로는 자신의 친밀한 일부분을 선물하는 행위)이 내게는 크나큰 의미가 되었다. 나는 그 이후로 내 삶이 달라져도 그 카드를 버리지 않았다. 그로부터 1년 후, 필라델피아에서 캘리포니아로 이사했을 때도 가져간 몇 안 되는 물건 중 하나였다.

그날의 명상 이후 몇 달이 지났을 무렵이었다. 나는 롤리와 함께 자기치유자 서클Self Healers Circle을 창설했다. 자기치유자 서클은 셀프가이드 치유의 기본 틀과 일일 도구에 접근할 수 있게 해주는 가상 공동체였다. 첫날은 정신이 하나도 없었다. 한 시간도 채 지나지 않아 6,000명이 등록하면서 시스템이 마비되었다. 이틀 만에 나는 신경 쇠약에 걸렸고, 내 힘으로는 처리할 수 없는 상황임을 깨달았다. 자기치유의 필요성이 너무나 컸다. 우리 힘만으로는 다 감당해낼 수가 없었다.

결국 모래 속에 머리를 파묻은 채 다 그만두려던 차였다. 난데없이 제나의 메시지가 도착했다. 다른 사람들을 돕고 싶다는 강렬한 내적 끌림을 따르고 있다는 내용이었다. "전 이 운동에 헌신하고 있어요. 우린 새로운 세계를 열 수 있다는 걸 알고 있고, 함께 창조해나가고 있어요. 전 당신과 이 운동의 미래를 지지해요. 서로 대화를 나눌 수 있으면 좋겠어요." 전 우주가 우리 세 사람에게 윙크하면서 고개를 끄덕이는 것 같았다.

제나는 그다음 날 우리 팀에 합류했다. 그 이후로 전체론적 웰니스 운동의 모든 작업에 중심인물이 되었다. 이러한 뜻밖의 연결을 바란다면 자신의 직관적 목소리에 귀를 기울여야 한다. 가지런히 정렬되어 있을 때 비슷한 파장을 내뿜는 사람들을 끌어들일 수 있다.

자신을 치유하는 것은 세상을 치유하는 것

이제는 다 알겠지만, 인간은 순수한 스펀지 상태로 이 세상에 발을 들여놓는다. 생존하는 법과 미지의 세상을 헤쳐 나가는 법을 배우면서 존재의 자기중심적 분리성을 구축해나가고, 다른 사람들과 관련지어서 자신을 정의하는 법을 배운다. '우리는 저렇지 않고 이래. 우리는 저런 것들이 아니라 이런 것들을 좋아해.' 이런 식의 분리는 '우리' 대 '그들', '외부' 대 '내부'로 정의하는 이야기 형태로 나타난다. (나처럼) 동반의존적 가족들과 함께 성장한 사람들에게는 이렇게 내부에 안전하게 존재하는 '우리'와 외부의 '그들'을 비교하는 이야기가 핵심 정체성에 각인된 일부분이다.

치유 과정에서는 유아기에 형성된 진정한 자기와의 연결로 돌아간다. 많은 사람이 취약성 상태로 돌아가는 선택지는 생각조차 못 할 수 있다. 자아가 너무 민감하고 안전성과 안정성 확보에 지나치게 집중해서 자신이 누구인지에 관한 이야기를 반드시 '타인'의 정반대 개념으로 정의하기 때문이다. 이런 상태에서는 충분히 안전하다고 느끼지 못해서 집단적 '우리'나 모든 인류의 상호 연결 상태에 접근하지 못한다. 이처럼 정신의 껍질을 하나하나 벗겨내고, 조건화에 대해 배우고, 자신의 믿음에서 분리되고, 자신의 몸을 주시하는 과정에서 사랑하는 사람들뿐만 아니라 공동체, 그리고 전체적인 세계와 자신의 유사점을 알아볼 수 있다.

모두가 집단적 정신 상태를 이용하기 시작하면 이타적인 상호주의 사회로 나아간다. 이타주의는 '적자생존'이라는 진화적 동인과 상반되는 것처럼 보이지만 사실은 인간종種의 인내에 필수요소다.

부족 시대에는 개개인의 독특한 표현을 허락함으로써 좀 더 큰 공동체의 욕구를 충족시킬 수 있었다. 각각의 퍼즐 조각은 저마다 기능을 지니고 있었다. 집단적 '우리'에 속하는 순간부터는 한 사람의 욕구가 모두의 욕구가 된다.

이러한 집단적 일체성 표현에 동참하려면 신경계가 개방되어 있고, 연결을 수용해야 한다. 다시 말해 자신이 차분하고 균형 잡힌 상태를 유지해야 다른 사람들과 연결되고 그들을 돌봐줄 수 있다. 사회적 참여 모드에 진입해 행복을 느끼고, 안전하고 편안한 환경에서 인지한 스트레스 수치가 내려갈 때 미주신경이 바람직한 휴식 상태로 진입하게 이끌어준다. 그리하여 기쁨이 넘치는 표현, 자발성, 치유, 연결이 어우러지는 최상의 상태가 된다. 진정한 일체성을 이루려면 신체가 완벽하게 안전하다고 느껴야 한다.

앞서 배웠듯이 생리학은 공동조절 과정을 통해서 다른 사람들에게 안정성 수준을 알려준다. 자신의 내적 상태는 종종 주변 사람들에게 반영되어 전염되듯 당신의 내적 세계가 다른 사람들에게 퍼져나간다. 당신이 안전하다고 느끼면 다른 사람들도 안전하다고 느낀다. 문제는 그 반대도 똑같이 성립한다는 것이다. 이것이 바로 많은 사람이 연결에 성공하지 못하는 핵심 이유다.

대다수가 신경계 조절 장애 상태로 살아간다면 당신도 다른 사람들과 연결될 정도로 안전하다고 느끼지 못한다. 결국 당신은 점점 더 외로워지고, 병들고, 삶의 스트레스를 잘 다스리지 못하게 된다. 시간이 지남에 따라 이러한 악순환이 계속되면서 단절과 온갖 종류의 질환에 빠르게 노출된다. 이러지도 저러지도 못하는 최악의 상황에 빠지는 것이다. 투쟁, 도피, 혹은 경직 반응에 갇혀 생리학적으로 진정한 유대를 맺지 못한다.

이러한 당신의 상태는 주변 사람들에게도 전염된다. 결국 당신의 주변 사람들도 그러한 상태를 내재화할 수밖에 없고, 외로움과 단절이 전 세계에 만연하게 된다. 타인과 연결되지 못한다면 직계 가족과 친구뿐만 아니라 그보다 훨씬 큰 집단과도 연결되지 못한다. 이 투쟁에서 혼자인 사람은 아무도 없다. 당신은 톱니바퀴의 톱니 하나에 불과한 존재가 아니다. 당신의 내적 상태가 주변 사람들을 더 좋게 혹은 더 나쁘게 만들 수 있다.

안전하고 안정되었다고 느껴야 비로소 자신의 내적 상태를 편안하게 표현할 수 있다. 설령 내적 상태가 조절 장애를 겪거나 부정적이더라도 공동체의 도움을 받아서 기저선으로 돌아갈 수 있다. 싸워보거나 다퉈보지 못한 사람은 사실 인위적으로 스트레스를 억누르는 조절 장애 상태에 갇혀 있다.

친밀성을 얻어내려면 오해받거나 비난 혹은 보복을 받을지도 모른다는 두려움 없이 (종종 잘 보이지 않을 수도 있는) 진정한 자기를 표현해야 한다. 서로를 존중하는 안전한 장소에서는 두려움 없이 각자의 의견 차이를 표현하고도 여전히 항상성 상태로 돌아갈 수 있다. 이러한 사실, 즉 핵심적인 휴식 상태를 언제든지 손에 넣을 수 있다는 사실을 알면 불편함을 견뎌낼 수 있는 융통성이 생긴다. 이처럼 조절 장애 순간에서 공동조절 순간으로 돌아가는 경험의 순환은 핵심믿음뿐만 아니라 내적 자원에 대한 믿음을 키우는 데 도움이 된다.

하지만 많은 유색 인종은 애초에 안정과 균형이 보장되지 않는, 병들었거나 조절 장애를 겪는 체제 속에 살고 있기 때문에 안정성을 되찾을 수가 없다. 이들은 자신들이 처음부터 불균형적인 체제에 갇혀 살고 있고, 모두에게 안전하고 안정적인 공동체 건설에 필수적인 변화를 꾀하기에는 이미 너무 늦었음을 실감한다.

누구나 변화하는 삶의 스트레스를 처리하고 안전한 집으로 돌아가기 위해 탄력성을 키울 기회를 누릴 자격이 있다. 자신의 내면세계와 의식적으로 교류하면서 서로를 지지해주는 연결을 키워나갈 때 모두가 혜택을 누린다. 이것이 상호주의의 핵심이고, 모든 인류를 하나로 묶어준다. 여기에는 '우리'도, '그들'도 없다.

개개인 간의 장벽을 무너뜨리면 인류의 이해를 넘어서는 것들과 연결될 수 있다. 이는 당신이 선택한 신이나 조상들과 소통하고, 아이의 탄생을 경험하고, 자연 속에서 시간을 보내거나 특히 감동적인 미술 작품에 몰입하는 형태로 나타날 수 있다. 이것은 아주 보잘것없는 순간에도 이루 말할 수 없이 숭고한 경외감을 불러일으키는 일체화 경험이다.

연구학자들은 이러한 감각이 불확실성에 대한 진화적 반응에서 나온다는 사실을 발견했다. 우리 조상들은 삶의 많은 신비를 경험하고 이해하려고 하면서 그러한 감각에 자극을 받아 다른 사람들과 연결되려고 했다. 예컨대 일식이나 월식 같은 현상을 목격했을 때 다 같이 경외감을 느끼면서 하나가 되어 인생의 아름다움과 두려움에 감사하고, 궁극적으로는 더욱 안전하다고 느꼈다.

경외감을 열린 마음으로 받아들이는 유일한 방법은 주변 사람들과 더욱 원대한 세계에 마음을 여는 것이다. 존재의 진실은 각자의 중심에 머무는 고유한 영혼에 있다. 오글라라 수족 연합Oglala Sioux Nation의 검은 사슴Black Elk 추장은 이렇게 말했다. "가장 중요한 최초의 평화는 우주와 우주의 모든 힘과의 관계, 즉 일체성을 깨닫고, 우주의 중심에 위대한 정신Great Spirit이 머물고 있으며, 그 중심이 사실 모든 곳에 존재하고 개개인의 내면에 깃들어 있음을 깨닫는 사람들의 정신에서 나온다."

이 책 초반에 말했듯이 초월적 경험이 산꼭대기나 호숫가 같은 전형적인 신성한 장소에서 일어나는 일은 거의 없다. 정신의 진화는 난잡한 상황에서 일어날 수 있다. 몸과 정신, 마음의 치유 작업을 하고, 좀 더 위대한 우주와 연결되는 능력을 되찾자마자 다양한 형태의 초월성을 경험할 수 있다. 자아의 겉치레를 벗겨내고 가장 순수하고 진정한 자신의 일부분과 연결되자마자, 즉 열린 수용성 상태로 공동체에 손을 뻗자마자 각성이 일어난다. 바로 이 순간에 진정한 깨우침과 치유가 이루어진다.

자신을 치유하는 것은 주변 세상을 치유하는 것이다.

상호의존성을 키워나가는
일일 연습

많은 사람, 특히 나처럼 동반의존적 조건화에 노출된 사람들은 상호의존
적 관계를 형성하기까지 시간이 걸린다. 먼저 다음 단계를 밟아가 보자.

1단계: 당신의 현재 상호의존 상태를 평가한다
의식을 깨우기 위해서는 다음의 영역에서 자신을 평가해 현재의 상호의존
수준을 주시하는 시간이 필요하다.

- 모든 관계에서 명확한 경계를 편안하게 세우고 유지하는가? 아니면 몇
  몇 새로운 경계를 파악하고 세우는 시간이 필요한가?

- 자신과 다른 사람들을 위한 개방적 소통과 정서적 처리 공간 보유가 가
  능한가? 아니면 자신의 감정을 파악하고 소통하기 전에 언제 휴식을 취
  해야 하는지 의식하는 시간이 필요한가?

- 다른 사람들의 것과 일치하지 않는 자신의 진실과 현실을 자유롭게 말할
  수 있는가? 아니면 다른 사람들이 어떻게 반응할지 생각하면 여전히 두

렵거나 부끄럽고 죄의식이 느껴지는가?

- 행동할 때 자신의 의도를 분명하게 알고 있는가? 자신이 왜 그런 선택을 했는지 그 원인을 알고 있는가? 자신의 경험과 관계에서 무엇을 추구하고 있는지 파악할 수 있는가? 아니면 자기 주시 연습을 더 해야 하는가?

- 모든 생각을 행동으로 옮기지 않고도 자신의 자아(와 그림자)를 주시할 수 있는가? 아니면 일상적인 경험에서 그러한 측면을 탐색하는 연습을 더 많이 해야 하는가?

2단계: 상호의존성을 키워나간다

1단계 평가 결과를 이용해서 강화하고 싶은 영역을 정하고, 자신의 상호의존성을 키우기 위한 새로운 선택을 한다. 다음의 예시들을 참고하여 변화를 만들어가기 위한 일일 목적을 정해보자.

- 나는 더욱 만족스러운 관계를 맺을 수 있어 감사하게 여긴다.

- 오늘 나는 나 자신을 진정으로 표현하고도 여전히 다른 사람들과 연결되어 있다고 느낀다.

- 이 분야의 변화로 모든 관계에서 내 진정한 자기와 욕구가 연결되어 있다고 느낀다.

- 오늘 나는 최근에 말다툼했을 때 어떤 감정을 느꼈는지에 대한 진실을 연인에게 이야기하는 연습을 하고 있다.

매일 나를 치유하는 시간

용기 있게 마음을 열고 믿음을 갖고서 나와 이 여정을 함께 해준 당신에게 진심으로 감사하다. 이 여정이 진행형임을 명심하기 바란다. 이 여정은 당신이 함께하는 동안 계속 진화하고 변할 것이다. 나는 치유가 가능하다는 진실을 당신에게 구현해 보여주고자 한다. 이 작업을 시작하는 당신의 삶은 그 가능성을 증명해주는 살아 있는 강력한 증거가 될 것이다.

이쯤에서 내가 느슨한 지침서로 삼는 '매일 나를 치유하는 시간'을 소개하겠다. 당신도 자기만의 작업 실습을 만들어가기 바란다. 마음에 와닿는 것은 취하고, 그렇지 않은 것은 버려도 된다. 가장 뛰어난 치유자는 바로 자기 자신이다.

몸의 균형 찾기

- 몸에 좋은 느낌을 주는 음식과 최상의 느낌을 선사하지 못하는 음식은 무엇인가?
- 얼마나 많이(몇 시에) 잠을 자야 몸이 훨씬 더 잘 회복되는 것 같은가?
- 얼마나 움직여야 몸에 저장된 감정을 방출하나?
- 매일 다중미주신경 작업(호흡 요법, 명상, 혹은 요가)을 해서 신경계 균형을 되찾는가?

마음의 균형 되찾기

- 의식하는 순간과 자기 주시 순간을 매일 더욱 자주 마련한다.
- 자아 이야기와 그림자 자기를 파악해서 자기 이야기가 어떻게 감정적 반응과 대응 행동을 유발하는지 주시한다.
- 자신의 독특한 신체적·정서적·심리적 욕구를 파악하고 충족시키기 위해서 매일 내면아이와의 관계를 키워나가고, 현명한 내면의 부모를 키워서 자신을 재양육하기 시작한다.

자아와 재연결하기

- 자신의 가장 깊은 바람과 열정을 탐색해서 재연결한다. 삶의 모든 영역에서 진정한 자기를 표현하는 연습을 한다.

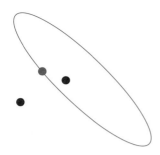

에필로그

자기 세계의 창조자는
자신뿐이다

내가 이 책을 구상하면서 나의 업무와 개인 생활에서 공유하고 싶은 의미 있는 모든 순간을 모으고자 했으나 안타깝게도 기억할 수 있는 것들이 많지 않았다. 내 두뇌는 여전히 어린 시절 트라우마의 부작용에 시달렸고, 내 몸은 나를 분리해 과거에 접근하지 못하게 만드는 신경계 반응에 사로잡혀 있었다.

내 기억 은행에는 텅텅 비어 있는 곳이 많았다. 그중에서도 가장 짜증 나는 것은 뉴욕시의 루빈박물관을 지나치다가 봤던 인용문이 정확히 기억나지 않는다는 사실이었다. 그때 봤던 그 인용문이 나를 완전히 새로운 존재 방식으로 안내했는데도 말이다. 아무리 기억해내려고 애를 써도 소용이 없었다. 아무리 많은 문구를 찾아봐도, 아무리 많은 전시회 카탈로그를 뒤져봐도 그 인용문은

397

나타나지 않았다.

　　그동안 나는 캘리포니아에서 새로운 삶에 적응해가고 있었다. 규칙적으로 하는 일을 정해나가면서 다시 과거의 패턴으로 회귀하는 나 자신도 주시했다. 나는 과거의 생활을 애도하기 시작했다. 그 삶이 최상의 자기에게 이롭지 않음을 알면서도 과거의 니콜은 여전히 그 삶에서 안전함과 친숙함을 느꼈다.

　　한편 내가 이러한 개인적 혼란에 빠져 있을 때 전체론적 심리학 메시지가 산불처럼 전 세계로 퍼져나가 200만 명이 넘는 사람들이 소셜미디어의 내 글을 팔로우하고, 이 작업에 참여해 내 정신으로는 이해할 수 없는 수준에까지 다다랐다. 누가 봐주기를 바라고 사랑받기를 간절하게 바라는 내 내면아이는 너무나 많은 시선에 노출되어 온몸이 떨렸다. 나는 오해받을까 봐 두려웠다. 어쩔 수 없이 오해를 받는 상황에 처했을 때는 실패자가 된 것 같았다.

　　그러던 중에 세계적 팬데믹이 온 세상을 덮쳤다. 모든 것이 냉엄한 현실에 내던져졌다. 너무나 많은 아픔과 고통, 트라우마가 만연했다. 모두 갇혀서 말도 안 되는 새로운 세상에서 심리적으로 힘겹게 몸부림쳤다. 스트레스가 급증했다. 다른 많은 사람처럼 나도 수년 만에 처음으로 내 여정에 헌신하지 못했다. 그러한 헌신 부족은 사소한 형태로 나타났다. 더는 나 자신과 사랑하는 사람들을 위해 요리하지 않았다. 봉쇄 상태에서는 내가 먹을 식사조차 준비할 기운을 내지 못했다.

　　어느 날 저녁, 롤리와 제나와 함께 포스트메이츠 Postmates (배달

로봇 스타트업—옮긴이)를 검색하다가 피자를 시키기로 했다. 글루
틴 없는 크러스트를 제공하는 가게를 하나 찾아냈다. 그 가게에서
음식을 주문한 적이 한 번도 없었고, 이름도 들어보지 못한 가게였
다. 순전히 온라인 평점만 보고 결정한 것이었다.

피자 상자가 현관문 앞에 도착했다. 내가 피자 상자를 눈높이
까지 들어 올렸을 때 상자 옆면에 적힌 귀여운 글씨가 눈에 들어왔
다. 그 글씨를 읽는 순간 피자 상자를 떨어뜨릴 뻔했다. 바로 거기
에 있었다. 우리 집 현관문 앞에 배달되어 있었다.

> '우리는 하루하루를 기억하지 않는다. 순간을 기억할 뿐이다.'
>
> _ 체사레 파베세

내가 그렇게 찾으려고 했던 바로 그 인용문이었다. 나를 자기
탐색의 토끼굴로 밀어 넣었던 인용문이었다. 이 세상에 널려 있는
수백만 개 아니 수억만 개의 인용문 중에서 바로 그 인용문이 메아
리처럼 내게 돌아와 내가 얼마나 성장했는지를 상기시켜주었다.
과거의 기억들이 마음의 눈에 떠올랐다. 오트밀 그릇 앞에서 펑펑
울었던 일, 내가 처음으로 기절했던 아파트 수영장, 어린 시절 주
방 식탁 아래에서 장난감 차를 굴렸던 일이 머릿속을 스쳐 지나갔
다. 그 모든 것들이 나와 함께 있었다. 지금의 나, 그때의 나, 앞으
로 다가올 미래의 나의 일부분들이었다. 나는 숨을 들이마셨다가
내쉬면서 그 모든 것들을 받아들였다. 감사가 내 온몸의 세포를 가

득 채웠다.

그날의 피자 상자가 내 개인적 성장과 정신적 성장의 다음 단계로 곧장 안내해주었다고 말할 수는 없지만, 나의 자기 신뢰와 인식을 확증해준 것만은 분명하다. 한때 나는 몸이 좋지 않았고, 상처를 받았고, 무의식적이었다. 지금은 문제점을 안고 있음에도 그 인용문에 따라 살고 있다. 그 피자 상자가 또 다른 의식적 선택을 할 기회를 선사해주었다고 말할 수 있겠다. 피자 상자 덕분에 나는 가족에게 다시 손을 뻗을 때가 되었다고 결심했다.

가족들과 관계를 끊기 위해서 엄격한 경계를 세웠을 때는 압도적인 가족의 존재 없이 내가 진정으로 누구인지를 알아내야만 했다. 그때 생애 처음으로 나 자신을 볼 수 있었다. 나의 힘이 보였다. 나의 취약점이 보였다. 나의 내면아이를 만났다. 나의 상처를 받아들였다. 나 자신을 신뢰하지 못했기 때문에 소통 단절을 강화했다. 동반의존으로 슬그머니 돌아갈 때도 있었다. 그러한 엄격한 경계 덕분에 진정한 자기와 연결되었고, 마침내 다른 사람들, 궁극적으로는 모든 이들과 좀 더 솔직하게 연결될 수 있었다. 이는 재연결을 시도하기에 완벽한 상태였다. 지금이 아니면 절대 있을 수 없는 순간인 것 같았다.

나는 먼저 편지를 쓰기 시작했다. 짧고 간결하게 꼭 필요한 이야기만 적었다. '저와 새로운 관계를 맺을 준비가 되어 있고 선뜻 그렇게 하겠다면 저도 준비가 됐어요.' 내가 소통의 문을 열 준비가 되었다고 인정한 것이다. 가족들한테서 응답이 왔다. 가족들은 머뭇거리는 것 같았지만 자신들도 자신들만의 치유를 시작할 기회라고 생각한다면서 기꺼이 응하겠다고 했다.

이 새로운 관계가 어떻게 전개될지는 나도 모른다. 나는 선택의 융통성을 내게 허용하고 있다. 내 내면의 자기 신뢰와 자기사랑에서 나오는 관계의 가능성을 탐색하기 위해서 나 자신에게 개방성과 호기심의 선물을 주고 있다. 이러한 관계가 무엇을 가져다줄지, 아니면 무엇을 가져다주지 않을지 기대된다.

매 순간 우리는 선택을 한다. 우리는 과거를 살 수도 있고, 앞을 내다보고 지금과 다른 미래를 그려볼 수도 있다. 우리는 스스로 얼마나 많은 일을 하든 상관없이 과거의 패턴으로 회귀하는 성향이 있다. 친숙한 무의식적 조건화를 받아들이고 싶은 유혹에 빠지는 것이다. 하지만 낯설고 불확실한 문을 열기로 결정할 수도 있다. 내가 가는 길이 나한테 이롭지 않다면 돌아서 문을 닫고 새로운 문을 열 수 있다는 사실을 지금은 알고 있다.

내가 이 글을 쓰는 동안 우리는 각자의 방식으로 달라졌다. 나의 여자 형제는 자신만의 치유 여정을 시작했고, 나는 가족치료를 그만두고 일상생활 속에서 관계를 재형성하기 시작했다. 요전날 아빠가 자리를 비웠을 때였다. 나는 엄마한테 전화해서 엄마의 외로움을 덜어줄 수 있게 돕고 싶다고 말했다. 엄마 기분이 훨씬 더 나아지게 도와줘야 한다는 의무감에서가 아니라, 그냥 그렇게 하고 싶어서 했다. 그러자 기분이 무척 좋았다.

나는 지금도 가족들을 지원해주되 나에게 효과적인 방식으로 하고 싶어서 흔들리는 다리 위에서 아슬아슬하게 균형을 잡고 있다. 여전히 그 상황을 순간순간 받아들이면서 모든 상호작용에서 내 직관에 길 안내를 부탁하고 있다. 이제는 내가 나에게 옳은 선택을 할 것이라고 믿는다.

이것이 바로 이 작업의 전부다. 선택할 수 있는 역량을 강화하는 것이다. 자신의 몸을 어떻게 다룰지, 인간관계에서 어떤 식으로 모습을 드러낼지, 자신의 현실을 어떻게 창조하고 미래를 어떻게 그려낼지를 선택할 수 있다. 어떤 길을 선택하든 의식적으로 선택하고 그 과정에서 자신을 믿기만 한다면 어떤 결과라도 받아들일 수 있다. 로드맵도, 방향도, 스승도, 현자도 없다. 당신을 고쳐줄 체크리스트나 당신을 치료해줄 마법의 약도 없다.

내가 내 세계의 강력한 창조자다. 내 에너지와 생각이 내 주변 세상을 만들어나간다. 물론 내 통제를 벗어난 것들도 있다. 하지만 우리는 세상을 경험하는 방식을 지배할 힘을 갖고 있다. 우리 자신을 돌보는 방식을 바꿀 수 있다. 주변을 해석하고 사랑하는 사람들과 연결되는 방식을 바꿀 수 있다. 자신의 자기와 연결된 방식을 바꿔서 우주와 연결되는 방식도 바꿀 수 있다. 성장하고, 진화하고, 영감을 얻을 기회는 언제나 있고, 그 기회는 집단으로 전해진다.

이 책의 요점은 자신의 진정한 핵심과 순수한 인식, 조건화 이전의 모습으로 돌아가는 것이다. 우리는 집단적 우리와 재연결되고 싶어 하고, 그렇게 함으로써 우리 내면의 자기 역량 강화에 근접할 수 있다.

우리 중 누구도 미래를 볼 수는 없다. 우리는 직관과 자기 신뢰, 감정을 지니고 있다. 이러한 정보는 최상의 선택을 할 수 있게 도와준다. 이것이 바로 치유가 일어나는 과정이다. 어떤 결과가 닥치든 한시적인 삶을 진실하게 살아가기 위해서 선택 능력을 키우고 자신이 사용하는 도구를 믿는 것이다.

감사의 말

이 작업을 공유하고, 자기치유자 공동체가 성장해 크나큰 운동을 일으키는 모습을 지켜볼 수 있어서 영광스러웠다. 당신은 살아 있는 증거다. 전 세계에서 보내준 수많은 치유 메시지가 이 책을 탄생시켰다. 이러한 가르침을 믿고 지지해준 모든 이들에게 영원히 감사할 것이다. 내가 스스로를 믿고 앞으로 나아갈 수 있게 도와주었다. 치유를 하는 모든 사람이 치유하는 사람을 끌어들인다. 모두가 우리의 집단적 미래를 바꿔나가고 있다.

진실의 편에 서기 위해 나와 함께 걸어온 앨리에게 감사한다. 앨리의 이야기는 우리 개개인 내면에 숨 쉬고 있는 무한한 가능성을 보여준다. 이 역량 강화의 여정을 앨리와 함께할 수 있어서 진정으로 영광스럽다.

내가 선택했다고 믿는 부모님에게 감사한다. 부모의 이야기와 사랑, 해소되지 않은 트라우마를 촉매제로 삼아 나의 문제를 해결할 수 있었다. 나는 이러한 지식을 배우지 못한 채 물려받은 수치심을 안고 살았던 부모님과 부모님 이전 세대에게 이 작업을 가르쳐드린다. 부모님은 책임지는 법, 진정한 나 자신으로 돌아가는 법을 가르쳐주셨다. 내가 기억할 수 있게 해주셔서 감사하다.

대부분 다 멀리에서 와주신 나의 멘토들에게 감사한다. 패러다임에서 빠져나와 새로운 길을 열어주신 나의 멘토들에게 이루 말할 수 없는 감사를 전한다. 때로는 힘들고 외로운 여정이 될 수 있다는 사실을 알았다. 그 여정에서 멘토들의 지혜가 전통적인 학교 교육에서는 절대 알아차리지 못했던 내 안의 문을 열어주었다. 멘토들의 용기에 자극을 받아 나도 용기를 낼 수 있었다. 나는 나에게 영감을 불어넣었던 멘토들과 같은 방식으로 다른 사람들에게 영감을 불어넣기 위해서 진실을 말한다.

나의 에이전트 다도 데르비스카딕Dado Derviskadic에게 감사한다. 다도는 이 책을 집필하는 과정에서 사랑스럽고 현명한 길잡이가 되어주었다. 다도가 처음에 책 제목을 지어서 말해줬을 때 온몸에 소름이 돋는 것 같았다. 다도는 이 세상을 더 나은 곳으로 만들고 싶어 한다. 다도와 함께 작업할 수 있어서 영광스럽다.

하퍼 웨이브Harper Wave 팀이 지지해주지 않았다면 이 책을 쓰지 못했을 것이다. 하퍼 웨이브 팀은 나의 비전을 알아보았고 이 세상도 그럴 것이라고 믿어주었다. 이 책의 탄생을 도와준 카렌과 줄리, 옐레나, 브라이언, 나머지 하퍼 팀원들에게도 감사를 전한다. 국제 출판업자들에게도 특별한 감사를 전한다. 특히 자기치유의 보편적인 메시지를 전 세계에 전하기 위해서 각 나라의 언어로 이 책을 번역해야 한다고 믿어준 오리온 출판 그룹Orion Publishing Group 의 피파 라이트Pippa Wright 와 그녀의 팀원들에게 감사한다.

나는 의식적이고 아름다운 팀원들을 얻는 크나큰 축복을 받았다. 모두가 이 작업을 구현시켜주었고, 이 작업이 집단에서 이뤄질 수 있는 공간을 공동으로 마련해주었다.

더 위대한 집단에 봉사하기 위해서 나와 함께 걸어준 제나 위크랜드Jenna Weakland 에게 감사한다. 자신의 소명에 귀 기울이고 두려움 없이 이 운동에서 중심 역할을 맡아주었다. 제나의 심장은 나의 지속적인 성장을 도와주는 순수한 사랑과 영감으로 가득하다. 끝없는 감사의 마음을 말로 다 표현할 수가 없다.

내 인생과 사업의 동반자 롤리에게 나를 지켜봐줘서 감사하다고 전하고 싶다. 내가 성장할 수 있도록 함께해줘서 감사하다. 나보다 먼저 나를 믿어줘서 고맙다. 롤리는 사랑의 새로운 버전을 가르쳐주었다. 마침내 그 모든 것이 나임을 순순히 인정할 수 있는 솔직하고 현실적인 공간을 마련해주는 사랑을 가르쳐주었다. 롤리는 우리의 비전을 맹목적으로 믿었고, 매일 내 곁에서 진실의 편에 서 있어준다. 이러한 비전을 언제나 밝게 비추겠다고 약속한다.

당신은 준비가 되었기 때문에 이 책을 집어 들었다. 진정한 자신이 있는 집으로 돌아가고 있다. 나는 당신의 무한한 잠재력을 믿고, 함께 이 여정을 계속해나갈 것이다. 이 책은 자유를 얻고자 하는 사람들에게 바친다. 집단 치유를 위해 우리의 방어적 껍질을 벗어던지는 것은 영혼이 택할 수 있는 가장 용감한 여정이다. 나는 당신들 모두를 존경한다.

용어 설명

- **감정 떠넘기기**(Emotional Dumping): 상대의 정서적 상태를 고려하거나 공감하지 못한 채 다른 사람에게 정서적 문제를 전가하는 것.

- **감정 조절**(Emotional Regulation): 신경계를 기저선으로 돌려놓으면서 융통성 있고 인내하는 적응적 방식으로 스트레스에 대처하는 능력.

- **감정 중독**(Emotional Addiction): 신체의 신경계와 신경전달물질들이 스트레스 호르몬 반응을 활성화시키는 친숙한 정서적 상태로 돌아가려는 잠재의식의 무의식적 성향.

- **경계**(Boundary): 어디서 끝나고 어디서 시작되는지 정의하기 위해서 자신과 다른 사람 사이에 세워놓은 보호적 한계. 명확한 경계가 있어야 개개인이 서로의 욕구를 존중하고, 진정한 관계를 뒷받침해줄 수 있다.

- **고통 감내/인내**(Distress Tolerance): 다른 감정을 느끼고 견뎌내다가 조절된

상태로 돌아가는 능력.

- **공동조절**(Co-regulation): 힘들고 스트레스 가득한 경험을 처리하기 위해서 안정감과 안전감을 허락하는 사람들 사이의 상호작용이나 교류. 예컨대 아이나 갓난아기가 스트레스 상황에 있을 때 엄마가 아이의 고통을 인정하면서 아이를 달래주거나 안아준다.

- **교감신경계**(Sympathetic Nervous System): 인지된 스트레스에 대한 투쟁 도피 반응을 다스리는 자율신경계의 일부.

- **규범적 스트레스**(Normative Stress): 탄생과 결혼, 사망처럼 인생에서 보편적으로 흔히 나타나는 예측 가능한 스트레스 유발 사건들.

- **그림자 자기**(Shadow Self): 조건화와 수치심 때문에 억압당하거나 부인당한 자기의 '바람직하지 못한' 부분.

- **내면아이**(Inner Child): 충족되지 못한 욕구와 억제된 아동기 감정, 창의성, 직관, 놀이 능력을 지닌 정신의 무의식적 일부.

- **내면아이 상처**(Inner Child Wounds): 아동기의 신체적·정서적·심리적 욕구(자신을 봐주고, 자신의 말을 들어주고, 진정으로 자기표현을 할 수 있기를 바라는 욕구)를 충족시키지 못한 채 성인기까지 이어지는 고통스러운 경험.

- **노세보 효과**(Nocebo Effect): 의학적 치료나 예후에 대한 부정적 기대가 부

정적 결과를 낳는 과학적으로 뒷받침된 현상.

- **다중미주신경 이론**(Polyvagal Theory): 스티븐 포지스가 다중미주신경이 중추신경계 조절에 중심적 역할을 해서 사회적 연결과 공포 반응, 전반적인 정신적·정서적 웰빙에 영향을 미친다고 주장한 이론.

- **대처 전략**(Coping Strategies): 적응적 전략과 부적응적 전략이 있다. 안정 감이라는 감정으로 돌아가려는 시도로 간주하는 행동.

- **망상활성계**(Reticular Activating System, RAS): 맹공격하는 환경의 자극들을 걸러내고, 행동과 각성, 의식, 동기 유지에 중요한 역할을 담당하는 뇌간에 위치한 신경다발.

- **몽키 마인드**(Monkey Mind): 인간의 마음속에 나타나는 지속적인 정신적 재잘거림.

- **미주신경긴장도**(Vagal Tone): 일상적 스트레스에 대응해서 교감신경계 활성화와 부교감신경계 활성화 상태를 오가는 신경계 능력. 미주신경긴장도는 인지된 위협에 대한 높은 민감성과 적절하지 못한 반응을 초래한다. 신체 반응을 과도하게 활성화시켜서 전반적인 정서적 조절과 주의력 조절 감소를 초래한다.

- **믿음**(Belief): 살아온 경험에 기반해 쌓아온 생각. 믿음은 중립적 통로를 만

들고 번성하기 위해 내외적 검증을 요구하는 수년간의 사고 패턴으로 형성된 것이다.

- **밀착**(Enmeshment): 정서적 경계가 제대로 세워지지 않아서, 상대방과 정서적 상태를 공유하기 때문에 개인적 독립과 자율성이 부족해지는 관계 역학.

- **부교감신경계**(Parasympathetic Nervous System): 에너지를 보존하고 심장 박동수를 낮추고 위장관 근육을 이완하는 책임을 지는 자율신경계의 일부. 종종 '휴식과 소화 체계'라고도 부른다.

- **부정 편향**(Negative Bias): 긍정적인 정보보다 부정적인 정보를 더 가치 있게 여기는 심리로, 진화적으로 두뇌에 설계된 편견.

- **사회적 참여 모드**(Social Engaement Mode): 다른 사람들과 개방적이고 수용적인 연결을 맺기 위해서 안정과 안전이 보장되어 있는, 조절된 신경계 상태.

- **생존형 두뇌**(Survival Brain): 인지된 위협에 초집중해서 흑백논리적 사고와 공황 상태, 정서적 근시안을 초래하는 신경계 상태.

- **신경가소성**(Neuroplasticity): 새로운 연결과 경로를 만들어내고, 경험을 바탕으로 회로를 설계하는 방식을 바꾸는 두뇌의 능력.

- **신경계 조절 장애**(Nervous System Dysregulation): 신경계의 생리학적 불균형 상태.

- **신항상성**(Allostasis): 스트레스 반응 상태(투쟁 혹은 도피)에서 항상성으로 돌아가는 생리학적 과정

- **애착**(Attachment): 부모와의 초창기 아동기 관계에 영향을 받아 형성된 인간과 인간의 관계와 유대.

- **역량 강화 의식**(Empowerment Consciousness): 인식의 공간을 창조하는 자아를 이해하고 수용하는 것. 이러한 공간은 반사적인 자아 반응성을 뛰어넘는 선택을 할 수 있게 한다.

- **외상성 애착**(Trauma Bonding): 부모와의 초기 애착을 반영하거나 재현하는 방식으로 다른 사람과 관계를 맺는 조건화된 패턴.

- **의식**(Consciousness): 선택이 가능해지는 현재의 인식 상태.

- **자기배반**(Self-Betrayal): 자신을 봐주고 받아들이고 자신의 말을 들어주기를 바라는 마음에 자신의 일부분을 부정하는, 어린 시절에 학습한 대응기제.

- **자기중심적 상태**(Egocentric State): 외부의 관점이나 의견을 이해하지 못하는 아동기 발달 상태. 자기중심적 상태에서는 모든 일이 자기 때문에 자신

에게 일어나는 것 같다. 그래서 다른 사람의 행동이 인간으로서 자신이 누구인지에 대해 말해준다고 믿는다.

- **자동조정**(Autopilot): 조건화된 패턴을 반복하면서 무의식적으로 인식 없이 살아가는 상태.

- **자아의식**(Ego Consciousness): 자아와의 완벽한 일치로, 종종 반응성과 방어성, 수치심으로 나타난다.

- **자율신경계**(Autonomic Nervous System): 심장박동과 호흡, 소화와 같은 비자발적 기능 조절과 관련된 중추신경계의 일부.

- **잠재의식**(Subconscious): 모든 기억과 억제된 감정, 아동기 상처, 핵심믿음(core belief)을 간직한 정신에 깊숙이 내장된 부분.

- **장신경계**(Enteric Nervous System): 장의 모든 활동을 지배하는 자율신경계의 일부.

- **재양육**(Reparenting): 내면아이의 신체적·정서적·심리적 욕구를 충족시키는 방법을 매일 헌신적인 행동을 통해 다시 가르치는 실습.

- **전전두엽 피질**(Prefrontal Cortex): 문제 해결과 의사 결정, 미래 계획하기, 메타인지(자신의 생각을 주시하고 생각하는 능력)와 같은 복잡한 기능을 수행하는 두뇌 영역.

- **정서적 미성숙**(Emotional Immaturity): 개인적인 내적 불편함으로 인해 다른 사람들의 생각과 감정 혹은 관점을 위한 공간을 마련하지 못하는 능력.

- **정서적 성숙**(Emotional Maturity): 스트레스 경험에서 융통성 있는 생각과 개방적인 소통, 회복력을 허용하면서 감정을 조절하는 능력.

- **정서적 회복력**(Emotional Resilience): 다양한 정서적 상태를 처리하면서 융통성을 찾고 빠르게 회복하는 능력.

- **정신신경면역학**(Psychoneuroimmunology): 정신과 신경계, 면역체계의 복잡한 상호작용을 연구하는 과학 분야.

- **조건화**(Conditioning): 부모와 권위자, 문화권에서 물려받은 대응기제와 습관, 핵심믿음으로 아동기 초기에 시작된다.

- **진정**(Soothing): 항상성으로 돌아갈 수 있게 정서적 상태를 중립화하는 행위.

- **코르티솔**(Cortisol): 몸을 활성화해 인지된 위험에 뛰어들거나 거기서 멀어지게 만드는 투쟁-도피 반응과 관련이 있는 스트레스 호르몬.

- **투쟁-도피 반응**(Flight or Fight Response): 위협을 인지했을 때 자신을 안전하게 지키려는 신경계 반응.

- **트라우마**(Trauma): 감정을 조절하거나 처리하고, 사건을 떨쳐내는 능력이

부족해서 신체 신경계의 조절 장애를 일으키는 경험. 트라우마는 개개인의 조건화와 모방한 대처 기술에 따라서 개개인에게 서로 다른 영향을 미치며 제한되거나 측정될 수 없다.

- **플라세보 효과**(Placebo Effect): 가짜약(위약)이 질환의 증상을 개선하는 현상.

- **항상성**(Homeostasis): 외부 환경에서 일어나는 일과는 상관없이 비교적 균형 잡힌 내적 상태와 신경계 상태를 유지하는 능력.

- **항상성 충동**(Homeostatic Impulse): 습관 자아로 알려진 친숙한 것에 끌리는 심리적·생리학적 성향.

- **해리**(Dissociation): 압도적인 신경계 때문에 신체적으로는 그 순간에 존재하지만 정신적으로 분리되고 멍해지거나 차단되는 적응적 스트레스 반응.

- **핵심믿음**(Core Beliefs): 일곱 살 이전에 살아온 경험을 토대로 잠재의식에 각인된 자신이 누구인지에 대한 가장 깊은 인식.

- **행동 모델링**(Behavior Modeling): 행동, 선택, 대인관계 참여를 통해 다른 사람들에게 행동을 시범적으로 보여주는 행위.

감수
: 유은정
———————

정신과 전문의로 이화여자대학교 의과대학을 졸업했다. 동대학원 의학박사를 거쳐 미국 풀러신학대학원(Fuller Theological Seminary)에서 신학석사를 받았다. 대한비만미용치료학회 학술이사, 대한기독정신과의사회 운영위원을 맡고 있다. '지금, 여기'에 집중해서 잡념으로부터 자유로워지는 마음 챙김 분야에 각별한 관심을 가지고 있으며, 이를 통한 심리 치료 방법을 다각도로 모색하고 있다. 저서로는『혼자 잘해주고 상처받지 마라』,『내가 예민한게 아니라 네가 너무한 거야』,『상처받지 않고 끝까지 사랑하기』,『내 몸이 변하는 49일 식사일기』,『나는 초콜릿과 이별 중이다』,『그래서 여자는 아프다』 등이 있다.

옮긴이
: 이미정
———————

영남대학교 영어영문학과를 졸업하고 KBS서강방송아카데미 번역작가과정을 수료했다. 현재 출판 번역 에이전시 베네트랜스의 전속 번역가로 활동 중이다. 옮긴 책으로는『파친코 1, 2』,『예술하는 습관』,『여자는 왜 완벽하려고 애쓸까』,『헤더브레 저택의 유령』,『크리스털 세계』 등이 있다.

내 안의 어린아이가 울고 있다

초판 1쇄 발행 2021년 8월 31일
초판 6쇄 발행 2024년 1월 2일

지은이 니콜 르페라 **옮긴이** 이미정 **감수** 유은정

발행인 이재진 **단행본사업본부장** 신동해 **편집장** 조한나 **책임편집** 김동화
표지디자인 [★]규 **본문디자인** 마인드윙 **교정교열** 남은영
마케팅 최혜진 이은미 **홍보** 반여진 허지호 정지연 송임선 **국제업무** 김은정 김지민 **제작** 정석훈

브랜드 웅진지식하우스 **주소** 경기도 파주시 회동길 20
문의전화 031-956-7355(편집) 02-3670-1123(마케팅)
홈페이지 www.wjbooks.co.kr
인스타그램 www.instagram.com/woongjin_readers
페이스북 www.facebook.com/woongjinreaders
블로그 blog.naver.com/wj_booking

발행처 ㈜웅진씽크빅 **출판신고** 1980년 3월 29일 제 406-2007-000046호

한국어판 저작권 © 웅진씽크빅, 2021
ISBN 978-89-01-25214-8 03180